Encubierto

Operación Julie - La Verdadera Historia

Stephen Bentley

Hendry Publishing

"Encubierto; Operación Julie - La Verdadera Historia"

Escrito por Stephen Bentley

Traducido por Carmen English

Diseño de portada Book Cover Kingdom

Tabla de Contenido

Reconocimientos

A:

Mis padres, que me amaron y a mis hermanos. Siempre hicieron lo mejor por nosotros.

'Las Otras Personas' en mi vida, quienes en diferentes momentos me han ayudado, me han hecho reír, me han provisto con un banco de historias, me compraron bebidas, me animaron en la jornada de mi vida y me ayudaron a ser una mejor persona. Son demasiados para mencionarlos, excepto una. Gracias Zabrina. "Ooh La La!"

Todos hicieron su 'parte.'

También a la Memoria de Peter, mi amado hermano, mejor amigo y confidente.

Epígrafe

En un momento o en otro, los más afortunados entre nosotros hacen tres descubrimientos sorprendentes. Descubrimiento uno: Cada uno tiene, en grados variables, el poder de hacer que los demás se sientan mejor o peor. Descubrimiento número dos; Hacer que los otros se sientan bien es más divertido que hacerlos sentir peor. Descubrimiento tres: Hacer que los otros se sientan mejor generalmente nos hace sentir mejor.en otro, los más afortunados entre nosotros hacen tres descubrimientos sorprendentes. Descubrimiento uno: Cada uno tiene, en grados variables, el poder de hacer que los demás se sientan mejor o peor. Descubrimiento número dos; Hacer que los otros se sientan bien es más divertido que hacerlos sentir peor. Descubrimiento tres: Hacer que los otros se sientan mejor generalmente nos hace sentir mejor.

Laura Huxley

Prólogo

Esta segunda edición contiene ahora material y capítulos adicionales. Las razones para esto son variadas. En parte surgieron del descubrimiento de documentos nuevos como la declaración voluntaria de Richard Kemp a la policía, de fecha 30 de diciembre de 1977. Ese documento me brindó material que me ayudó a entender varios acertijos de la Operación Julie. Uno, puedo revelar quién delató a Richard Kemp para que la policía decomisara LSD avaluado en 7.5 millones de libras en 1977. Segundo, también revelo la posible última reserva de una de las "más finas" de LSD que se hayan manufacturado en la historia. También trato el rumor de que la Princesa Margarita se aprovechó del producto de Kemp.

Otra razón fue expandir mi comprensión sobre la llamada "guerra a las drogas." Tuve poco tiempo para hacerlo antes de la publicación de la primera edición.

Adicionalmente, también siento que se necesita responder a los lectores de la primera edición que sienten curiosidad sobre ciertos problemas. Uno de esos problemas fue el de "jugar dentro del juego." Smiles and I. Deberia decir "Smiles and me," pero por ahora, dejémoslo como una broma privada. Cuando llegue la hora, les voy a explicar el humor que subyace en este juego de palabras. Smiles era el vendedor de la droga a quien llegué a conocer bien durante mis días como policía encubierto. He añadido más material sobre lo que pasaba por mi cabeza como Steve Jackson, policía encubierto, incluyendo mis pensamientos sobre quienes eran verdaderamente Bill, el mafioso canadiense, y Blue.

Este es un buen momento para agradecer a todos mis lectores que compraron y leyeron la primera edición. Gracias también por sus revisiones. Todos ustedes me ayudaron a impulsar la primera edición de este libro para que llegara a estar en la lista de los más vendidos del Reino Unido.

¿Qué fue la Operación Julie?

Para mucha gente, la Operación Julie trae a la mente una investigación única de la policía del Reino Unido sobre la producción de LSD, hecha por dos carteles de droga a mediados de los 1970s. La investigación incluyó a 11 fuerzas policíacas a través de Inglaterra y Gales, en un período de dos años y medio. Resultó en la ruptura de una de las más grandes operaciones de manufactura de LSD en el mundo. Culminó en 1977 con el decomiso inicial de suficientes dosis de LSD para hacer 6.5 millones de tabletas, con un valor en las calles de 6.5 millones de libras.

El libro de Records Guinnes en su momento incluyó este hecho como el decomiso más grande en el mundo según su valor en las calles. Ciento veinte personas fueron arrestadas en Gran Bretaña y Francia y más de 800.000 libras fueron descubiertas en cuentas en bancos Suizos.

En 1978, quince acusados aparecieron en la Corte de Bristol Crown. La mayoría de los acusados se declararon culpables, debido a la gran cantidad de evidencia incriminatoria. Richard Kemp se declaró culpable y recibió 13 años en la cárcel, lo mismo que Henry Todd. Nigel (Leaf) Fielding y Alston Hughes (Smiles) recibieron 8 años de cárcel. En total, los 15 acusados recibieron una sentencia combinada de 124 años. Como resultado del decomiso, se estimó que el precio de las tabletas de LSD subieron de 1 libra a 5 libras cada una, y que la Operación Julie removió el 90% de LSD del mercado Británico. Se cree que el LSD producido por los dos laboratorios se estaba exportando a más de 100 países. En total 1.1. millones de tabletas y suficiente cristal de LSD para hacer otros 6.5 millones de tabletas fueron descubiertos y destruídos. El valor total de LSD habría sido de 7.6 millones de libras.

La BBC ha dicho que la Operación Julie inició la era de la "Guerra sobre las Drogas."[1] No estoy convencido de que esta afirmación, hecha en 2011, sea correcta. No creo que existiera ningún tipo de guerra en esa época. Esto es obvio para cualquier observador en ese tiempo, que habría podido ver los lazos que se establecieron entre muchos de los miembros de las bandas de Drogas y los detectives involucrados en la Operación Julie – en muchos casos forjados en el respeto mutuo.

Aunque sea un sinónimo de LSD, la Operación Julie también descubrió una enorme trama para importar vastas cantidades de cocaína a Gran Bretaña. Dos policías encubiertos descubrieron esa conspiración. Este libro describe cómo los detectives encubiertos infiltraron las bandas de drogas que comercializaban con LSD, y al mismo tiempo, descubrieron el complot de la cocaína. Yo fui uno de esos dos detectives, el otro fue Eric Wright.

Para escribir este libro tuve la asistencia invaluable del "Llanddewi Brefi Log" – el récord diario del trabajo encubierto que hicimos Eric Wright y yo. También me apoyé en copias de declaraciones de testigos que registré al tiempo en que participé en la investigación de la Operación Julie. Los recuerdos de esos días todavía son vívidos, pero esos documentos me ayudaron con algunos detalles clave.

Una nota para mis lectores Americanos, verán referencias en mi libro sobre la entidad de "Inglaterra y Gales"- les puede servir el saber que Inglaterra y Gales es una sola jurisdicción legal. Escocia e Irlanda del Norte tienen sus propios sistemas legales, por lo tanto hay tres jurisdicciones legales discretas en el Reino Unido.

Este libro no es ni pro ni anti drogas. Algunas personas siempre buscarán drogarse. Yo no estoy a favor del uso de drogas ilegales, porque creo que no son necesarias para vivir una vida significativa. Algunas veces sucede todo lo contrario, y en ocasiones, algunos terminan sin tener una vida de verdad como consecuencia del abuso de las drogas. No tengo ni la intención ni el deseo de predicarle a nadie.

Les pido que acepten este libro por lo que es -un recuento honesto sobre un hombre común que realizó un trabajo extraordinario. Un trabajo que no muchos experimentarán. Busco ayudarle a entender lo que es ser un detective encubierto – un infiltrado.

¿Quién soy?

El Canadiense podría ser un asesino. Con seguridad, un pez gordo negociando vastas cantidades de heroína y cocaína. Bolivia es la fuente del polvo de cocaína. Le llegó casi al 100 por ciento de pureza. Cuando llegó a las calles de Londres se convirtió en una bestia cambiada. Con suerte, su pureza podría haber sido del 45 por ciento.

El no controlaba la cadena de distribución hasta llegar a los traficantes callejeros. No se necesitaba. Era demasiado riesgoso, y más importante, para cuando me hubiese vendido una libra de 'peso', Steve Jackson ya habría logrado una ganancia significativa.

Yo soy el Británico que habla con el Canadiense en un club nocturno de Liverpool en 1976. Coke, Charlie o Snow, para usar algunos de sus nombres, permanecía en la reserva de los ricos en 1976. Cara, pero popular entre las estrellas de rock. En Gran Bretaña existía un mercado masivo y una enorme oportunidad de ganancias. El trato estaba sobre la mesa. El Canadiense y yo nos convertimos en parte de una conspiración para importar serias cantidades de cocaína a Gran Bretaña.

El estado de ánimo del Canadiense cambió. ¿Por qué? No lo tenía claro. Sin que me revelara muchos detalles, el Canadiense me había impresionado con el plan.

Bolivia – ¡Listo!

Bote super rápido – ¡Listo!

Azafata para traer el contrabando a Gran Bretaña – ¡Listo!

Precios y descuentos por cantidad – ¡listo!

¡Chasquido! El humor cambió, ¡y cómo!

"¿Ustedes son policías?"

¡Bam! Esta pregunta me golpeó como un rayo refulgiente que cae de un claro cielo azul. Las palabras retumbaron en mi cabeza como un trueno ensordecedor.

Siguió un asesinato simulado, un doble disparo en rápida sucesión desde una pistola semi automática con silenciador, hecha por asesinos profesionales de todo el mundo. Una ejecución a corta distancia

Levantó una mano cerca a mi cabeza. El Canadiense apuntó sus dedos índice y medio, unidos, imitando una pistola. Los dedos tocaron mi piel.

Hizo un movimiento con los labios, como imitando en silencio el sonido de dos casquillos imaginarios que hubieran derramado mis sesos por las heridas de salida en la parte de atrás de mi cabeza.

¡Pop! ¡Pop!

Desde 1976 hasta 1980, Steve Bentley, el detective se convirtió en Steve Jackson el traficante de drogas, y volvió a ser de nuevo Steve Bentley, el agente de policía. Yo soy los dos hombres y ésta es mi historia.

La depresión es asunto serio. Mis superiores me habían dicho, (no, me habían ordenado) asistir al cuartel de policía de Hampshire en Winchester en marzo de 1980.

Conduje hasta Winchester desde Farnborough. Me pareció un viaje largo, de unos 32 kilómetros. El radio se apagó en el carro. No había cinta de audio en la casetera. El único ruido estaba dentro de mi cabeza. Un ruido giratorio, ¡pero silencioso! Más parecido a un zumbido, ¡pero silencioso! El ruido puede ser silencioso. No tenía idea de lo que estaba haciendo, excepto por el hecho de que tenía una cita con el médico de la fuerza policíal y el Alguacil Diputado en Jefe (DCC). El DCC es como un comisionado asistente de policía en los Estados Unidos.

Casi en estado de estupor logré caminar por las puertas de la entrada del cuartel de policía. Me presenté en la recepción, mostrando mi tarjeta de cita médica. Ella, la recepcionista, me esperaba y me dijo que tomara el ascensor hasta el piso superior del edificio. Allí me esperaba un asiento. Esperé también a que me llamara uno de los dioses. Se sentía como un recuerdo de los días en la escuela cuando nos mandaban al patíbulo. Como un buen muchacho, cumplí con lo ordenado y esperé.

La ruta al piso de los dioses parecía llena de caras que me eran familiares. Algunas no eran familiares, pero parecían conocerme. En ocasiones, alguien dijo "hola". Una especie de hola nervioso, no un "¿Cómo diablos estás?" clase de hola. Estaba consciente pero no consciente. Parecía como un vacío, algo así como si estuviera mirando una película del cine mudo siendo yo uno de los actores.

Tenía una cita a las dos en punto. Una buena hora, teniendo en cuenta mis recientes hábitos que incluían quedarme en la cama al menos hasta el medio día. Me senté en una silla en un corredor y esperé. Me quedé mirando fijamente al piso, a las paredes y al cielo raso. No habían ventanas para mirar hacia afuera. Esperé y fijé la mirada. Zumbidos silenciosos todavía llenaban mi cabeza. Mis pensamientos eran un lienzo en blanco con manchas de colores invisibles. "¿Es esto real? ¿Estoy soñando?" Los pensamientos no abandonaban mi cabeza.

"Sargento Bentley." Una mujer uniformada como enfermera me sorprendió.

"Sí."

"Por favor siga."

Hizo un gesto hacia una puerta en la que se leía "Cirujano de Fuerza."

Miré a hurtadillas mi reloj. Ví que las manecillas mostraban las 3 p.m. Recuerdo que pensé, '¡He estado esperando desde la 1.45 p.m.!'

El doctor se presentó. Se aseguró de explicarme su especialidad -un médico general, no un siquiatra o sicólogo.

Empezó diciendo, "Entonces, ¿cuál es el problema?"

"No lo sé, dígame usted."

"Ha estado en licencia por enfermedad desde hace tres meses, es correcto?"

"Sí."

"¿Cuándo piensa regresar?"

"Justo después de esta reunión."

"Oh, bien."

"Sí. Me voy derecho a casa después de esta reunión."

"Ya veo. Pensé que usted..."

"Sé lo que usted pensó que yo estaba pensando."

"¿Y en cuanto a regresar a trabajar?"

"No tengo idea."

"Hmm, está bien. Dígame cómo se siente."

"Como un pedazo de mierda."

"Por favor sea más explícito."

"Como una maldita mierda, ¿qué tal así de explícito?"

No tener nada en mi cabeza no me permitía ser explícito. No podía explicar lo que me molestaba. Sabía cómo se sentía, pero estaba tan dentro de mi que no podía verlo o tocarlo. Sabía que estaba allí. Tenía un dolor como una herida abierta. En lugar de hablar con franqueza, lo que había encontrado imposible, hice una pregunta.

"¿Esto es confidencial? Entre usted y yo. Asunto entre doctor y paciente."

"Bueno, tengo la obligación de hacer un reporte sobre su posibilidad de trabajar."

En mi experiencia, la palabra "Bueno" al comienzo de una respuesta usualmente es un mal presagio. Es semejante al uso de las palabras ′con respeto′ cuando se habla de un asunto con el que no estás de acuerdo.

"Mire, con respeto, ¿cómo puede hacer un reporte cuando usted no está calificado?"

"Discúlpeme....??"

"Ya lo oyó. Usted no está calificado. ¿Puede ver si hay algún problema físico en mí?"

"No."

"Bien, ¡entonces me voy!"

El corredor y la silla me dieron de nuevo la bienvenida. Ellos no querían hablar y yo no necesitaba explicarles nada. Esperé a que me llamaran a la oficina del DCC. Su secretaria me habló después de esperar una hora. Son ahora las 4.30 p.m. Ella se disculpó diciéndome que el DCC había estado tomando una llamada telefónica inesperada, larga pero importante. "Está bien, gracias." Pero yo no había estado pensando "está bien."

¿Importante? ¿Qué es más importante que su cita conmigo? Es mi futuro el que está en juego. Mi cabeza estaba llena de pensamientos. ¿DCC? Lo conocían por su cara agria y su reputación de ser un hombre difícil. El papel del DCC en toda fuerza policial se conoce como el de ser un árbitro en asuntos de disciplina interna. Mis pensamientos continuaban... ′¿A lo mejor van a rodar cabezas?′

Juro que vi cabezas desmembradas rodando por el corredor. Me reí fuerte. ′¿Participaré en el salto alto?′ Mi siguiente pensamiento se infiltró, ¨¿Quizás la caída ruidosa de Fosbury[2]sería una buena manera para entrar en la oficina del DCC?′ Estos pensamientos me inundaron la mente al mismo tiempo que la "Sombra más Blanca de Pálido," de Procol Harum.

En ese momento regresó la lucidez. Tuve claro lo que tenía que hacer. Me levanté de la silenciosa silla, caminé hasta el ascensor y volví sobre mis huellas hacia el piso de los dioses, en reversa. Sabía que había tomado mi decision. ¡Que se vayan al demonio todos!

Nadie en la historia de la Policía de Hampshire se había atrevido a irse de este tipo de citas antes o después de ese día.

Se me había pedido ser explícito. Esto es explícito. No había trabajado en tres meses antes de mi cita con el DCC. Me había reportado enfermo. Habia visto a mi propio doctor, quien confirmó que tenía depresión. Mi doctor refirió mi caso a un hospital local para que me enviaran a ver a un siquiatra. Yo no fuí a mis citas médicas.

La depresión ya no es un estigma como lo fue en los 1980s. No podía tolerar que necesitaba ayuda. Mi orgullo y tozudez significaban que tenía demasiada vergüenza para admitir que ya no tenía el control.

¿Qué causaba mi depresión?

En 1980, yo, Steve Bentley, creía que era un policía de carrera. Estaba orgulloso de lo que había logrado en mi papel encubierto durante la Operación Julie. Era la cúspide de mi carrera y un recuerdo que me llevaría a la tumba. Luché y trabajé duro para llegar al punto en que fuí escogido directamente por Dick Lee para la Operación Julie en 1976. Me gané el puesto con las uñas y no quería que Julie terminara. El equipo Julie llegó a convertirse en un grupo formidable de investigadores y debieron haberle permitido continuar, particularmente para combatir la pandillas que importaban cocaína y heroína a Gran Bretaña.

Mi propio rol como el agente encubierto Steve Jackson tuvo un precio. Me convertí en dependiente del alcohol y en menor grado, dependiente de cannabis y cocaína. Fué desastroso para mi segudo matrimonio, el cual se disolvió poco tiempo después de que concluyera la Operación Julie.

Después de que terminara la Operación Julie me dieron una promoción. Me convertí en Detective Sargento con base en Farnborough, Hampshire. Me gané ese papel. El trabajo era demasiado fácil y tan mundano, a juzgar por mis otros trabajos encubiertos. Llegué tarde al trabajo demasiadas veces a causa de mis resacas generadas por la bebida de la noche anterior. También conocí a mi futura tercera esposa. Ella, o mejor dicho, mi relación con ella, fue la catálisis a mi caída en una profunda depresión.

Cuando la conocí, yo ya estaba tomando mucho, locamente. Toda la noche, a menudo cayendo en un estupor alcohólico en una taberna. También estaba fumando drogas.

Fue amor entre Catherine y yo. La relación más larga, más cercana, más apasionada y espiritual que alguna vez había encontrado. Me fui a vivir con ella cuando todavía estaba casado con mi segunda esposa y era un detective sargento en Farnborough.

Lo que siguió es posiblemente muy difícil de creer ahora en el siglo 21. Me convertí en una víctima de una actitud tan típica de la fuerza policial a finales de los 1970s y comienzos de los 1980s. Mis superiores no querían que yo viviera con una mujer sin casarnos. Esta objeción tomó la forma de transferirme a Southampton, a 65 kilómetros de Farnborough. Para ponerle sal a la herida, esperaban que cumpliera tareas como sargento y consiguieron un hostel solo para hombres en el que querían que yo viviera.

Esto era totalmente inaceptable.

Yo era un detective total; desde la temprana edad de 21 ya había sido reconocido como un buen atrapa-ladrones. Mis calificaciones altas en los exámenes finales del Curso de Entrenamiento de Detectives de la Casa Matríz me habían hecho notable. Siguiendo mi desplazamiento desde Merseyside a Hampshire en 1971, estuve algún tiempo sirviendo en uniforme. Detesté ese tiempo. Trabajé duro y me gané el derecho de quitarme el uniforme. No fue fác il.

Ahora me doy cuenta de que me enfrenté a un esfuerzo evidente de separarme de Catherine, y de forzarme a cumplir oficios con uniforme. No pude evitar ninguno de estos dos prospectos. Estaba seriamente deprimido por estos hechos. El lío se exacerbó por una visita de Norman Green, un superintendente de la policía, quien me conocía bien y me tenía en alta estima.

Green vino a la casa de Catherine en Farnborough y pidió hablar conmigo en privado. Me pareció bien, pero Catherine le dijo bruscamente a Green que cualquier cosa que tuviera que decirme la podría decir frente a ella. Se quedó.

Mi ausencia del trabajo fue tratada como desaparición. Fallé en comunicarme con alguien sobre mi enfermedad, simplemente empecé a dejar de ir a trabajar. Mi desparición empezó a ser tratada con algo de urgencia cuando un boletín dirigido a toda la fuerza policial en el que me buscaban, comenzó a circular.

Nadie pudo localizarme, excepto Green. No logró persuadirme de que regresara a trabajar y aceptara mi transferencia a Southampton. No tuvo éxito porque intentó decirme lo que tenía que hacer y no me escuchó, lo que reforzó mi tozudez. A lo mejor si me hubiera pedido que le explicara mis dificultades habría logrado algo, pero lo dudo. No quería hablar sobre el trabajo o sobre la palabra que empieza con R – responsabilidad.

Me mortificó que reportara que me había encontrado viviendo en la miseria. Nada era más falso. Catherine era una ama de casa. Okay, cuando nos visitó, la casa puede haber estado un poco sucia. Sus cuatro hijos vivían allí y Catherine trabajaba por las noches en un hospital local, por eso a lo mejor ella estaba ocupada el día en nos visitó el Señor Green y por eso no hizo el aseo. Estoy seguro que a Catherine le habría gustado que yo dijera que esta visita no fue anunciada.

Por supuesto, su impresión aumentó la fama sobre mi locura, no había ya duda, dado que estaba viviendo con una mujer con cuatro hijos. Mis amigos estaban preocupados por mi, algunos incluso me consideraron temerario.

Estos eran jefes que no tenía idea sobre el trabajo encubierto, drogas, abuso de alcohol o sobre una amenaza de asesinato en Liverpool hecho por el vendedor de cocaína canadiense. Green y los demás esperaban que me sacudiera la depresión como si fuera un pedazo de algodón perdido en mi ropa. Solo sacúdelo y vuelve a tus cosas -reportándome de nuevo a trabajar en Southampton.

¡El ex-Detective Sargento 708 Stephen Bentley reportándose al trabajo! ¿Cómo podía reportarme de nuevo a trabajar en medio de un ataque de nervios? Me tomó varios años darme cuenta de que en 1980 yo sufría de algo más que una depresión aguda.

Permítanme decir desde el comienzo que no busco simpatía para mí mismo ni me arrepiento de los eventos que tomaron lugar entre 1976 y 1980. Pensé en titular este libro como "Y en la Mitad de la Investigación tuve una Crisis Nerviosa." Tenía la canción de los Beatles en mente.

Cultura del LSD

A menudo la Operación Julie se considera una operación policial encubierta. Nada puede ser menos cierto. Mucha de la investigación requirió un buen trabajo de rutina por parte de los detectives. Gran parte de esto abarcó vigilancia de objetivos y sospechosos, incluyendo algunos detalles que tengo prohibido revelar, debido al Acta de Secretos Oficiales de Gran Bretaña. Los veinticinco miembros del equipo de Operación Julie siguieron los vehículos de los sospechosos para llevar a cabo esta tarea de vigilancia. Dicha vigilancia no se limitó a enganchar a los sospechosos, también se vigilaron casas, oficinas y negocios por períodos largos de tiempo. Los detectives de Operación Julie también posaron como inocentes veraneantes y en una ocasión, como topógrafos. Todo esto se hizo para disimular el hecho de que eran vigilantes.

Nada de esto es verdadero trabajo encubierto.

Cuando trabajas encubierto asumes una identidad completamente nueva. Te mezclas con los chicos malos y esperas infiltrarlos. Un "infiltrador" es una mejor descripción de un trabajo encubierto profundo. No se trata de trabajar como un narco (un oficial de narcóticos) o un oficial de policía enmascarado como un comprador de drogas. Él o ella invariablemente llega a casa por la noche, trabaja un turno y regresa a la normalidad. Ellos llevan una identificación y retienen su verdadera identidad. Infiltrar es un papel estresante y demanda mucho de la persona. Puede durar días, horas, semanas, meses, aún años.

Solamente cuatro verdaderos oficiales encubiertos trabajaron en la Operación Julie. Eric Wright y Steve Bentley fueron dos de los cuatro. Los otros dos han ido y venido. No estuvieron días, semanas y meses encubiertos, constantemente pretendiendo ser alguien más. Imaginen viviendo ocho meses de su vida existiendo como si fueran otra persona.

Tantos mitos han rodeado a la Operación Julie. Parte de la construcción de esos mitos han sido causados por un periodismo perezoso que ha durado a través de los años y que continua todavía hasta el día de hoy. El año pasado, 2016, fue el aniversario número cuarenta de la formación del equipo de la Operación Julie. Ya han salido nuevos artículos periodísticos en los que se oye hablar del mayor decomiso de drogas en el Reino Unido. El periodismo perezoso se repite aún en nuestros días.

Las historias y encabezados como "Los 'hippies' de Julie pusieron la casa de Kemp Tregaron bajo vigilancia, y notaron sus idas y venidas regulares de 80 kilómetros hasta Plas Llysyn, una vieja mansion en Carno, cerca de Llanidloes[3]." Y de la misma fuente de la BBC, "[O]tro grupo de 'hippies'monitorearon la mansion desde una vieja caravana, y cuando irrumpieron en secreto, muestras de agua tomadas del solar coincidieron químicamente con las muestras de LSD que la policía había confiscado previamente." Un artículo de la BBC de comienzos del 2011 hablaba de "... docenas de oficiales encubiertos fueron enviados al oeste de Gales posando como hippies, para ponerlos bajo vigilancia durante una operación de 13 meses."

Ninguno de esos artículos de la BBC son precisos. Repito – solamente cuatro verdaderos agentes encubiertos trabajamos en la Operación Julie. Eric Wright y yo fuimos dos de ellos.

Lo que sigue es una historia verdadera. No pretende ser toda la historia de Operación Julie, ya que ella está bien documentada en otras partes. La Operación Julie está asociada con desmantelar una de las más grandes fábricas de LSD y las redes de distribución mundial más amplias que se hayan visto jamás.

Lo que no se sabe son los detalles de cómo mi trabajo encubierto, con mi compañero encubierto Eric, se conectaron a una trama enorme para importar cocaina a Gran Bretaña e identificó a los jugadores de esa conspiración. Es una narrativa personal en la que espero mostrarles por lo menos una mirada a lo que es el trabajo policial encubierto.

Haré lo que nunca permití durante mis días como agente encubierto -les dejaré entrar en mi mente.

Antes de divulgar los secretos de mi mente, unas cuantas palabras sobre los otros libros escritos sobre Operación Julie, puesto que hay una posibilidad razonable de que algunos de ustedes hayan leído uno o más de ellos.

A mi entender, este es el séptimo libro que tiene que ver con Operación Julie, bien sea contando toda la historia o como parte de una. Solo tres libros fueron presuntamente escritos por policías que estuvieron dentro de la investigación. Este libro es el único que ha sido escrito por un policía que participó en la investigación desde el principio hasta el final, escribiendo en el teclado y usando mis propias palabras y sentimientos, en contraste con un libro de un escritor fantasma.

El primero fue 'Operación Julie'[4] escrito por Colin Pratt y Dick Lee. Dick Lee era el hombre encargado del equipo de Operación Julie. Fue su idea original y lo supervisó hasta el final, aún cuando parcialmente durante la investigación el Detective Superintendente Greenslade lo reemplazó. Ese nombramiento fue políticamente motivado. Lee había rizado demasiadas plumas y figuras en el establecimiento. Yo veía a Greenslade como una marioneta acercándose a su fecha de retiro, era un hombre que a todo le decía que sí y un policía convencional.

En la época de la Operación Julie, Colin Pratt era un periodista del Daily Express. Su primer libro fue escrito por él mismo. Es un libro decente, bien contado y bien escrito. Desafortunadamente, contiene comentarios innecesarios e incorrectos sobre grupos terroristas e individuos a los que erróneamente se les acusa de haber estado asociados con estos grupos. Sin embargo, a pesar de lo que he mencionado, es en gran parte una historia precisa de la investigación. Me veo obligado a decirlo porque me describe como "el alto, delgado, bien parecido detective de Hampshire." Además, cuando describe al equipo que había creado, Lee pidió a Steve Bentley, "un detective callado, amigable, talentoso al que había admirado por mucho tiempo." Claramente es un libro lleno de verdades.

'!Arrestado! La Sensacional Historia de Vida de un Policía Hippie Encubierto'[5] escrito por Ed Laxton y Martyn Pritchard, publicado en 1978 fue el segundo libro. Martyn fue un oficial encubierto exitoso y experimentado, que trabajó con el Equipo Anti Drogas de la Policía de Thames Valley antes de seguir en el mismo papel en Operación Julie. Laxton era un periodista del Daily Mirror y el libro fue redactado por él. Es una historia espeluznante de trabajo encubierto, dañado por historias dudosas y lleno de charlatanerías del bajo mundo. Tiene la palabra "sensacional" en su título y esta es la clave de su estilo y contenido. Estos dos libros evidentemente pretendían obtener ganancias de las noticias sobre las capturas y sentencias de los conspiradores de Operación Julie, que en ese entonces ocupaban las primeras planas,

El siguiente y tercer libro directamente conectado a Operación Julie es 'Operación Julie: La más grande Redada de LSD del Mundo'[6] escrito por Lyn Ebenezer. Tengo poco que decir sobre este libro. Está escrito por un periodista local galés, y según esta version, parece como si la entera Operación Julie se hubiese centrado en Gales.

Los dos libros siguientes tienen más que ver con el pasado histórico del LSD como una cultura por sí misma. Ambos son una lectura interesante para alguien interesado en la historia del LSD, su cultura y sus íconos, y un "viaje" a traves de la memoria hacia la Hermandad del Amor Eterno, Los Bromistas Dichosos, Ken Kesey y "Alguien Voló Sobre el Nido del Cuco" y aún más atrás. Ellos son 'La Hermandad del Amor Eterno'[7] por Stewart Tendler y David May y 'Soñando con Albión: Una historia popular del LSD en Gran Bretaña'[8] por Andy Roberts.

Finalmente, un libro titulado 'Vivir Fuera de la Ley: Atrapado por la Operación Julie, La Mayor Redada de Drogas de Gran Bretaña'[9] por Leaf Fielding está escrita por un 'infiltrado' de otra clase. Fielding terminó detrás de las rejas luego de declararse culpable de ser parte de una cadena de distribución de LSD. Es un libro bien escrito, pero para mi está acolchado con historias de su niñez y otros asuntos no conectados a la Operación Julie. Hay otras incontables fuentes de información sobre la Operación Julie en el internet. Muchas de ellas son de dudosa procedencia y sirven para atacar el establecimiento en defensa de la contra cultura del LSD. En el tiempo de la Operación Julie, el LSD era una sustancia de clase A que se prescribía bajo el Acta de Mal Uso de Drogas. Todavía lo es. Si hubiera algún peso en los argumentos para usar el LSD, ¿por qué no hay un movimiento de cabildeo tratando de influenciar a los legisladores para que lo legalicen? Hubo un debate, y todavía lo hay, sobre el cannabis y un movimiento ampliamente conocido como la organización para "legalizar el can nabis."

Los conspiradores en la Saga de Operación Julie sabían de los riesgos que tomaron para manufacturar y distibuír la droga Clase A. Uno de los principales personajes en mi historia, Smiles, me lo resumió bastante. Quería encontrarme con él después de los arrestos y lo hice en la celda policíaca en la Estación de Policía de Swindon.

Amablemente me dijo, "no hay rencores. Es todo parte del juego."

Quienes promulgan el uso del LSD son gente articulada e inteligente. Sin embargo, me permito recordarles lo que Huxley pensó sobre el uso del LSD y cito el libro de Tendler y May -

Desde el comienzo ha habido un límite en las experiencias con drogas, que están a un terrible paso de la locura. Laura, la segunda esposa de Huxley quien era una sicoterapista versada en el LSD escribió más tarde: 'Aldous siempre enfatiza cómo deben usarse estos químicos en forma delicada y respetuosa.' El LSD solo debe tomarse con el consentimiento de un médico y cuando el sujeto estuviera en paz, con buena salud, en ambientes amistosos y sabia compañía.

Algunos de los principals jugadores en la conspiración tenían la vision de que podían "regar la palabra" sobre el LSD en forma similar a Timothy Leary y otros involucrados en los días de incio de la contra cultura del LSD. Si hubieran sido tan inteligentes como muchos otros, incluyéndome, entonces sorprende que se hubieran comprometido tanto en el auto engaño y la hipocresía en gran escala.

Smiles sabía que era un comerciante de drogas. Sobrevivía por su inteligencia y de la venta de drogas -nada más ni nada menos. Era honesto consigo mismo. Richard Kemp era el químico que fabricaba el LSD, con Christine Bott como su asistente. El norteamericano, David Solomon, quien tenía conexiones en la Hermandad del Amor Eterno, contrató a Kemp para que hiciera el ácido. Los seudo altruistas mensajes que salían de Kemp y Bott era solamente majaderías. El dinero los motivaba también a ellos. Ellos encontraban inconveniente admitirlo. De acuerdo, vivían una vida simple en una cabaña galesa, con cabras y un huerto de vegetales. Pero, ¿cuántos 'buena vidas' como ellos también tenían cuentas en bancos suizos? Además, si lo que dicen Tendler y May es correcto, entonces por qué se preocupó tanto Kemp por el dinero en sus primeros días en Francia, trabajando como el químico de Solomon?

La cultura original del LSD se centró en la generación de los 1950s y comienzos de los 60s. La droga fue originalmente para artistas, autores y académicos. Eventualmente, aún los 'evangelistas' tempranos del LSD que la trataban como una forma de objeto sagrado, sucumbieron a la tentación de ganar dinero fácil. La Hermandad del Amor Eterno (La organización, no el libro) es una historia que presenta a las pandillas de los Ángeles del Infierno de California. La Operación Julie y la masiva red de narcotraficantes a la que demolió es un legado de esos días.

Todo el proselitismo que sale de las bocas de quienes están a favor del LSD convenientemente se olvida de otro aspecto. El uso de polidrogas es común. La mayoría de los traficantes callejeros y de los usuarios de drogas venden o usan más de un tipo de drogas. Esto abre oportunidades para que el usuario, quien es nuevo en la escena, sea atraído por la perspectiva de usar y experimentar con nuevas drogas. Smiles tenía acceso a LSD, cocaína, marihuana y hachís. En mi experiencia como antiguo agente encubierto, miembro del equipo de detectives anti drogas y del abogado criminal de la defensa, esto es común.

Me doy cuenta de que las siguientes historias son apócrifas, pero son verdaderas. Un vecino me dijo hace muchos años que todavía sufre de recuerdos poco placenteros luego de dejar de usar LSD. Volviendo al tema del cannabis, un amigo cercano me dijo que había dejado de usar cannabis regularmente. ¿Por qué? Había alcanzado una etapa en la que se le olvidaban las cosas importantes que tenía que hacer, así como importantes citas en su diario trabajo.

El consejo responsable para quienquiera que desea hacer un viaje en ácido es tener un 'niñero' y asegurarse de que está en un estado mental pacífico y cómodo. Desafortunadamente no todos siguen este consejo. No es como si su tableta de ácido traiga una advertencia de salud e instrucciones de uso en el empaque, como sucede con las medicinas, prescritas o no, que se compran en la farmacia.

Los efectos de cualquier droga alucinógena, incluyendo el cannabis, pueden ser impredecibles. Puedes buscar en Google, si quieres, para aprender más sobre los 'malos viajes con ácido,' pero yo encontré uno después de una búsqueda superficial[10]. Seguro, ¿la imprevisibilidad es una buena razón para que el LSD y el cannabis sean declarados ilegales? Si usted es de la opinión de que el cannabis no es un alucinógeno, piénselo bien. Y lea todo mi libro.

No creo ser un hipócrita, yo usé drogas durante mis días como agente encubierto y en numerosas ocasiones después. No las he usado hace varios años ya, pero tengo una mente abierta sobre ciertas drogas. Tampoco abogo por su uso, ni condeno a nadie que las use. Reconocí los peligros del uso de drogas en mi vida personal, y a lo que le pongo objeción es a los argumentos unilaterales usados en el debate sobre las drogas.

En caso de que se pregunten, y no es una revelación, nunca hice un viaje con ácido. Nunca fue un problema reusarme a usar ácido. Los usuarios de ácido, y el mundo de usuarios en general, saben que éste no es para todo el mundo. Aún si usted lo tolera, hay un consenso universal en el mundo de las drogas de que a cada momento tienes que pensar muy bien en consumir siquiera una tableta.

1 Operation Julie: Forty years since mid-Wales LSD bust http://www.bbc.com/news/uk-wales-35963741

2 Operation Julie: How an LSD raid began the war on drugs http://www.bbc.com/news/magazine-14052153

3 Lee, Dick & Colin Pratt (1978). Operation Julie: How the Undercover Police Team Smashed the World's Greatest Drugs Ring. W. H. Allen/Virgin Books.

4 Laxton, Colin & Pritchard, Martyn (1978). Busted! The Sensational Life-Story of an Undercover Hippie Cop. Mirror Books Ltd.

5 Ebenezer, Lyn (2010). Operation Julie: The World's Greatest LSD Bust. Y Lolfa.

6 Tendler, Stewart & May, David (1984). Brotherhood of Eternal Love (Panther Books) First Edition

7 Roberts, Andy (2008). Albion Dreaming: A popular history of LSD in Britain. Marshall Cavendish Limited.

8 Fielding, Leaf (2011). To Live Outside the Law: Caught by Operation Julie. Serpent's Tail.

9 Five Bad Acid Trip Stories First Hand Experiences of LSD https://www.verywell.com/five-bad-acid-trip-stories-22096.

Nace un Detective

El equipo de la Operación Julie se formó en 1976. A comienzos de ese año yo era un detective en el Equipo de Drogas de Hampshire. Era un rol con el que no estaba familiarizado. Había sido un detective en la fuerza policíaca de Lancashire desde 1968 a 1972, con base en Merseyside, trabajando en crímenes mayores en el viejo condado de Lancashire y el nuevo condado de Merseyside.

Era un producto de los 1960s. Las únicas drogas que conocía desde que era adolescente en Liverpool eran los corazones púrpuras (píldoras de anfetamina), y se podía comprar "reefers" (o cigarillos de marihuana) en Liverpool 8. En ese tiempo, las drogas se conseguían a través de la comunidad India del Oeste, para ser preciso, en los shebeens (Clubes ilegales para beber) o Toxteth. La marihuana se podía conseguir allí. Siendo un policía joven a finales de los 60s, conocí a los adictos a la heroína debido a una avalancha de robos a tiendas químicas cometidos por ellos.

La mayoría de mi servicio policíaco probatorio sucedió en Eccles, Manchester grande. Pronto me transfirieron a Kirkby, un pueblo grande de Liverpool. My período de prueba terminó en 1968. Eccles es donde comencé a desarrollar mis deseos de ser un detective. Un episodio en particular me llevó hacia el Departamento Criminal de Investigación (CID).

Mientras iba a mi ritmo, empecé a conversar con un tipo que trabajaba en un carro en la calle. Yo tenía mi uniforme puesto.

Le dije, "¡Buen día!"

Él estaba debajo del capó del carro y sacó su cabeza, sonrió y me dijo, "¿Cómo está, oficial?"

Era un poco mayor que yo, quizá tenía veinticinco años.

"¿Su carro?" le pregunté.

"Sí, estoy revisando un escape de aceite. ¿Quiere una bebida?"

"Buena idea. Todavía me quedan tres horas para terminar mi turno. Me encantaría una taza de té, con leche, sin azúcar por favor."

Su carro estaba aparcado afuera de su casa con terraza. Unos minutos mas tarde reapareció desde la casa con dos jarros de té en sus manos llenas de aceite.

"Aquí tiene, Alguacil. Disfrútelo."

Nos quedamos de pie en la calle, conversando y tomándonos nuestro té.

"¿Quiere un cigarillo?" Me ofreció uno de un paquete abierto.

"Si, gracias." Me solté el barbuquejo y me quité el casco para estar cómodo. Es extraño como eso hizo que sintiera que estaba bien fumar en público con el uniforme puesto.

La conversación era sobre carros. Pude ver un nuevo estéreo empotrado en la consola. Parecía más nuevo que el carro. La charla giró en torno a los radios y estéreos de los coches.

"¿Tiene carro, oficial?"

"No, todavía no, pero estoy ahorrando para comprar uno."

"Es una pena," me dijo. "Le puedo conseguir el radio que usted quiera."

"¿Cómo así?"

"Los jalo."

"Sí, dime otra que yo no sepa."

"No, hablo en serio oficial. Los robo de los carros que están aparcados. Puedo conseguirle lo que quiera. Sólo dígame y se lo consigo."

Para mí es todavía un misterio el por qué empezó a confesar sobre una serie de robos. Por dos años había estado robando radios de carros de los coches aparcados. Lo arresté.

Al llegar a la estación de policía, el sargento me dijo que llevara a mi prisionero al segundo piso, a la oficina del CID. Allí solamente se entraba con invitación. No subías allí a menos que te lo pidieran. Un detective conocido como big John tomó el caso después de que le contara lo sucedido.

Me preguntó si quería quedarme y ver cómo era “el trabajo real de un policía”. Lo hice. Estaba asombrado.

Poco después de este incidente, un ladrón de casas asesinó a una mujer de la tercera edad en Eccles. Un pequeño ejército de extraños se apoderó de la estación de policía. Se llenó de un grupo de detectives traídos desde todo Lancashire. De nuevo, estaba sorprendido. Estos tipos exhudaban confianza. Me senté en silencio durante el descanso para tomar el refrigerio en la cantina de la policía. Escuché todas sus “historias de guerra" y sus chistes, y me empapé de la atmósfera.

La discreción es importante en un trabajo policial, lo aprendí en Eccles. Ví a un chico jóven robando botellas de leche de las escaleras de las casas. Lo seguí hasta una casa vecina. Entró llevando abrazadas unas seis botellas. Decidí golpear la puerta. Esto sucedió temprano en la mañana.

Un tipo grande y rudo abrió la puerta. Parecía tener unos treinta y cinco años. Su pelo negro estaba peinado hacia atrás con grasa y llevaba tirantes para sostener sus pantalones. En un indiscutible acento Cockney, me preguntó qué quería. Una pregunta directa, pero con tono amable. Le conté lo que había visto.

“Siga, oficial. Estoy seguro que podemos resolver esto.”

Entré y vi lo que parecía ser el final de una fiesta. Botellas y latas de licor cubrían el cuarto. Una rubia muy parecida a Barbara Windsor me sonrió y me dijo hola. Unas diez personas llenaban la habitación.

"Bueno, si es sobre la leche..." El tipo grande tenía un billete de cinco libras en su mano. Lo empujó hacia mi.

"No gracias," le dije.

"Bueno, entonces tome una copa."

Me tomé una lata de cerveza y regañé al chico que había robado la leche. Todos sonrieron. Más tarde me enteré de que había estado hablando con uno de los Krays.

Me rehusé a tomar dinero de uno de los Krays (Los Krays eran dos hermanos gangsters de los 1960s, Ronnie y Reggie). Nunca tomé dinero de nadie en toda mi carrera policial. Ví corrupción. Ví a un alguacil policial uniformado robarse una barra de chocolate en una tienda. Fui a la tienda cuando la alarma se disparó. El dueño de la tienda también lo vio. El despido de ese oficial de la fuerza policial fue la decisión correcta. En mis primeros días también ví corrupción. Los casos fueron pocos y espaciados, pero sucedieron. Uno de estos incidentes comenzó como un chiste. Yo había empezado una investigación de un robo a una tienda de ropa de hombres en Crosby, Liverpool. Los ladrones se llevaron todos los trajes, camisas y zapatos. Un informante nos guió hasta un bloque de apartamentos de 13 pisos cerca de Litherland. Tenía una orden de allanamiento para cuatro de los apartamentos en los pisos noveno y décimo.

Cuando nos bajábamos de los vehículos, escuchamos a gritos, "Bizzies, están aquí los Bizzies." En Liverpool la palabra Bizzies es la jerga para denominar a los policías.

Al mirar hacia los apartamentos de arriba, parecía como si estuviera lloviendo. No perros y gatos, sino chaquetas, trajes, pantalones y zapatos, todos aún envueltos en sus protectores – una visión divertida. Parecía que no había razón para buscar. Los bienes robados y la evidencia estaban ahora regados sobre el parqueadero.

La evidencia terminó en la parte de atrás de una camioneta policiaca. Ropa avaluada en miles de libras. Un oficial en uniforme se quedó en la parte de atrás de la camioneta. De allí condujimos hasta la Estación de Policía de Seaforth a depositar la mercancía en el almacén de propiedad confiscada, el mismo oficial era ahora responsable de descargar la camioneta.

A medida que pasaba cada artículo a los oficiales que esperaban, decía, “Uno para el almacén y uno para los muchachos.”

Salí de allí. Los sapos no eran populares en esos días.

Desarrollé una reputación entre mis compañeros detectives. No hagas nada por debajo de cuerda delante de Steve Bentley. El no jugará ese juego. Un buen ejemplo fue una orden que ejecutamos dos de mis antíguos colegas y yo. Un aterrorizado jovencito de unos diecisiete años había logrado finalmente reunir el coraje para reportar un crímen serio. Habia sido un asistente de una tienda en un kiosco solitario, parte de un almacén más grande, vendiendo licor, cerveza y cigarillos.

Durante seis meses, un grupo pequeño de hombres lo aterrorizó. Entraban en su kiosco cuando estaba solo y le exigían botellas de licor y cigarillos. Al comienzo no les entregó nada, pero más tarde sucumbió ante sus amenazas. Una de esas amenazas consistía en echarle líquido para encendedores en la cabeza, usado una pistola de juguete – una pistola de agua. La banda después encendía un fósforo y lo amenazaba con prenderle fuego. Él describió la pistola de agua como de color amarillo.

Conseguimos una orden de registro y me fui a buscar la casa del líder de la banda. Llegué allá con mi Sargento Detective (DS) y otro detective. Siguiendo instrucciones, entré caminando en la sala de estar para hacer la búsqueda solo. El DS y el otro detective se fueron directamente al dormitorio.

A unos segundos de haber entrado en el dormitorio, escuché a mi DS decir, "¡Oh! Mira lo que encontré." El tono de voz y los gestos eran los de la escuela de teatro. Cuando metí la cabeza por la puerta del cuarto, tenía una pistola plástica amarilla en sus manos. Sentí que era mentira. Sabía que no era lo correcto, pero no tenía prueba de e llo.

El líder de la banda protestaba y decía que era inocente, diciendo, "La plantaron. Bastardos, me arreglaron."

Mantuvo su posición todo el tiempo, hasta el juicio. Desde el podio de los testigos dí mi testimonio. Durante tres días, fui examinado por el abogado defensor de los cinco acusados en la orden. ¿Qué podría decir? Dije la verdad. Lo que creí era pura conjetura de mi parte. Los pensamientos y conjeturas son inadmisibles en una corte de ley. El DS fue lo suficientemente astuto para mandarme solo a la sala, por lo tanto no sabía con exactitud lo que había sucedido durante la búsqueda en el dormitorio.

Después de Eccles me transfirieron a Kirkby. Tuve muchas oportunidades allí para hacer arrestos por crímenes. Newtown, el de la popular serie de drama policíaco de la BBC, 'Z Cars' era Kirkby. Tuve la oportunidad de conocer a varios de los actores cuando visitaron a Kirkby. Llegaron a experimentar de primera mano lo que es el verdadero trabajo policial. En poco tiempo, a la temprana edad de veintiún años, yo ya tenía responsabilidades temporales de CID. Cuando me seleccionaron para participar en el Curso de Entrenamiento de Detectives de la Sede, estaba feliz. Había comenzado mi carrera como detective, era un detective primerizo. Tenía mucho que aprender, pero yo aprendía rápido.

Antes de que comenzara esta carrera como detective, aprendí mucho sobre la gente en mi tiempo como policía uniformado en Kirkby. Kirkby era un lugar difícil. La norma era ir a los almacenes locales, aún cuando ellos estaban abiertos durante el día. El crímen, la violencia y las borracheras eran abundantes. El pueblo tenía una reputación notoria. Un poco injusto puesto que muchas familias honestas, que seguían la ley, vivían allí. Pero para la mayoría de la gente Kirkby tenía la reputación del "salvaje oeste". Era el lugar donde jugabas a matar garrapatas a machetazos, y aún así, me sentía cómodo y en casa en K irkby.

Aprendíz Rápido

Kirkby se asemejaba en muchas cosas a Huyton, donde viví de niño. Los dos suburbios de Merseyside están divididos por la Carretera del Este de Lancashire, y separados por unas 5 millas. En ambos predomina la clase trabajadora, y esa fue otra razón para sentirme como en casa en Kirkby. Como Huyton, Kirkby está lleno de personajes medio locos, con un humor Scouse[11] (De Liverpool) inteligente y cómico. Ambos pueblos también tenían una reputación de ser violentos. A veces el humor se usaba para distraer de esa reputación de violencia. Por ejemplo, un área de Huyton -un vasto territorio con varias casas conocido como Woolfall Heath, era más conocido como "Territorio "Mau-Mau[12]" por los locales. Era una área vista por los fuereños y los recolectores de renta como un sitio al que no se podía ir.

Kirkby era el hogar de muchos hombres rudos. Andy era un hombre corpulento. Tenía la cabeza rapada y sentía orgullo de las muchas cicatrices que cruzaban su cráneo -todas ellas eran marcas dejadas por las macanas de la policía que le habían partido la cabeza. Se necesitaban varios oficiales para que lo sometieran y lo arrestaran cuando estaba lleno de licor y con ganas de pelear.

El pueblo era también el hogar de la familia Conteh. John Conteh era un boxeador profesional muy exitoso, pero algunos de sus hermanos escogieron una vida de crímen, a pesar del desespero de su madre, Raquel. Raquel era una adorable y gentil mujer que se había casado con Frank Senior, llegado de Sierra Leona. A uno de sus hijos menores le gustaba correr carros de alto octanaje. Los únicos problemas eran que los carros no eran suyos ni tampoco tenía licencia para conducir. Una noche lo seguí en una persecución a alta velocidad, tratando de alcanzarlo. Manejaba demasiado rápido, era un conductor rápido pero también era peligroso. Decidí que era suficiente cuando se pasó el semáforo en rojo en el atestado cruce de East Lancashire Road. De cualquier manera, lo reconocí y lo arrestaría después. Lo arresté.

El jóven apareció en la Corte Juvenil de Liverpool. Mientras esperaba todo el día para que el caso fuera tratado, conversé con Frank y Raquel por horas. Ella me suplicó que diera una buena recomendación sobre su hijo, lo cual hice, pero solamente porque yo creía en mi propio testimonio. Raquel y Frank expresaron gratitud. Pienso que mis palabras ayudaron a evitar que el muchacho sirviera una sentencia en la cárcel, solo sé que su gratitud era genuina. Eran buenas personas.

La policía de Kirkby también tenía algunos hombres rudos. Uno de ellos, el más genial, con actitud de muchacho inofensivo, un hombre de Belfast llamado Dennis Dunphy. Sin embargo las apariencias engañan. Había sido un boxeador de la categoría de peso welter en Irlanda del norte antes de unirse a la policía de Lancashire. Se dice que había ganado títulos de la ABA. Mi turno de la noche había respondido a una llamada por desorden una noche. Los vecinos se habían quejado que había mucho ruido en uno de los apartamentos adyacentes. Cuando llegamos encontramos a un hombre desnudo hasta la cintura. Quería pelear con todo el mundo. Nos arrojaba botellas de leche desde el balcón, a nosotros, la policía uniformada. También las estaba lanzando a los espectadores que estaban en el parqueadero. Todo el mundo estaba en p eligro.

Luego de una lucha y su eventual arresto, lo llevamos a la estación de policía de Kirkby. Seguía intentando pelear y se rehusaba a entrar en su celda. Dennis Dunphy se desnudó hasta la cintura y lo invitó a cumplir su deseo de pelear. El maniaco, y esta es una descripción apropiada, quería estar seguro de que sería una lucha justa sin intervenciones de terceros. Se le aseguró que así sería.

Una lluvia de puñetazos a la izquierda de la cara del maniaco lo sacudieron. Su cara pronto se convirtió en una máscara de sangre y mocos. El maniaco se rindió, levantando sus manos para indicar que ya no continuaba en la pelea. Vertimos varias cubetas de agua en su cara, y humildemente entró en su celda. Al día siguiente apareció en la corte con su cara hinchada y magullada.

Cuando el empleado de la corte le preguntó qué le había pasado, el maniaco dijo, "Nada señor. Nada en absoluto. Soy culpable."

La mayoría de estos hombres rudos eran así, si se los golpeaba en pelea justa no se quejaban sobre la rudeza policial.

Esos días en uniforme en Kirkby confirmaron mi ambición de ser detective. Un incidente ocupa lugar prevalente en mi mente. Fui a la escena de un accidente de tránsito temprano en la mañana. Una niñita habia salido corriendo frente a un bus y había sido herida fatalmente.

Llegué allí para ser testigo de la quieta figura de la niñita tirada en la vía. Una hermosa niñita, todavía vistiendo su uniforme escolar en tela de flores. Su pelo estaba amarrado en la parte de atrás de su cabeza, sin duda por su madre, hacía muy poco tiempo. Sus piernas se habían partido por el impacto, pero la visión de la sangre fluyendo por debajo de su cabeza me revolvió el estómago.

Decidí que no estaba listo para ser una persona que responde primero en la escena de accidentes de tráfico. Los cuerpos de difuntos sobre mesas en la morgue jamás me molestaron, pero niñitas muertas, que unos minutos antes habían estado corriendo felices, eran otro asunto.

Mi nombramiento permanente en el CID llegó algunas semanas después de haber pasado el Curso de Entrenamiento de nueve semanas para Detectives de la Sede. Me asignaron a Kirkby, mi primer puesto en ese cargo. Después de trabajar en Kirkby me enviaron a la oficina del CID en Crosby, en los bancos del río Mersey. Crosby era totalmente diferente a Kirkby. En la estación de policía de Crosby investigábamos crímenes en suburbios de clase alta como Blundellsands y Hightown. Pronto aprendí cómo manejar diferentes clases de gente. No eran la clase trabajadora a la que yo pertenecía, y me tuve que adaptar. Algunas veces era más fácil adaptarse que otras. Yo era joven e inocente y tenía mucho que aprender sobre el comportamiento humano y los pecadillos sexuales. Mi Sargento Detective (DS) en Crosby era un buen detective. Como muchos de esa era, tenía una inclinación hacia la bebida. Cada noche era una excursión para ir a beber a una taberna diferente. Lo conocían muy bien en todas ellas. A este DS le gustaba una taberna en Hightown en particular, y pronto conocí la razón. Un banquero y su atractiva esposa eran clientes de esa taberna. Tenían la rutina de invitar a mi DS y sus detectives a su gran casa después de que cerrara la taberna. Esto sucedió en mi primera visita a esta taberna con mi DS. Me di cuenta de todo cuando llegué por primera vez a la casa del banquero. La invitación no estaba restringida a unos cuantos tragos. No, para mi

DS era más que eso. El banquero acompañó a su esposa y al DS a la sala de estar, yo los seguí.

"No, quédate en el hall. Nos tomaremos una copa aquí y traeré mi arma," dijo el banquero.

Yo tenía curiosidad. ¡Volvió de la cocina con vasos, una botella de licor de malta y un rifle de aire!

Puso un tablero de dardos a una distancia de unos 35 metros en el pasillo.

"Okay, tú empiezas," me dijo mientras me entregaba el rifle de aire.

Hicimos práctica de tiro, bebimos el fino whisky de malta, y escuchamos a mi DS tirarse a la esposa en el cuarto de al lado.

"¡Jódeme! ¡Jódeme más fuerte!"

Al escuchar a su esposa, el banquero se masturbó. Yo estaba aprendiendo muy rápido sobre la gente y la naturaleza humana.

En los 12 meses de comenzar a trabajar en el Cid me uní a la Fuerza Élite de Lancashire. Era un grupo móvil de detectives, algo así como el Grupo de Vuelo de Londres, sin la corrupción. Pronto investigué unos seis asesinatos en el condado, todos dentro de un rango de doce meses. Este era verdadero trabajo policial, como dirían en "The Wire." Fue una experiencia fantástica y un gran aprendizaje en terreno para un detective jóven como yo.

El grupo de tareas de la fuerza élite fue idea de Joe Mounsey. Algunas veces el CID local no tenía suficientes hombres, y nuestro propósito era ayudarle cada vez que sucedía un crimen serio. Para resolver el crimen rápidamente se requería un esfuerzo concentrado. Él llegaba cada mañana y cada tarde a dar el reporte diario. El Sr. Mounsey era un gran detective y fue un placer servir bajo su mando. Nos trataba como seres humanos, esperaba de nosotros que hiciéramos bien nuestro trabajo y así lo hicimos, en parte debido a que le teníamos en alta estima como ser humano y como detective. Teníamos bonos extra: Carros nuevos para conducir, Ford Cortinas de dos litros. No tenían marcas policiales en el exterior, pero estaban equipados con sets de radio VHF, una señal de parada de la policía en la ventana posterior, sirenas y una lámpara azul magnética que se podía montar en el techo.

Casi perdí el proceso de selección para este grupo élite. La entrevista se hizo en Knowsley Hall cerca de Liverpool, hogar de Lord Derby. Para llegar al pasillo principal se debe pasar por una larga calle de gravilla, debe tener mas de 3 kilómetros de largo. Cuando iba para la entrevista recordé los días en que repartía periódicos siendo un niño, cuando vivía en Huyton. Era un largo recorrido en mi carro aquel dia de mi entrevista, y sin embargo cuando manejaba mi bicicleta para llevar los periódicos dominicales no me parecía que el camino fuera tan largo. La fuerza Sur Oeste del grupo de tareas de Lancashire se había adueñado temporalmente del pasillo y lo había convertido en centro temporal de operaciones. Esto le ayudaba a la familia Derby a pagar las enormes cuentas para mantener su casa ancestral. Al menos así lo hicieron hasta que fundaron el Zoológico Knowsley y el Parque de Vida Salvaje en los terrenos. Las entrevistas se hicieron en la biblioteca, una habitación enorme con estantes de libros que empezaban a nivel del piso y terminaban en el cielo raso. Pude ver de reojo una de esas escaleras para bibliotecarios. La habitación tenía una enorme mesa de roble en el centro. Joe Mounsey y otros detectives veteranos me entrevistaron. Pensé que todo iba bien hasta que me levanté para abandonar la habitación, siguiendo mis pasos de regreso hacia la salida, lo único que pude ver fueron estantes y libros. El pánico me inundó. Tropezando, encontré una puerta hecha de un panel deslizante. Desde adentro se veía como otro estante para libros. Con alivio, deslicé el estante y abrí la puerta.

Escuché a Joe Mounsey decir, "Bien hecho muchacho, pasaste el último examen."

Solté un respiro profundo. Estaba dentro y afuera. Dentro del grupo y fuera de la biblioteca.

Cuando me mudé a Hampshire me perdí de este trabajo real de policía. Digo "real" porque mis primeros días en el grupo anti drogas no me impresionaron. Los reportes eran sobre distribuidores de drogas callejeros y chicos jóvenes por posesión simple de pequeñas cantidades de cannabis. Tenían su propia cultura, aún su propio lenguaje. En sus conversaciones usaban palabras como "man," "correcto man," y "fresco." Era como escuchar un guión de "Easy R ider"

Era un choque de culturas. Yo adoraba los deportes y bebía cerveza, era un entusiasta seguidor de fútbol americano y de cricket. Mis gustos literarios incluían a Ed MacBain y los clásicos de Charles Dickens o John Steinbeck. Los deportes eran una maldición para la mayoría de los drogadictos que conocía. Eran más al estilo del Señor de los Anillos que señores en sí. Yo era Beefy (Ian Botham, un jugador inglés de cricket y bebedor de cerveza) y ellos eran el Capitán Beefheart. Yo era los Beatles y los Rolling Stones, ellos eran más como Jefferson Airplane y Vanilla Fudge. Yo era convencional, ellos eran no convencionales. Allí reside la clave de una animosidad que existe hasta el dí a de hoy.

Es una animosidad hacia la autoridad, y la policía en particular, que muestran algunos en la sub cultura de la droga. Algunos de ellos defienden ferozmente su derecho de hacer lo que les plazca. Perciben a la policía como "cerdos." Ven como enemigos a los policías que tienen a su cargo el perseguir drogadictos y distribuidores de drogas. Se olvidan que ellos mismos violan la ley. En lugar de trabajar "dentro del sistema" se quejan de la "guerra sobre las drogas" desde afuera. Esta gente también se olvida que muchos de esos disritribuidores de drogas le venden a cualquiera, sus clientes incluyen a menudo niños en edad es colar.

Estos breves días en el Grupo Antidrogas en Hampshire no me llenaron. Distribuidores menores siempre lloriqueando y gimiendo. En retrospectiva, cada semana revisaba una casa o un apartamento en busca de drogas, armado con una orden de búsqueda. Lo que encontramos incluía hachís, yerba, LSD y anfetaminas. Algunos de mis colegas eran patéticos. ¿Imagínese sentirse felíz por encontrar una cucharacha en un cenicero? Era un pueblo pequeño y había una mentalidad pequeña – muy diferente a las muertes en Lancashire. No me sentía bien en el escuadrón anti drogas pero tenía que aguantarme, era mejor que patrullar las calles en uniforme.

Me estaba aclimatando al dialecto de Hampshire y a las formas diferentes de hacer las cosas, además de ir aprendiendo sobre la forma de vida de los "drogados." Nada de esto era fácil. El asunto del dialecto tenía doble dimension; Yo no entendía su jerga de Hampshire y ellos no podían descifrar mi acento de Liverpool.

¡Mi objetivo real era regresar pronto a CID! Había trabajado duro para lograr mi transferencia de Lancashire a Hampshire y así poderme librar del uniforme. Trabajé dura e inteligentemente. No me tomó mucho tiempo ponderar el CID en Basingstoke. Allí es donde terminé, siguiendo mi transferencia desde Lancashire. Es un moderno pueblo londinense en medio del Hampshire rural. La mayoría de los miembros del CID de allí eran perezosos. El mas perezoso de ellos también tenía la tendencia de hacerte sentir inferior. Detesto tal actitud. La mayoría me trataba con sospecha porque se enteraron de que yo había sido un detective con experiencia en mi antigua fuerza. No creo que ninguno de ellos me hubiera dado una buena recomendación, en efecto, estoy seguro de que algunos hablaron mal de mi a mis espaldas. Logré enterarme de un incidente que tuvo lugar cuando yo estaba uniformado en el turno de la noche.

Cerca de las 11 p.m. una noche caliente de verano en junio de 1974, una rencilla tuvo lugar en uno de los cafés de Basingstoke. Una pandilla de diez jóvenes habían atacado a otra pandilla dentro del café. Me dio la oportunidad de demostrar mi brío. Uno de los jóvenes tuvo que ir al hospital para que le cosieran la cara porque un rival se la había roto con una botella. Todo empezó por una discusión sobre dinero debido a uno de los miembros de la banda, producto de la compra de yerba.

El procedimiento normal de la policía habría sido buscar testigos del ataque. Si hubiese habido un testigo que pudiera decir que uno o varios atacantes estuvieron presentes, entonces se habría podido hacer el arresto. También habrían podido hacer esfuerzos para aliarse con el hospital para buscar otros testimonios, tanto del médico como de la víctima. Pero el mayor deseo de los uniformados en esta situación habría sido pasárselos al CID como un juego de "pase el regalo."

El CID tomaría la información a la mañana siguiente. Llegué a la taberna con mis otros oficiales uniformados. Nuestra llegada coincidió con la ambulancia llevándose al joven herido. Su cara era un desastre. El vidrio le había ocasionado una herida de unos 18 centímetros, y era profunda. Cuando la ambulancia se fue, hablé con el dueño del local de la taberna. Me dijo que conocía los nombres de todos los atacantes y también los de varios testigos del incidente.

Sólo había un plan de acción para mi, primero, escribir una lista de los detalles de todos los testigos para que pudieran ser contactados mas tarde y dieran su declaración, pero más importante aún, necesitaba tomar una declaración de un testigo esa noche. Esta debía incluir detalles del ataque y algunos nombres. Encontré a ese testigo en una joven mujer que todavía estaba sentada en la escena del crimen. Me dio un testimonio completo y los nombres de todos los involucrados. Los conocía desde su tiempo en la escuela.

Una vez que tuve la declaración regresé a la estación de policía cerca de la una de la madrugada. El sargento en uniforme quería que dejara todo allí, que hiciera un reporte completo y que lo dejara hasta la mañana siguiente cuando el CID tomaría cartas en el asunto. Lo persuadí de que me permitiera llevarme a un oficial para ir a arrestar a los principales culpables.

Con una mirada de penosa resignacion, estuvo de acuerdo que lo hiciera. El resto de esa noche fue duro, golpeando puertas, levantando a los delincuentes de sus camas y llevándolos hasta la estación de policía.

El sargento intervino una vez mas. "Dejalo así ahora, deja que el CID termine el trabajo." Le grité, "Debes estar bromeando,"

Habíamos arrestado a seis jóvenes por cometer un crimen serio. Los entrevisté a los seis. Lo admitieron todo.

Después de una noche muy ajetreada, a las seis de la mañana yo tenía sueño. El turno normal termina a las seis de la mañana – "Hora de cerrar". Me dispuse a preparar el archivo para la corte.

El último comentario del sargento cuando yo salía fue, "No hay tiempo extra por esto."

El dinero no me interesaba, necesitaba regresar a CID. El primero de los detectives llegó unos minutos antes de las 9 a.m. Esperé a que llegara el primer sargento detective. De forma mesurada le expliqué lo que había sucedido la noche anterior. Él asintió con la cabeza.

"¿Y el papeleo?"

En ese momento puse el archivo en su escritorio. Estaba completo. Me sentí como un mago sacando un conejo de un sombrero de copete. El archivo contenía muchas cosas, la forma de remisión, declaraciones de testigos, reporte del crimen, confesión, declaraciones de policías, historia y antecedentes de todos los sospechosos, huellas dactilares y fotografías.

Sonrió y dijo, “Paul se va al Equipo regional del Crimen muy pronto. ¿Te interesa tomar su lugar?”

Por fin tenía un aliado.

Antes de que me transfirieran al CID en Basingstoke, alguien en el cuartel general pensó en el escuadrón anti drogas. Fue una decision que alteró el curso de mi vida.

Mi vida personal en 1976 no era color de rosa, puesto que estaba al final de mi divorcio de mi noviecita de juventud, Sue. Ella era la parte inocente puesto que -y no era la primera vez- las regiones inferiores de mi cuerpo se apoderaron de mi mente. Había empezado una aventura con una doble de Jilly Johnson. Johnson era una modelo muy reconocida de los 1970s. Necesitaba un respiro de esta complicada red.

Respiré mejor cuando recibí una llamada telefónica de Dick Lee. Me pidió que nos reuniéramos para conversar sobre esta posibilidad de trabajo. Dick era un consultor de Yorkshire y un inspector detective en la fuerza del Valle del Támesis. Yo había trabajado en operaciones conjuntas con el equipo de Reading y había conocido a Dick como resultado de ello. Debo haber causado una buena impresión. Peter Long también me preguntó qué diablos estaba pasando. Peter tenía derecho a saberlo. Estaba a cargo del Equipo Anti Drogas de Hampshire. Peter me dijo que era una operación encubierta potencialmente peligrosa.

Añadió que Lee había decidido escoger personalmente al escuadrón.

Esta información me impresionó, y para ser honesto, sentí que me necesitaban. Al mismo tiempo, empecé a sentir un poco más que aprehensión. Lo más parecido al trabajo encubierto que había realizado fue pasar tiempo en un taberna de Portsmouth. El equipo anti drogas local tenía un problema de distribución de drogas en una de los tabernas en su territorio. No podían mantener la vigilancia porque podían ser reconocidos, por lo que tuve que estar vigilante mientras se llevaba a cabo el trato, ya que los negociantes locales no me conocían. Estuve muchas tardes en el Pompeya, lo que me sirvió de un buen entrenamiento para la Operación Julie ya que me pagaban para beber cerveza cuando estaba de turno.

Me reuní con Lee unos pocos días después de recibir su llamada. No necesito decirlo, me endulzó el oido como solamente lo pueden hacer quienes quieren conseguir algo de tí, pero no importó, porque me dijo que tenía un papel especial preparado para mi. Ese fue el gancho. Me tuvo en sus redes. De muchas maneras, yo también estaba listo para un cambio de escenario. El trabajo monótono en la tarea antidrogas me tenía cansado, lo mismo que Basingstoke y mi enredada vida amorosa. Mas o menos en dos semanas de haberme reunido con Lee, mi vida cambió. Empecé a conducir por una ruta que se convirtió en algo muy familiar en los dos próximos años. Sabía que era la ruta hacia Devizes en Wiltshire.

1 Scouse es el nombre de un dialecto de Liverpool. Un scouser es un nativo de esa ciudad. Scouse es también un tipo de oveja o de estofado de oveja. La palabra viene de Lobscouse, un estofado que usualmente consumen los marineros en Europa del norte, y que se popularizó en puertos marinos como Liverpool.

2 El levantamiento Mau Mau Uprising, también conocido como la rebelión Mau Mau Rebellion, la revuelta Mau Mau, o la emergencia Kenia, fue un conflicto militar que tuvo lugar en la Kenia Británica entre 1952 y 1960.

Devizes y la Guerra Falsa

Devizes es un pueblo en el condado de Wiltshire. Queda cerca a Salisbury Plain, y por lo tanto tiene una gran presencia militar. También tiene la casa matríz de la Policía de Wiltshire. Dick Lee había escogido este lugar como el epicentro de la Operación Julie. Logísticamente tenía sentido, ya que la mayoría de la acción iba a ser en Londres y Gales.

Devizes está convenientemente localizado en el medio de estos dos lugares. El cuartel de policía de Wiltshire tiene el beneficio añadido de que se encuentra junto a una calle tranquila. La cantidad impensable de vehículos y personal que entra por sus puertas es difícil de contar. Además tenía muy buenos campos e instalaciones deportivos. En los primeros días de haberse formado el equipo de Operación Julie, participamos en varios juegos de fútbol relámpago. Es cuando mis nuevos colegas descubrieron mi pasión por todo lo conectado al Club de Fútbol de Liverpool.

Nuestro contingente Galo también planeó un partido de rugby. Terry Stokes era un miembro del equipo Julie y había representado a Gales en el torneo sub-19. Dai Rees era otro que había jugado un buen rugby. Terry se convirtió en nuestro capitán de rugby, entrenador y jefe lavador de botellas, todo en uno. Había jugado fútbol conmigo y sabía que yo podía correr.

Habíamos arreglado un juego de rugby de manera precipitada. En la víspera del partido, vino hacia mí y me dijo con voz canturreada y su maravilloso acento galés, "Estás en la jugada, Steve muchachito"

Nunca en mi vida había jugado el juego, así que le pregunté qué debía hacer.

"Muy simple," dijo, "¡agarra el sangriento balón y corre como un diablo hasta que anotes un punto o hasta que alguien te ponga fuera de combate!"

Pues no logré anotar un punto, pero definitivamente me pusieron fuera de combate. Sin embargo, fue un dia memorable. Sufrimos una honorable derrota frente a un fuerte equipo de quince de la policía de Wiltshire. Casi que me arrepentí de no haber jugado este juego cuando estaba más joven.

En estas primeras semanas tuvimos muchas actividades sociales muy amenas. La mejor fue cuando mi hermano, que vivía en Canadá, nos visitó, y un pequeño grupo de nosotros nos reunimos con él para comer curry en Devizes. Después de la comida nos montamos en un carro y disfrutamos de un viaje por carretera hasta Coventry, donde vimos el Partido de Coventry contra Liverpool. Comparé esta fase con una guerra falsa. Todos sabíamos que la acción comenzaría más temprano que tarde, pero era necesario tener tiempo para crear lazos con nuevos colegas y para entrenar en nuevos métodos.

Graham Barnard, un Sargento Detective, vino de la fuerza policial del Valle del Támesis como Dick Lee. Graham era un detective metódico e inteligente. Hablaba suave, pero cuando se movía su boca, tú escuchabas. Se hizo responsable de ponernos a prueba en el trabajo de vigilancia. Usamos carros y otros vehículos para seguir objetivos -como se les llama a los sospechosos, bien sea los sospechosos en si o los vehículos en los que se movilizaban.

Se require mucha técnica y aprender un nuevo lenguaje de radio. Tengo prohibido, según el Acta de Secretos Oficiales, de revelar más. Puedo decir que fue divertido y exhilarante aprender estas nuevas habilidades, y fue aun más exhilarante cuando pusimos por primera vez estas habilidades en la práctica en situaciones reales o en "seguimientos."

Aprendimos también como usar una cámara del SLR. Teniamos varios equipos de cámaras, incluyendo Nikon con lentes de telefotos. La importancia de poder usar estos equipos es enorme. El operador puede tener uno o dos segundos para enfocar a un sujeto de interés. Esa foto es potencialmente una pieza vital de evidencia en un juicio posterior y no vale nada si la cara del sujeto está fuera de f oco.

Una de las mayores fortalezas de Dick Lee era que podía establecer buenas conexiones con facilidad. Esta es una época que precede el uso y significado actual de esa palabra. ¡Pienso que la inventó él! Tenía la habilidad de ubicar y lograr toda clase de implementos y equipos que normalmente no estaban disponibles para los oficiales de policía. Sus contactos en las oficinas de Servicios de Seguridad no tenían límite y frecuentemente nos dejaba maravillados. A menudo nos llegaba equipo que estaba disponible solamente para las Fuerzas Especiales. Tuvimos muchos obstáculos en esta época, relacionados con el proceso de aprendizaje. Teníamos camionetas mediocres que usábamos para vigilancia y dejábamos aparcadas en ubicaciones estratégicas. Tres o cuatro personas usualmente las manejaban, cada uno tomaba un turno y actuaba como los ojos del equipo de policías encubiertos. Todos teníamos que aprender a lidiar con muchas horas en claustrofobia en las camionetas, y a la vez aprender a orinar en una cubeta. La "maña" estaba en qué tanto le atináramos. Y, sí. Esto también era para las damas, aunque ellas tal vez no tenían que practicar la atinada. No había privacidad en los confines de una de esas camionetas calientes y mal ventiladas. Una vez tuvimos una distracción placentera cuando pudimos ver a una de esas femeninas desnudarse. Era un día caliente, aún más caliente dentro de la camioneta. Ella se desnudó hasta quedar en panties y brasier, afortunadamente ella era una de las policías atractivas.

Una de las cosas importantes para aprender en esos dias era el reconocimiento. Éramos parte de algo grande, o para ser mas preciso, éramos parte de algo que iba a ser grande. En esa época, y también ahora, yo era un fino observador de la gente. Pronto llegué a la conclusión de que no teníamos pasajeros a bordo.

El escuadrón Julie no tenía patos cojos, cada hombre y mujer era un detective altamente competente. Esto le dió credibilidad a Lee, ya que él había escogido personalmente a todo el personal. Era también un grupo único. Consistía en un escuadrón de núcleo duro de 25 detectives. Veníamos de 11 áreas de la fuerza policíal de Inglaterra y Gales. Por supuesto, existían Grupos Regionales Anti Crimen en esos días, pero la clave está en la palabra "Regionales." El escuadrón se convirtió en un escuadrón nacional anti drogas de facto, qué pena que no se aprendieran las lecciones que este escuadrón dejó.

Plas Llysyn

Plas Llysyn es el nombre de una mansión enorme e imponente ubicada justo afuera de Carno en el centro de Gales. Es accessible únicamente conduciendo un largo tramo. La casa está situada en un terreno sustancial, y tiene paredes muy altas. Un riachuelo corre por el terreno. Nada la sobrepasa. En cualquier dirección en la que se mire, habían terrenos, ganado y el cielo arriba. Entonces arribó una caravana. Una vieja y golpeada caravana aparcó cerca de la entrada, cerca de la vía principal.

Los días de guerra falsa de Devizes se habían acabado. Ahora nos enfrentábamos a la acción real. Lee le había encomendado a un pequeño grupo de detectives conducir una operación de vigilancia y yo estaba incluido en ese grupo. Nuestra tarea – vigilar a Plas Llysyn y sus ocupantes. Lee creía que esta mansión era probablemente en donde se manufacturaban más del noventa por ciento del LSD del mundo. Pensaba que era "la Fábrica de LSD." Sentí que era un honor y un privilegio ser parte del pequeño grupo escogido para hacer esta operación clandestina. Terry Stokes, Dai Rees y uno o dos más se me unieron. Lee nos dio instrucciones en privado, dándonos detalles precisos y concretos.

¡Qué emoción! No podía esperar a conducir a Carno y comenzar la vigilancia. Antes de establecer nuestro OP (Puesto de Observación) en la caravana, un grupo pasó la noche en el placentero B y B, a unos 48 kilómetros de Carno. Creímos necesario quedarnos lejos para no atraer la atención de personas locales curiosas. Era un lugar cómodo. Lo mejor de todo era un restaurante y la increíble comida que servían. Era tan bueno que decidimos que este lugar sería nuestro hogar lejos de nuestro hogar, por lo menos mientras vigilábamos Plas Llysyn, o al menos ese era el plan.

Dick Lee se nos unió por una noche y una cena super especial. Estaba impresionado como el resto de nosotros por la calidad de la comida y los ingredientes producidos localmente, pero su ánimo cambió y se olvidó de la calidad de la comida cuando recibió la cuenta. Después de todo, Dick era un hombre de Yorkshire y ellos tenían la reputación de ser mezquinos.

En forma abrupta nos dijo, "¡Si piensan que van a venir aquí por el resto de la operación y hacer que les paguemos estas cenas con nuestro presupuesto, es mejor que lo piensen otra vez!"

Hasta ese día llegaron nuestras comidas en el restaurante, y al día siguiente empezamos a buscar opciones más baratas.

La caravana de remolque era un remolque mediocre y grisáceo que media cerca de 5.5 por 1.83 metros. Había sido el orgullo y alegría de alguien cuando estaba nuevo, pero ahora era un remolque común, como los que se encuentran en lugares de construcción en cualquier lugar del mundo. Tenía una mesa plegable y sillas viejas de oficina. Teníamos una estufa de gas y una tetera para hacer nuestro té. Lee había logrado suplir unos viejos planos de dibujante y los pusimos sobre la mesa. Uno de los miembros del grupo había logrado apropiarse de un teodolito, un nivel y trípodes, de manera que parecíamos ser agrimensores. Esa era la idea. Nuestra fachada se basaba en la idea de que estábamos midiendo el área para hacer una exploración del campo en búsqueda de carbón. Nuestra historia para encubrir la misión se hizo mas fuerte cuando el cartero local nos llevó una carta a la caravana, dirigida a una compañía ficticia de agrimensores y a nombre de la caravana, seguida de la ubicación actual en el resto de la dirección. Terry Stokes la había enviado desde Llanelli.

Estos eran los días cuando el Correo Real funcionaba, y no había el desorden que hay hoy en día. El cartero no podía sospechar que nos habíamos enviado la carta nosotros mismos. El ardid, sin duda, sirvió su propósito. Gales rural tiene muchísimos chismosos, y el cartero es un foco y una de las figuras claves en esas comunidades. Inconscientemente habría reforzado nuestro disfraz como topógrafos. Los nativos curiosos le habrían interrogado sobre nosotros y la caravana, y él les habría dicho sobre la ca rta.

En su mayoría, el trabajo de vigilancia es tremendamente aburrido. Esta vigilancia no era diferente. Por horas, a veces por días enteros, no había nada que ver. Nada sucedía. No veíamos carros, ni gente. Teníamos los binoculares y cámaras con lentes de larga distancia listos, pero permanecian inservibles la mayoría de las veces. Nadie pasaba cerca de la caravana hacia el camino que llevaba a la casa. Todo lo que veíamos la mayor parte del tiempo era el ganado en las praderas, ¡oh! Y también pájaros en el cielo y la excitación de una tormenta de tráfico en la vía principal A470 de Carno a la calle Machynlleth. Ocasionalmente oíamos el grito de un jet de combate RAF que volaba sobre el área. Más tarde supimos que el siempre innovativo Dick Lee se había puesto de acuerdo con la Real Fuerza Aerea (RAF) para volar sobre el área y tomar fotografías de reconocimiento. Existía la esperanza de que ellas pudieran revelar algunos secretos de Plas Llysyn.

Algunas veces un radio de baterías que teníamos en la caravana nos aliviaba el aburrimiento. Fue una bendición para mi en la tarde del sábado 4 de mayo de 1976. ¿Por qué recuerdo la fecha exacta? Mi equipo, el Club de Fútbol de Liverpool, atrapó el título ese dia. Marcaron tres goles en los últimos veinte minutos de un juego como visitantes contra los Wolves. Era el ultimo juego de la estación, yo escuché todos los comentarios en la radio. Fue bueno que la caravana estuviera tan aislada, pues yo grité de alegría con toda el alma cada vez que Liverpool marcaba un gol. ¡Tres v eces!

Hubo alguna actividad ocasional en Plas Llysyn, pero muy escasa, y parecía suceder con gran esfuerzo. Un estallido de actividad específico sucedió en el espacio de unos pocos días. Habíamos tomado muchas fotos de vehículos, sus ocupantes y de una persona que constantemente iba y venía por la puerta de Plas Llysyn. Teníamos la habilidad de tomar esas fotos día y noche. También teníamos lentes y binoculares de última generación, todos "tomados prestados" de algún laboratorio gubernamental secreto en algún lugar de la Inglaterra rural.

Teníamos que mandar los negativos a Devizes para que los revelaran. Estos eran los días previos a la cámara digital. Solamente después de revelar las fotos podría identificarse a los tipos a quienes habíamos fotografiado. Todos ellos estaban conectados de alguna manera con el asunto del LSD. Algunos estaban conectados con el "padre del movimiento hippie," Timothy Leary. También vimos a Kemp y Bott en muchas ocasiones. Bot dejaba a Kemp en la mansión y éste se quedaba allí por 48 horas cada vez. Teníamos que ser cautelosos durante esta vigilancia. Un hombre al que luego identificamos como Paul Arnaboldi fue visto a menudo escaneando la calle para detectar visitantes indeseados. Era claro para nosotros que en esos momentos estaban produciendo ácido en ese lugar.

También avistamos a otro misterioso hombre. Nunca confirmamos su identidad, pero creíamos que era un peligroso fugitivo armado que se había escapado de California. Se había fugado después de pagar una fianza de $50.000 por haber fabricado ácido en el Estado Dorado.

De repente toda actividad pareció cesar. Un coche mini-moke conducido por Paul Arnaboldi salía y entraba frecuentemente de la casa. Lo habíamos visto saliendo por última vez y esto significaba que la actividad en Plas Llysyn había terminado. El 8 de mayo de 1976, el coche mini-moke salió de Southampton en el ferry de Bilbao. Arnaboldy iba ahora a Mallorca. La imponente casa parecía estar vacía ahora. Fue interesante conocer, según Tendler y May, que Arnaboldi había salido ese día con 1 libra de cristal de LSD. Si esto era cierto, no tengo idea de dónde sacaron estos autores tal información.

Por supuesto que Dick Lee permaneció en constante contacto con nosotros, ansioso por recibir nuevas noticias sobre lo que estaba pasando. Le contamos lo que pensábamos como grupo, que la casa estaba vacía. Nos dió la autorización para acercarnos y examinar nuestra teoría, así que chismoseamos –varias veces, tanto por la noche como al amanecer. Nos convencimos de que nuestra teoría estaba correcta. Ninguna de nuestras visitas encontró algún tipo de respuesta. El terreno y la casa estaban en silencio, no había luces, nadie estaba en casa. Era el momento para desarrollar un plan.

Lee había estado convencido siempre que Plas Llysyn era el centro de producción de ácido. Neville Dunnet, un científico y experto en drogas del cuartel central en Aldermasto, apoyaba esta teoría. Dunnet parecía estar de acuerdo en que esta ubicación tenía todas las trazas de ser una fábrica de ácido. La teoría de Lee fue reforzada una vez que confirmamos las identidades de la gente que habíamos fotografiado en Plas Llysyn, Carno. Estas incluían a Paul Joseph Arnaboldi, el dueño de la casa. Kemp y Bott también estaban activos. Lee se enfrentaba ahora a un dilema, en un momento temprano de la investigación. ¿Debería ordenar un allanamiento ahora y detener la producción en el laboratorio de ácido, o debería esperar a que se descubriera la red de distribución? Escogió esperar.

Arnaboldi era un conocido de Solomon y del gurú temprano de LSD Timothy Leary, por lo tanto hay una conexión con la Hermandad del Eterno Amor. Después supimos que Arnaboldi había comprado una casa en Deia en Mallorca. Después compró Plas Llysyn, bajo el pretexto de que estaba escribiendo una biografía sobre el Presidente Kennedy. Estaba a la cabeza de la conspiración para manufacturar y vender LSD. En la época de las redadas de la Operación Julie en 1977, una fuente dijo que le habían alertado. Se voló a Mallorca donde la policía Española lo arrestó, pero fue dejado en libertad después porque no había un tratado de extradición entre el Reino Unido y España. Se fue para América y desapareció. Algunos reportes dicen que murió en Deia, Mallorca.

Lee y nuestro pequeño grupo orquestramos un plan. Necesitábamos irrumpir en la mansión para encontrar evidencia de la producción de LSD. Hicimos un receso (espiando el terreno) en las siguientes noches para encontrar un punto de acceso. Esto nos ayudaría a

determinar qué tipo de herramientas se necesitaban para poder entrar. Celares, o sótanos grandes, están debajo de lo que debería haber sido el primer piso. Deslizándonos en la oscuridad, pudimos ver una puerta de madera que parecía no haber sido usada por mucho tiempo. Era una cosa fuerte con bisagras gruesas de acero o hierro – nuestra puerta para entrar.

En esos días de reconocimiento de la casa, o “revestir la articulación,” la vigilancia de 24 horas 7 días a la semana (24/7) continuó desde nuestra caravana. No nos podíamos relajar en caso de que hubiera alguna aparición o desarrollo inesperados. Sabíamos por donde entrar y conocíamos las herramientas que necesitábamos para conseguir nuestro objetivo. Sabiamos que era riesgoso comprar en lugares cercanos las herramientas, por decir algo, en Carno. Eso podría haber despertado sospechas. Terry Stokes y yo fuimos de compras en Shrewsbury, un gran pueblo mercantil en Inglaterra, a unos 80 kilómetros de distancia, cercano a los límites con Gales.

Era una extraña sensación. ¡Oficiales de policía seguidores de la ley en una excursion para comprar herramientas para irrumpir en una casa! Una incertidumbre existía en mi mente sobre la legalidad de nuestro proyecto, pero no me importaba. Mi actitud era la de "primero las necesidades, al diablo las consecuencias." De todas maneras, pensé, los abogados resolverían, este tipo de cosas si lo peor pasaba. Igual, se sentía extraño. Entramos a un gran almacén en Woolworths para seleccionar nuestras herramientas y colocarlas en la cesta de compra. A nadie le importaría, pero aún así me sentía un poco sigiloso. Nos fuimos derecho a la sección de ferretería, donde escogimos dos largos abridores de metal, dos martillos, destornilladores, un combo de taladro y broca, y una linterna de alta calidad. También echamos varios pares de guantes de caucho Marigold. No queríamos dejar huellas. Antes de regresar a nuestro carro también fuimos de compras a un almacén de camping y compramos cuatro pasamontañas negros. Pensamos que si nos embarcábamos en una aventura potencialmente ilegal, era mejor que nos disfrazáramos. Al regreso a nuestra cabina, extendimos nuestras compras con inmensa satisfacción.

Alguien dijo, "¿Cuándo entramos?"

Dije, "¿Qué problema hay si lo hacemos esta noche?"

Nos aproximamos a la casa la misma noche que compramos las herramientas, en oscuridad completa alrededor de las tres de la mañana. No había luna y tenía dificultad viendo a los otros, aún cuando ellos estaban muy cerca de mí. Un misterioso silencio, acentuado solo por el raro sonido de ramas quebrándose bajo los pies. Era suficiente para ponerme nervioso. Les dije a los demás que tuvieran cautela y esperáramos por unos momentos, porque tenía una idea.

En tonos muy bajos les expliqué mi idea y sugerí que todos nos acurrucáramos detrás de algún arbusto. Así lo hicimos. Agarré una manotada de piedrecillas y las dividí en dos porciones más o menos iguales. Las pasé de una mano a la palma abierta de la otra, y cerrando mi puño sobre la mitad restante, las tiré con mi mano derecha apuntando hacia la ventana del dormitorio. Atiné, y todos los presentes escucharon el sonido de las piedrecillas en el vidrio de la ventana. Los demás empezaron a levantarse de los sitios en donde estaban escondidos. Puse mi dedo en la boca y los hice acuclillarse de nuevo. Pensé que si yo escuchaba un ruido despertándome, probablemente lo ignoraría y daría la vuelta en la cama. Sólo si lo volvía a escuchar lo notaría. Repetí el truco con las piedras y de nuevo escuchamos el estrépito.

Después de unos dos o tres minutos, susurré, "Vamos."

Casi raspando el piso, pasando por una inclinación con poca hierba, llegamos hasta la puerta del sótano. Terry

Stokes y Dai Rees usaron los destornilladores para quitar las bisagras. No queríamos usar los abridores de cajas para tirar de ellas y abrir las puertas, esto habría señalizado una entrada no autorizada de cualquier persona que volviera a la mansión. ¡Estábamos adentro! Me ofrecí a quedarme afuera para vigilar, ya que era el más alto del grupo y de pronto podía romperme la cabeza en un madero bajo del techo del sótano del celar.

El resto de nuestro equipo encubierto de operaciones empezó a tomar muestras del celar. Incluían polvo y resíduos del piso de piedra, plástico descamado de las paredes y piezas de madera tomadas de las vigas y pilares. Pusieron cada articulo en bolsas plásticas por ser posibles piezas de evidencia. El equipo permaneció en el lugar por unos veinte minutos mas o menos antes de regresar a la puerta del celar. Había un ultimo trabajo que requería examinar una pipa de pequeño diámetro que salía del sótano. Dai Rees raspó dentro de ella y recolectó los contenidos malolientes y glutinosos. Puso la sustancia acre y pegajosa en otra bolsa de evidencia. Uno de los artículos resultó ser un roedor muerto, que murió por envenenamiento con LSD. Esas muestras proveyeron evidencia de la existencia de una fábrica de ácido en ese sótano. Dick Lee estaba en l o correcto.

Eric y la Preparación Encubierta

Carno era una envoltura. No había nada más que hacer allí. Las fuentes de inteligencia confirmaron que Arnaboldi se había escapado para no volver jamás. Estaba en Mallorca. Estábamos listos para el próximo trabajo.

Dick Lee me llamó y me dijo que tenía un plan en mente para mí. Nos pusimos de acuerdo para encontrarnos en Devizes el día después de recibir la llamada telefónica. Conduje por la misma vía desde Basingstoke por la A303 hasta el final de la derivación Andover, luego giré a la derecha y seguí hasta Ludgershall, y de allí a campo traviesa hasta Devizes. La parte rural del viaje es hermosa. Con carreteras abiertas y preciosas arboledas y campos en ambos lados de la carretera. Es el campo de la armada Británica y tiene muchas guarniciones en pueblos pequeños en toda el área. A medida que conducía mi carro a través de las curvas de la carretera, tuve tiempo de pensar. Mis pensamientos se enfocaron en la inminente reunión con Dick Lee. Era una preocupación placentera. Nada podría dañar un día tan precioso. Raramente apuesto, y sin embargo, sentado en mi carro ese día había tenido una breve conversación con una persona de la villa fuera de Basingstoke. Era un hombre mayor. Lo vi en la tienda de periódicos de la villa.

Me preguntó, "¿Usted apuesta, joven?" Yo estaba alerta, porque esto era en Kingsclere, un área notable por los establos de caballos de carrera Balding.

"En ocasiones."

Con esto, me dio el nombre de un caballo que iba a correr en la vecina Newbury más tarde ese día.

"Apuéstele cinco," me dijo.

Hice exactamente lo que me dijo. Más tarde ese día, recibí 40 libras en ganancias, lo que me puso de buen humor.

Lee me hizo entrar a su oficina. Me dijo que me sentara. Lee dijo, "Vamos a esperar unos minutos. Le he pedido a Eric Wright que venga a esta reunión porque tengo algo importante que decirles a los dos." Esperamos a que Eric entrara en la oficina.

Yo había escuchado hablar sobre Eric y sabía que era uno de los nuestros en el equipo de Operación Julie. Nunca lo había conocido. Tenía un par de años de experiencia en el Centro de la Ciudad de Bristol como oficial en ropa de civil y era miembro del Equipo de Servicios Especiales que se especializaba en combatir crímenes callejeros de carros

– un crimen prevalente en esa ciudad. Tenía la reputación de ser un tipo que no cedía ante los ladrones.

El título de este capítulo pudo haber sido “Jim y la preparación encubierta.” Me han dicho que un Detective del Escuadrón Anti Vicio de Bristol, Jim Reuter, había sido escogido para ser mi compañero. Vi una fotografia reciente de él. Tiene ahora 60 años, por supuesto, pero se ve como un hippie aún ahora. Es un hecho que habría sido perfecto, pero no estoy seguro de que habría sido tan confiable como Eric. Temo que él habría sido “demasiado perfecto,” si me entienden.

Eric, no Jim, entró en la oficina con ese paso diciente. Eric parecía un extra de una película sobre los vikingos. Tenía el pelo largo y rojo y un bigote y una barba que le hacían juego. Vestía pantalones de jean desvaídos de marca y una desaliñada chaqueta vieja.

“Días, gov[13],” le dijo a Lee.

Dick murmuró algo. Me gustó Eric inmediatamente. Parecía ser amigable y no ser petulante. Ambos esperamos a que Lee levantara la mirada de los papeles que tenía sobre el escritorio frente a él. Se tomó su tiempo. Esperamos pacientemente.

“Bueno, ustedes.” El grito me sorprendió.

“Tengo algo especial para ustedes dos, pero puede ser peligroso. Si no quieren hacerlo no hay problema.” Dick Lee sabía como captar mi atención y despertar mi curiosidad.

Describió lo que tenía en mente, que era infiltrar una pequeña comunidad rural en Gales Medio. El plan se centraba en un pueblo llamado Llanddewi Brefi, y añadió que esa área no solo estaba llena de galeses locales y ovejas, sino que un pequeño ejército de hippies que habían abandonado la escuela vivía allí.

Lee añadió, "Un hombre al que apodan Smiles también vive en el pueblo."

Era la primera vez que escuchaba ese nombre.

El reporte de Lee era necesariamente un monólogo.

"Pensamos que Smiles es un jugador clave en la cadena de distribución de LSD, y que no se encuentra lejos de los primeros en la cadena de mando."

Nos aclaró que Smiles era nuestro principal objetivo y que teníamos que hacer todo lo possible para acercarnos a él y a su círculo social.

"No espero Milagros, estoy seguro de que Smiles no les permitirá acercarse mucho ni tampoco confiará en ustedes," opinó Lee.

"Necesito ojos y oídos en el terreno, por eso les estoy proponiendo esto a ustedes dos."

Pronto compartíamos la opinión de Dick Lee sobre las habilidades de Smiles. La información de inteligencia sobre Smiles mostraba que tenía experiencia en el mundo de vender drogas. Tenía mucho sentido común para confiar en dos completos extraños. Era el producto del mundo de las drogas en Birmingham y Londres, y se había mezclado con varios jugadores pesados antes de subir de rango y mudarse a Gales rural.

Después de presentar su plan, Lee dijo, "Tomen su tiempo. Dénme su respuesta dentro de un par de días si es que lo quieren hacer. Si es así, deben preparar una fachada, o historia ficticia. Quiero que estén allí en un par de semanas, contadas desde ahora."

Eric y yo nos miramos furtivamente antes de salir de la oficina de Lee. ¡Juro que ambos teníamos la misma estúpida sonrisa en nuestras bocas!

Esta perspectiva estaba más allá de mis sueños más intensos. Muy dentro de mí, no tenía la intención de negarme esta oportunidad. Está bien, pensé en la parte peligrosa. No estoy seguro de que 'peligrosa' es la palabra correcta. Más que todo, era miedo a lo desconocido. Lo pensé por unos segundos y luego alejé todo temor de mi mente. ¡Trabajo encubierto real, por fín! Me encantaba la película 'Serpico'y quería ser Frank Serpico. Había un elemento de peligro potencial. Conocíamos la historia de un contrato por la cabeza de Martyn Pritchard. Los jefes le ofrecieron a Martyn una pistola semi automática para que se protegiera.

¿Le habría dicho que sí a Dick Lee si hubiera sabido lo que me esperaba? ¡Sí! Yo era joven y adoraba la adrenalina que producía ser policía. También creía que estaba haciendo lo correcto. Mi parte en ayudar a la sociedad y al mundo a ser un mejor lugar para vivir. ¡Qué idealista! ¡Qué ingenuo! Lo que no sabía en ese momento es que habría un precio personal que pagar. Eric y yo no necesitamos los dos días que nos dió Lee para tomar una decisión. Saliendo de su oficina nos sentamos en una oficina vacía que estaba en otro piso del edificio principal. Hablamos por dos o tres horas. Nadie más estaba involucrado en nuestra nueva aventura. Tenías una tarea por cumplir y carta blanca sobre cómo llevarla a cabo. Este fue el momento en que formé mi opinión sobre el hombre que estaba sentado en la misma habitación que yo. Fue una opinión que nunca cambió durante la totalidad de nuestros días como agentes encubiertos. La misma opinión sigue intacta hasta el día de hoy.

Eric tenía un placentero y rítmico acento de Gloucester – un tipo de acento rural. Contrastaba con mi marcado acento citadino . Mi dialecto estaba todavía influenciado por un escocés inconfundible, producto de mis años en Liverpool. Lo sopesé. Tenía en la mente lo que Lee había dicho sobre un potencial peligro. Yo medía cerca de 1.90 metros y era delgado, excepto que tenía un pequeño estómago. Mis piernas eran del tipo que no se cansaban.

Eric era lo opuesto a mi. Medía unos 1.79 metros y tenía un físico amplio. Tenía hombros anchos, brazos musculosos y muslos como troncos de árbol. ¡Su pelo le daba un aire de vikingo, y aunado a su barba salvaje producía miedo! Pensé, "puedo confiar en este tipo si tengo una pelea." Así que dejé de preocuparme sobre nuestra seguridad en el evento en que las cosas se pusieran mal. Más importante aún, me sentía bien con este hombre. Era una persona gregaria que disfrutaba reirse, y tenía un excelente sentido del humor y una atractiva personalidad

No había una escuela en donde enseñaran o entrenaran para hacer trabajo encubierto. Teníamos que irlo aprendiendo en el día a día. Si nos pidieran escribir un manual para hacer trabajo encubierto, esta sería la primera regla. Si trabajas encubierto con un compañero, DEBES ser compatible. La compatibilidad no significa ser clones el uno del otro. Eric y yo podíamos haber sido como tiza y queso, pero éramos compatibles. Éramos una buena mezcla; un equipo: Morecambe y Wise; Keegan y Toshack. O, para usar ejemplos más recientes, Suarez y Sturridge, ¡aún Ant y Dec! O, como un periódico Británico nos llamó después, ¡Starsky y Hutch!

Durante la conversación en la que descubrimos nuestra compatibilidad, ambos decidimos que le diríamos a Lee que aceptábamos. ¿Por qué perder tiempo? Quería que estuviéramos en el lugar en dos semanas y había mucho por hacer. Lee tenía una amplia sonrisa en su cara después de que le anunciamos que podía contar con nosotros. ¡Bestia astuta! Sabía que no nos íbamos a negar.

Nuestra conversación inicial hizo que nos diéramos repentina cuenta de que esto era un asunto serio. Teníamos mucho que hacer para prepararnos para infiltrar Llanddewi Brefi. Necesitaba aprender a escribirlo y a pronunciarlo. Como lo dije antes, no había un libro de reglas o un manual para guiarnos. Usamos nuestro sentido común y entre los dos pusimos nuestra astuta intuición para guiarnos. Parte de esa naturaleza intuitiva nos llevó a pasar juntos la mayor parte de las dos semanas siguientes. Teníamos mucho que hacer y mucho que aprender el uno del otro.

Teníamos que dejar de ser Steve Bentley y Eric Wright. Necesitábamos nuevas identidades. Lo más fácil fue conseguir nuevas identidades, o por lo menos, en cuanto a la parte física. Antes de crear una nueva identidad apropiada necesitas un nuevo nombre. Hasta el día de hoy no tengo idea cómo escogimos nuestros nuevos nombres –Steve Jackson y Eric Walker. No puedes llevar tu propia identidad cuando vas a la sombra. Una identidad policial está fuera de lugar.

Hablamos con Lee sobre nuestras nuevas identidades. Nos consiguió licencias de conducción con nuestros nombres nuevos en cuestión de horas. ¡Este hombre tenía conexiones! Lo presionamos sobre otro aspecto, y él vio la fuerza de nuestro argumento y lo hizo. Lee hizo arreglos para que nos hicieran falsos récords criminales (CRO) bajo nuestros nuevos nombres. No era nada demasiado serio, solamente una o dos capturas por posesión de drogas. Y adicionalmente, en mi caso, una convicción menor por asalto. Era importante no mostrar tiempo en la cárcel. Si alguno de nosotros hubiese pretendido haber pasado tiempo en la cárcel, hubiese sido desastroso. No habríamos convencido a nadie que hubiera estado en la cárcel en la vida real, particularmente si se hubiera hablado de una prisión específica. Las prisiones son comunidades cercanas y, por supuesto, comunidades cerradas. Todo el que ha estado en prisión conoce a alguien que conoce a alguien que conoce a alguien más.

Había otra razón urgente y válida para las identidades falsas. Eran los años 1970s. La corrupción estaba en su apogeo en algunos departamentos y grupos de la policía Metropolitana de Londres. Si infiltrábamos esta aldrea Galesa no queríamos correr el riesgo de que nos descubrieran. Buscábamos acercarnos a Smiles y a la red de distribución de drogas. Un policía vendido, corrupto, podía haber estado en la planilla de pago de alguien conectado con este cartel de drogas. Mas aún, no podíamos correr el riesgo de que un poli local nos revisara los antecedentes para hacerle un favor a uno de los locales. Este era corrupto por sí mismo, pero no en la escala de quien está en la planilla de pago de una banda criminal.

La policía galesa local es otra figura clave en las comunidades rurales, tanto como el cartero de Carno. Entre menos sepan estos policías locales, mejor. Algunas veces la esposa del policía puede saber todo sobre el trabajo de su esposo y eso es un potencial peligro. Demasiadas lenguas sueltas abundaban en estas comunidades. En 1975, antes de la Operación Julie, Lee y el Detective Sargento Richie

Parry trabajaron juntos. Parry estaba a cargo del escuadrón anti drogas Dyfed-Powys. Creían que Smiles tenía escondida en su casa en Llanddewi Brefi una reserva de más de mil tabletas de LSD, la cual estaba bajo la jurisdicción de Dyfed Powys. Un grupo de búsqueda local y los oficiales de Lee se dispusieron a tomar por asalto la casa de Smiles en Y Glyn. El oficial uniformado de Llanddewi Brefi fue con ellos. Las cosas se torcieron antes de que llegaran, pues la esposa del oficial había ido caminando desde la oficina de la policía de el pueblo hasta Y Glyn, lo que fue una suerte para Smiles, posiblemente infortunado para la policía. Golpeó la puerta de Y Glyn. La recibió alguien con una perpleja sonrisa.

"¿Está mi esposo aquí? Tengo un mensaje para él."

Regresó a la estación de policía cuando le dieron una respuesta cordial y negativa. Smiles no podía creer en su buena suerte. Ella le había advertido inconscientemente sobre la inminente redada. Poco tiempo después llegó el grupo de la redada y encontró a un Smiles relajado y sonriente, y ningún signo de drogas. Salieron decepcionados y con las manos vacías.

Más tarde descubrieron que la esposa había recibido una llamada telefónica de un policía colega de su esposo. Estaba tratando de enviarle un mensaje al policía local. Primero llamó a la estación de policía de Aberystwyth, el lugar de encuentro convenido por la fuerza combinada de búsqueda para hacer el reporte. El equipo había salido hacia Llanddewi Brefi y él llamó a la esposa para darle el mensaje. Ese mensaje decía, "Su esposo va hacia Y Glyn, puede usted llevarle este mensaje allí?"

¡Policías sabiondos! ¿O la academia de policía? Escoja usted. Fué indicativo de la flojedad y falta de profesionalismo en esos sitios.

Una de las claves de ir encubierto es mantener tanta información verdadera sobre tí mismo como te atrevas. Mantuve mi fecha real de nacimiento. Déjenme explicarles por qué. Imagínense esta escena –

"¡Oh! Pensé que tu cumpleaños fue la semana pasada," dice el tipo que ha acaba de recoger mi licencia de conducción falsa, la misma que dejé caer por accidente.

"Allí dice que faltan dos meses para mi cumpleaños."

¡Elimina el riesgo innecesario! También retuve mis antecedentes de Liverpool. Me imaginé que era una ciudad lo suficiente grande como para que esto no me causara problemas. No sabía entonces que Steve Jackson y Eric Walker pasarían un tiempo en la grandiosa ciudad de Liverpool. Fueron momentos que me causaron muchos nervios, pero lo contaré más adelante.

Durante esas dos semanas, Steve Jackson y Eric Walker nos unimos aún más. De verdad que nos conocimos mutuamente. Nuestras conversaciones se centraron en las razones que daríamos para estar en esa área rural de Gales –Llanddewi Brefi. Eric tomó la delantera en esas conversaciones, lo que fue afortunado porque se le ocurrió una idea grandiosa. Una idea que más adelante resistió todas las pruebas. La implementación de esa idea fue clave durante nuestro tiempo juntos como Jackson y Walker. Nunca nos falló. Trevor es el nombre del hermano menor de Eric en la vida real. Según lo que pude entender, su carácter se inclinaba hacia el lado irresponsable. No era algo demasiado serio, pero siempre estaba en apuros de un tipo o de otro. La historia inventada era acerca que habían arrestado a Trevor por un cargo menor de posesión de drogas, y cuando lo dejaron en libertad condicional bajo fianza para aparecer en la corte, se había escapado, lo que había generado una orden de captura en su contra. Habiéndose fugado, Trevor se había perdido y se creía que ahora vivía en una comuna hippie en algún lugar del centro de Gales. Siendo Eric su preocupado hermano mayor y por petición de su querida madre, había prometido localizarlo. ¿Les gustó? Lo hicimos, y nos funcionó.

Necesitábamos afinar algunos detalles sobre nuestra fachada. Uno de ellos era satisfacer la curiosidad sobre cómo nos ganábamos la vida. Eso nos hizo pensar un poco. Ambos adorábamos los carros y sabíamos lo suficiente sobre ellos como para pasar por vendedores de autos. Nos inventamos la historia de que comprábamos y vendíamos autos en las subastas de Southampton.

Esta historia tenía un doble beneficio, por una parte, satisfacía a los curiosos que se preguntaban cómo obteníamos el dinero para vivir, y por otra, nos daba una razón para salir de la escena por un tiempo, por unos días o aún por una semana. ¿Recuerdan que dije que Eric era un chico del campo? Tenía una motosierra a petróleo que siempre llevábamos con nosotros. Ella se convirtió en otra fuente de ingresos y una historia para encubrirnos. Una vez hasta cortamos una gran cantidad de árboles para un hippie cerca de Lampeter.

Habían dos importantes asuntos más que attender. Necesitábamos un medio de transporte. A ninguno de nosotros nos entusiasmaba usar nuestros propios carros, así que persuadimos a Lee que nos diera un presupuesto de 500 libras para comprar una vieja camioneta. Eric se hizo cargo de comprarla. Encontró una camioneta Ford de motor de diesel color azul pálido. Fué una elección perfecta. Estaba vieja y oxidada en algunas partes, y era discreta. Al menos lo era, hasta que Jan, la compañera de Eric, tuvo la brillante idea de pintar llamativas flores sicodélicas en el costado.

¡Las sombras de San Francisco, el poder de las flores y el amor hippie, amor y paz, hombre! No estaba muy seguro y pensé que era demasiado. Pero todo el que la vio parecía aceptarla. La única persona que lo mencionó alguna vez fue Smiles, y aún entonces, tomaba todo con sorna y creía en nosotros y en nuestras historias. La camioneta, como nos referíamos a ella cariñosamente, servía también otros propósitos útiles. Nos llevaba la motosierra donde quiera que fuéramos. También llevábamos en ella nuestras bolsas para dormir y dos colchones en la parte de atrás. Se convirtió en nuestro hogar durante el glorioso y caliente verano de 1976.

El otro asunto importante que debíamos atender era mi apariencia. Me veía demasiado honesto, demasiado regular, con el pelo no lo suficienteme largo y poco vello facial. Mi ropa era casual pero demasiado elegante. Había pensado en esto a los pocos días de haberle dicho que sí a Dick Lee. Una conversación casual con la adorable compañera de Eric, Jan, reforzó mi opinión. Lo que recuerdo de mi apariencia cuando recién conocí a Jan no concuerda con lo que ella recuerda. Recientemente lo descubrí porque ella tiene un diario en donde escribió esto –

"Eric es ahora el compañero de Steve, también tiene el pelo largo y barba, es un hombre alto, callado, gentil, de habla mesurada pero con una tendencia melancólica que me dio la impresión de que si no lo ha visto o lo ha hecho, sabe lo que es estar deprimido. Deben trabajar juntos de forma encubierta, formar una relación cercana y depender totalmente el uno del otro. Sentí que ambos están en buenas manos."

Durante el período de dos semanas en las que establecimos nuestra amistad cercana, yo había pasado tiempo en la casa de Eric que queda cerca de Bristol. Allí conocí no solamente a Jan sino también a sus hermosas hijas, Nikki, Lisa y Sarah, como también a Jack, un perro Jack Russell Terrier que yo adoraba. Jane hacía los mejores emparedadeos de queso y cebolla que he comido en mi vida. Rebanadas gruesas de pan, enormes trozos de queso cheddar extra maduro y cebollas que te sacaban lágrimas de los ojos, todo esto para bajarlo con una jarra de té.

Recuerdo a Jan hablándome de las deficiencias en mi apariencia. Fue durante una de esas sesiones en que comíamos emparedados. Ella es una persona considerada y lo hizo con tacto, pero tenía razón. Inmediatamente dejé de afeitarme y de cortarme el pelo.

En un momento dado, mi pelo me daba más abajo de la cintura. Visité un mercado de las pulgas, donde compré jeans desteñidos en denim, dos chaquetas de jean y camisetas en tela de estopilla. También compré anillos baratos de metal y comencé a ponérmelos. Había algo más que hacer antes de irnos a Gales en la camioneta por primera vez. Ensucié mis jeans a propósito. Necesitaba que se vieran muy usados, y les hice una ruptura estratégica para completar el efecto deseado. Esa ropa fue mi uniforme por los próximos nueve meses.

Llanddewi Brefi

La camioneta había estado en el taller en la casa matríz de Devizes por los últimos días. Los mecánicos hicieron un gran trabajo en repararla, engrasándola y revisándola de arriba a abajo. Le dieron una certificación de que estaba en óptima condición y una bonita mañana Eric y yo nos fuimos a Gales con rumbo a Llanddewi Brefi.

Teníamos licencias de conducción falsas y un record criminal fabricado. Parecía justo y apropiado que la camioneta se nos uniera para perpetrar el gran engaño. Lee de nuevo hizo otros oscuros y misteriosos trucos. La camioneta ahora tenía una licencia falsa completamente diferente a la que debería llevar. Los récords también fueron cambiados en la oficina de la Autoridad de Licencias de Conductores y Vehículos (DVLA) en Swansea. Ahora estábamos seguros en la camioneta. Los récords oficiales de la DVLA mostraban que Eric Walker era el propietario, y también mostraban una dirección falsa en Southampton. Esto eso lo que cualquier policía corrupto vería. Eso sería parte del reporte criminal, eso era lo que queríamos.

El verano de 1976 fue uno de los más ardientes y más gloriosos en la historia de Gran Bretaña. La mañana en que salimos fue una mañana típica de ese verano. La temperatura en la mañana era de aproximadamente 23 grados centígrados y subió hora tras hora hasta un límite superior de aproximadamente 33 grados centígrados. El cielo estaba azul como el cristal, sin ninguna nube. Días como este se dieron por meses. La única lluvia llegó con una rara tormenta que nos dió un bienvenido respiro ante el calor del día. Bajamos las dos ventanas delanteras para enfriar un poco la camioneta. El viento soplaba por una ventana y salía por la otra. A menudo, tanto el conductor como el pasajero teníamos que retirarnos el pelo largo que nos cubría los ojos. Era un buen precio a pagar con tal de sentir el frescor de la brisa.

En 1976, ambos fumábamos. En esa época yo solía fumar cigarillos ´tailor-made´- una marca regular que venía en paquetes de veinte. Eric era definitivamente del tipo que enrollaba sus propios cigarrillos. Su habilidad para hacerlo era muy convincente. Lo podía hacer mientras iba manejando. Tomaba con su mano una bolsa y sacaba una pequeña cantidad de tabaco, luego sacaba una hoja de papel de cigarrillo Rizla, ponía el tabaco dentro del papel y enrollaba un cigarrillo perfecto, todo esto usando una mano mientras sostenía el volante con la otra. La habilidad de Eric para enrollar a mano un cigarillo probaría ser de mucho uso en los días y meses venideros. Al momento de irnos a Llanddewi Brefi, ninguno de nosotros era, o había sido, drogadicto. ¡Ni siquiera de un toque de yerba! Eso cambió más adelante, y se convirtió en una parte necesaria de nuestras nuevas vidas temporales.

Como era típico de la policía en esa época, las autoridades esperaban que infiltráramos un cartel de drogas sin tener entrenamiento en técnicas encubiertas. No había un manual de entrenamiento ni tampoco una evaluación sicológica para determinar tu aptitud para este trabajo tan exigente. A su debido tiempo, mi inexperiencia en cuanto a cómo fumarse un porro podría haber sido un error fatal para nuestra fachada. Nos habría delatado. Me adapté y pude controlar la situación. Lo torné en un punto a nuestra ventaja, pero solamente a fuerza de personalidad y habilidad natural – no por entrenamiento.

Los viajes por carretera a Llanddewi Brefi nunca fueron aburridos. Pero antes de ese primer viaje, necesitábamos pensar en dónde dejar la camioneta. Decidimos que sería una locura tenerla en Devizes. La visión de las flores hippie al lado de la van podrían generar curiosidad aún entre los más estúpidos. Entrar y salir conduciendo de Devizes regularmente era un no – no. Dejamos la camioneta aparcada muy cerca de la casa de Eric en Bristol, pero lo suficientemente lejos de su casa para evitar que alguien lo conectara con ella. Había gente que podía conocer a

Eric como oficial de policía. Yo conduciría mi coche a Bristol y lo dejaría cerca de la casa de Eric. Nuestras visitas a Devizes llegaron a ser infrecuentes, en parte porque así lo escogimos y en parte porque queríamos ser discretos. Teníamos carta blanca y ciento por ciento de libertad para operar como lo quisiéramos. En efecto, operamos como un lobo solitario, pero en plural en lugar de en singular. Estaríamos viendo la acción detrás de las líneas enemigas.

El viaje desde Bristol a Llanddewi Brefi nos llevó primero sobre el Puente Severn a lo largo de la Carretera Motor M4, que fue la parte más aburrida del viaje. Para evitar el aburrimiento a menudo tomamos la A470 y luego la A40 de Abergavenny a Llandovery. De allí manejaríamos hasta Lampeter antes de viajar las últimas millas a Llanddewi Brefi. Lampeter se convirtió en la última parada para tomar aire. Después estaríamos inmersos en las profundidades de nuestras actividades encubiertas.

Encontramos un café decente en Lampeter que servía desayuno todo el día. Tenía manteles clásicos en tela a cuadros roja, sin mencionar los frascos de salsa de tomate barata. Por lo menos no llenaban botellas de la marca Heinz con la salsa de tomate barata como lo hacían muchos otros lugares. También tenía un tocadiscos tragamonedas en una esquina. En él se tocaban los éxitos de esa época. La canción de los Eagles, 'Llévalo al límite' estaba entre la oferta. También había una cancion que adoptamos como nuestra marca – 'Los muchachos regresaron al pueblo,′ de Thin Lizzy. Los siguientes nueve meses me cambiaron en tantas maneras, incluyendo nuevos gustos e n música.

La primera vez que hicimos el viaje hablamos sin parar sobre quiénes éramos ahora, practicando nuestras líneas para nuestra inminente gran actuación. Tuve una idea durante el viaje.

"Subamos un autostopista, Eric."

"¿Para qué mierda?"

"Para mutilarlo y matarlo," le dije sin expresión en el rostro.

"Oh, ¡joder! Hablo en serio -- ¿para qué mierda?"

"Mierda de polla, ¿tú qué crees?"

"No tengo una jodida idea, tonto liverpooliano. ¡Por eso te pregunto!"

"Para practicar con él nuestra historia."

"¡Jódeme! ¡Eres un genio!"

Vimos a nuestra víctima unos cuantos cientos de metros más adelante. Podíamos verlo caminar a lo largo de la vía, con una mochila colgada de sus hombros. Aún visto desde atrás se veía exhausto, cansado y sediento en este día tan caluroso del verano.

"Él nos servirá," dije.

Nuestra víctima, el viajero solitario, tenía unos 25 años. Dijo que era de Manchester y estaba estudiando en la preparatoria en Lampeter. Era muy inteligente y conversador, muy enfocado. Nos hizo muchas preguntas. Las respuestas fluyeron de nosotros dos. Fue una actuación que se merecía ganar un Oscar. Para nosotros fue más valiosa que una chuchería, a pesar de que éstas son oro. Nos dio la confianza de ser nuestros nuevos personajes. Había escuchado hacía algunos años que una mentira es más convincente cuando se repite. Quien inventa una mentira puede, y a menudo lo logra, creer en la mentira. La farsa con el cansado viajero hizo justamente esto. Había un compartimiento escondido en los cerebros de Eric Walker y Steve Jackson. Esos lugares secretos tenían estampados indelebles, y cada estampado decía lo mismo – 'No eres quien creías ser. Eres quien eres ahora y quien dices que ere s.'

Eric y yo, y la camioneta, llegamos a Llanddewi Brefi en la tarde del 3 de junio de 1976. Inmediatamente nos fuimos al New Inn, un pequeño bar en el pueblo. La taberna estaba casi vacía. Tres clientes estaban en una mesa en la esquina, todos parecían ser locales y no fueron de interés para nosotros. Hablaban en Galés casi sin parar, pausando solo para mirar con la boca abierta a los dos extraños recién llegados.

Conversamos un rato con el dueño y su esposa, más que todo con la esposa. Parecía ser la jefe en la taberna. Parecía ansiosa por saber quiénes eran estos dos extraños que habían llegado a la deriva hasta su taberna. Pensé que era una mujer amigable y no me sentí como si nos estuviera interrogando. Era la segunda oportunidad de poner a prueba nuestra fachada. Pareció aceptar la historia sobre el hermano de Eric. Nos convertimos en clientes regulares de la taberna y nunca dejó de darnos una bienvenida calurosa, a menudo preguntando con mucha educación sobre nuestro progeso en la búsqueda del hermano de Eric.

Nunca nos acostumbramos a escuchar a los locales hablando en Galés en la taberna. Raras veces hablaban en inglés. Hay ciertas palabras en inglés que no tienen traducción equivalente en galés. Sonaba raro escuchar a un local pidiendo una orden en la taberna como quejándose en galés. Esto es, hasta que tenía que pedir lonjas de tocineta ahumadas. Por ser un área rural, el pueblo sufría de apagones. Si sucedía en la taberna, era común que la broma en Galés parara. Había un silencio ensordecedor, quebrado por "¡Malditas lámparas callejeras!" Palabras dichas en inglés, con fuerte acento galés.

Sonrisas (Smiles)

Decidimos hacer una visita de vuelta al Nuevo Inn el día después de nuestra llegada. Cuando entraba en el pequeño y atestado salón del bar, no pude evitar notar que había una persona en la taberna. Estaba sentado en el bar, encaramado en un banco, en la compañía de otro hombre. Regresó a ver la puerta cuando Eric y yo entramos. El contraste de cabello negro y dientes blancos lo hacían inmediatamente reconocible. Yo había visto las fotografías de Alston Frederick Hughes en los archivos en Devizes. ¡Smiles! Y, ¡si! Sonreía. ¡Este hombre podía sonreír por Inglaterra y ganar una medalla de oro por hacerlo!

Smiles media alrededor de 1.73 metros. Tenía un cuerpo proporcionado, cabello negro y encrespado, patillas largas y bigote. Tenía tatuajes en los dos brazos con la palabra "Smiles" en su antebrazo izquierdo. Tenía la cara bronceada y los dientes blancos. Necesitabas usar anteojos de sol para mirarlo, porque te deslumbraba. Tenía un arete adornando su oído derecho. Hablaba con un ligero acento del distrito este de Londres, aunque provenía de Manchester. Tenía la apariencia general de un mercader y podía hacerse pasar por gitano. Llevaba una camisa de tartán a cuadros y pantalón de pana. Nos presentó a Buzz quien estaba sentado a su lado en el bar.

Buzz hablaba poco. Smiles era amigable y conversador. Nos dijo que pronto iba a ir a Londres a comprar una camioneta de acampar y a hacer un gira de un mes por Europa. Practicamos nuestra fachada por tercera vez. Esta vez ya no era necesario practicarla mucho porque el libreto salía de nuestras bocas sin esfuerzo. Antes de despedirnos esa tarde, Smiles se ofreció a llevarnos a la taberna Red Lion (Y Llev Coch en Galés.) Estaba cerca de Tregaron. Nos hizo mención de este lugar para ayudarnos a encontrar al hermano perdido de Eric. Añadió que el Red Lion era el sitio donde "todo sucedía" y que las "caras" allí, lo mismo que el dueño, podían saber algo. Nuestra historia parecía estar funcionando, qué alivio.

Una vez que nos despedimos de Smiles y Buz, regresamos a la camioneta. Después de conducir por un estimado cuarto de milla, Eric y yo nos regresamos a mirar y sonreímos de satisfacción y alivio. Eran menos de cuarenta y ocho horas de haber dejado Devizes en la camioneta por primera vez, y ya habíamos conocido a nuestro objetivo, Smiles, y su compañero Buzz. Antes de este encuentro, millones de cosas pasaron por mi mente, más que todo en forma de preguntas.

"¿Encontraríamos a Smiles?"

"¿Nos le acercaríamos lo suficiente para hablarle?"

"¿Aceptaría nuestra fachada?"

"¿Nos aceptaría?

"¿Le causaríamos una buena impresión?"

"¿Cómo sería él?"

"¿Podría yo hacer la farsa?"

Estas preguntas y pensamientos giraban en mi cabeza. Era constante. No habían respuestas, solo pensamientos y preguntas. Como todo en la vida, era un caso de miedo a lo desconocido. Después de conocer a Smiles, sentí el mayor alivio. Supe que podía hacerlo, y no solamente hacerlo sino que podía disfrutar la mentira. Experimenté un sentimiento profundo de liberación. Me deleité en mi nuevo yo. Sabía que este sentimiento era una reacción cerebral a toda una vida forjada por experiencias previas generadas por la crianza que me dio mi estricto padre. Ahora era desinhibido y libre. Me había liberado de las cadenas de una profunda inseguridad que había sido forjada en capas en mi psiquis, y que había sido causada en gran medida por mi padre. ¡Me iba a divertir!

Tuve suficiente tiempo para pensar y reflexionar en los primeros días en Llanddewi Brefi. La interacción con los demás no era constante. Había veces en que nos íbamos en la camioneta hacia la seclusión y el aislamiento. Esos momentos fueron de gran valor. Llanddewi Brefi no es un lugar muy grande. Es un pueblo en la vía entre Lampeter y Tregaron. Tenía un par de tabernas, una iglesia, un almacén de pueblo, un ayuntamiento y una estación de policía. Era irónico que esa estación de policía, ocupada por un poli local y su familia, estaba cerca de Y Glyn. Smiles vivía en Y Glun. El pueblo estaba rodeado por campos y montañas. Encontramos reclusión más arriba de Llanddewi Brefi en las faldas de las montañas. Era un tiempo y lugar para relajarnos, comer, bañarnos y hablar sobre el trabajo que estábamos haciendo.

Encontramos un lugar ideal para aparcar la camioneta por la noche. Estaba a unas buenas dos millas del pueblo, subiendo a una calle difícil en la montaña. Esta vía montañosa habria sido el camino de un boyero hace muchos años. Llevaba a una represa y a un lago conocido como Llyn Brianne. La camioneta ocupaba una pequeña parcela en un terreno pedregoso irregular, en la parte de atrás de la carretera. Estaba cerca a un bosquecillo y un riachuelo de agua rápida. El riachuelo estaba lleno de agua clara de la montaña y nos servía como nuestro baño privado. La rutina habitual de la mañana era bañarnos en el riachuelo, y podíamos beber las puras y limpias aguas también. Las puertas posteriores de la van se abrían al máximo para atrapar la brisa fresca de la tempranera mañana. Un observador curioso podría haber visto nuestros colchones y bolsas de dormir.

Una estufa portable de gas también estaba a la vista, lo mismo que una tetera para nuestro jarro de la mañana. Cuando la tetera hervía y vertíamos el té sobre nuestros jarros, era la hora de freír. Tocineta, huevos frescos y a veces un fino bistec cortado localmente eran la dieta regular para dos tipos hambrientos. Había peces en el riachuelo. Eric era el chico del campo y yo esperaba que pudiera sacar alguna trucha del agua, como lo hacen los cazadores furtivos. Lo intentó, pero falló. Lo único malo de este lugar idílico eran los mosquitos y las moscas de caballos. Una mosca de caballos me picó en el muslo cuando me estaba bañando en el riachuelo. Mi muslo se inflamó hasta tener el tamaño de una pelota de tenis.

Era raro ver a alguien en nuestro lugar nocturno. En ocasiones vimos a un granjero local pasar en su desvencijado Land Rover. La única comunicación que obtuvimos de él fue un "adiós" con la mano, símbolo amistoso de que nos había visto. Los locales se habían familiarizado con ver a los visitantes y en particular a los hippies en su área. No les preocupaba ver a dos hippies barbudos en una van pintada con flores del Poder de las Flores, era como ver vacas u ovejas en el campo. Los animales habrían sido más interesantes para el granjero.

Las horas que pasamos en nuestro lugar recargaron nuestras baterías. Estos eran días calientes de verano, y al explorar el camino del trampero nos encontramos con una piscina de rocas. Era el lugar perfecto para bañarnos desnudos en un día caluroso. Las aguas de la montaña eran a la vez vigorizantes y frías. Sentirnos desnudos y sin inhibiciones también alimentó un sentimiento de libertad.

Adoraba el silencio dorado de las montañas, silencio que solo era interrumpido por el raro vuelo bajo del jet de combate. El piloto de la RAF perfeccionando sus habilidades para volar bajo en terrenos montañosos. Este hábitat de rocas, ásperas hierbas montañosas y altos picos era perfecto para la cometa roja. Casi se había extinguido en las islas Británicas. A diario veíamos un par de alas volar alto sobre nosotros mientras estábamos recostados en la hierba después de haber nadado en la piscina de rocas.

Había un kiosco telefónico al lado de la carretera de regreso al pueblo desde nuestro retiro en la montaña. Desde allí, y otros que punteaban el área en sitios aislados, hacíamos nuestro reporte diario a Devizes. Collie era el pilar del personal administrativo de la oficina del Equipo de la Operación Julie. Era una experimentada miembro civil de la Policía de Wiltshire. Uno de nosotros hacía la llamada por cobrar y siempre nos respondía Collie. Decía, "Hola," y luego anunciaba, "¡Steve y Eric!"

El anuncio de Collie era para el Inspector Administrativo, Brian, quien estaba a cargo de la oficina, o para Julie Taylor (La Julie de Operación Julie) si Brian estaba ausente. Él o ella sabrían si Lee nos necesitaba o si alguien más tenía un importante mensaje para nosotros. Si no había nada de urgencia para nosotros, Collie decía, "Bien, estoy lista," y estaba lista para tomar nota en taquigrafía de los contenidos de nuestro reporte diario. Nosotros hablábamos y ella anotaba. Nunca nos interrumpió. Nunca hubo un cumplido social, nunca necesitamos repetir nada. Era super eficiente. Collie luego transcribía sus notas y las mecanografiaba en un documento al que conocíamos como "El Registro Brefi de Llanddewi." Cuando terminó la Operación Julie le pedi una copia de este registro, y lo uso para ayudarme a dar un reporte preciso de los eventos que sucedieron hace 39 años

Una anotación temprana de rutina en el Registro dice:

Junio 8, 1976

"De regreso en LB el día anterior, llevamos a dos autostopistas y los dejamos en la comuna hippie con tipis en Llethyr Coch. ...

... Sid Rawles ha estado quedándose allí pero la mayoría de la gente se fue a un festival en Devon del Norte. Supimos que el gran festival de este año va a ser en un sitio en Sherwood Forest. Anoche fuimos a Red Lion en Tragaron para ver al concesionario, ya que Smiles sugirió que habláramos con él sobre el hermano perdido hace tanto tiempo. Allí conocimos a un personaje interesante (aún no identificado) quien arguye ser un amigo de Smiles. Iba a ir al Continente con Smiles pero se arrepintió. Buzz sí va a ir al Continente con Smiles. Los dos han trabajado juntos previamente en un proyecto de construcción. El dueño del Red Lion se llama Ianto. Smiles definitivamente está en Londres. Conocimos otro personaje interesante en el Red Lion, un escocés llamado Angus ..."

Como lo dije antes, la mayor parte del trabajo de detectives es rutinario. Lo mismo aplicaba a nuestros nuevos papeles como oficiales encubiertos en nuestro nuevo ámbito. La mayor parte del trabajo era recolectar información de inteligencia, y socializar con los demás para que la gente local supiera nuestra fachada. Y por supuesto, tomar copiosas cantidades de cerveza. ¡Apuesto a que les llama la atención esta parte del trabajo! Todo esto mientras nos enmascarábamos como Steve Jackson y Eric Walker, comerciantes de carros, tipos amables buscando el hermano errante de Eric.

Blue

El 10 de junio de 1976 conocimos a Blue y a Mac. Estaban en el Nuevo Inn y entablamos conversación con ellos. No sabíamos entonces que Blue iba a jugar un papel importante en nuestro futuro como agentes encubiertos, una parte excitante, y en una ocasión, ¡una parte tremendamente escalofriante! Mac, aún de manera menos prominente, también tuvo un papel que jugar. Les volvimos a contar nuestra historia tomándonos un par de cervezas en el Nuevo Inn. Una historia tan natural ahora, que creí por completo en su autenticidad.

A Mac y a Blue les debe haber convencido nuestra historia también. Los cuatro salimos para continuar tomando y socializando en la casa de Blue, en Bridgend, una casa que rentaba en el pueblo. Blue tenía unos 27 años y decía ser de Leicester, pero tenía un acento transatlántico. Resultó que había vivido y viajado muchas veces a Canadá y los Estados Unidos. Medía un metro noventa, era grueso y tenía el pecho como un barril, pelo oscuro y largo con un toque de gris en las sienes y un bigote rojizo pegado encima de su boca. Tenía una personalidad atractiva, un hombre al que fué facil acercarme.

De regreso en su casa, Blue nos entretuvo con historias de Nueva York, Los Angeles y Miami. Era claro que conocía bien esos sitios. Mencionó nombres como Ken Kesey, el autor de "Alguien voló sobre el Nido del Cuckoo" y el de Timothy Leary, como si fueran sus amigos. ¡A lo mejor los conocía! Blue fue la primera persona que nos habló a profundidad sobre el LSD (ácido.) Nos habló en gran detalle sobre los laboratorios viajeros de ácido en California, en particular, habló de vender LSD a los Ángeles del Infierno en la costa oeste de los Estados Unidos. Esta era la historia de la Hermandad del Amor Et erno.

Mac era completamente opuesto a Blue. Tenía más o menos la misma edad de Blue, pero mientras Blue era rechoncho, Mac era super delgado. Su delgada, pálida y blanca piel se estiraba sobre un marco huesudo. Tenía las características faciales de una comadreja, pelo café claro que le llegaba hasta el cuello, y un arete en forma de pendiente en su oreja izquierda. Mac vivía en las afueras del pueblo, en la carretera hacia el hostal de la juventud. Vívía orgulloso de su yerba y nos mostró una bolsa de dos onzas envuelta en polietileno. La escondía en sus pantalones. ¡Siempre me había preguntado sobre el bulto en sus pantalones hasta que nos mostró la bolsa de yerba! Todos cuatro tuvimos una placentera y relajada velada.

Nuestra rutina se tornó en usar nuestro retiro en la montaña para bañarnos y desayunar. Una vez refrescados, nos íbamos a la cima de la montaña a explorar el hermoso paisaje. Una vez llegamos hasta Llyn Brianne. Allí nos maravillamos al ver el pico de agua hecho por el hombre que botaba al aire miles de galones en un radio de cincuenta yardas aproximadamente. Nunca dejamos de usar nuestra piscina de rocas para nadar desnudos y escapar del calor del sol del medio día. Entonces llegaba la hora de trabajar, las tabernas estaban abiertas.

Blue se hizo más amistoso cada día, actuando como un guía oficial en el área y presentándonos gente. Nos llevó a una casa en Llangeitho para conocer a un norteamericano que quería comprar una caminoneta Tránsito como la nuestra. Llegando a la casa, los vecinos nos dijeron que el norteamericano se había ido a Londres por una semana, y aún así, no eran malas noticias, ya que este intento de Blue para ayudarnos con la venta de la camioneta solo podía significar una cosa, creía en nuestra fachada. Él pensó que podíamos ayudarle al norteamericano al abastecerle y proveerle de una camioneta. Si hubiera sido necesario lo habríamos hecho.

Al regresar al pueblo después del abortado viaje a Llangeitho, Eric, Blue y yo nos fuimos derecho al Nuevo Inn. Smiles había regresado de Londres. No había vuelto a casa desde su regreso. Tenía varias bolsas de compras en el suelo de la taberna, a su lado. Estaba ansioso de mostrarnos la costosa ropa nueva que había comprado en Londres. Estaba con un tipo de Liverpool, un hombre bien vestido que, como Smiles, disrutaba tirando su dinero por todas partes. Ambos estaban comprando bebidas para los asistentes a la taberna. Smiles repetía que iba a comprar un vehículo VW de acampar para irse de gira por Europa y que pronto se iría a Bélgica para comprarlo.

El tipo grande trató muy duro de competir. Parecía que quería superar a Smiles. Sólo había un ganador en el concurso de popularidad. Blue estaba tan enfadado como nosotros con el presumido de Liverpool. Alguien mencionó una película de Mick Jagger, "Performance." La estaban presentando en el ayuntamiento en Pontrhydfendigaid. Blue nos preguntó si tenía algún interés. No tuvo que preguntarlo dos veces, estuvimos de acuerdo en i r con él.

El pequeño pueblo de Pontrhydfendigaid era como una escena del festival de Woodstock. Había tantas cabezas del tipo cabezas de ácido, cabezas de yerba, etc. Los tres nos abrimos camino hasta la puerta principal del ayuntamiento. La película debía empezar a las 10 p.m. Todavía había luz del día cuando llegamos en el día medio del verano, el 21 de junio de 1976. Un enorme gorila guardaba la puerta. Se veía fuera de lugar con su cabeza rapada en medio de los hirsutos hippies. ¡Cada tatuaje en su antebrazo era mas grande que mi puño! Entramos con facilidad a pesar de ser completos extraños. Una vez adentro, el olor a aceite de pachulí y de marihuana llenaba el aire. Deben haber habido entre 100 a 150 cabezas en el pasillo, esperando a que empezara la película.

Perdí la cuenta de las colillas de porro que estaban regadas por el lugar. Habían hombres, mujeres, niños, niñas y bebés caminadores, casi todos luciendo ropas típicas del estilo hippie – blusas y camisetas flojas adornadas con canutillos indios; y muchos de los hombres tenian chalecos con patrones florales vívidos. Viejos pantalones Levis llenaban la habitación. Cerca de la mitad de los hombres llevaban sombreros de algún tipo, siendo los más comunes los del tipo fedora. Habían muchas colas de caballo. Las mujeres a menudo lucían su pelo largo y descuidado.

Nos sentamos en la parte de atrás del salón e inmediatamente nos abordó una chica que parecía tener unos 20 años. Era una chica bonita, con pelo largo y rubio que le llegaba a la cintura. Llevaba una bonita blusa de estopilla transparente. Pude ver los senos más perfectos, pequeños pero redondos con pezones grandes, rosados y erectos. Traté de mantener contacto con sus ojos, pero fallé. La oí decir, "hongos."

No eran del tipo que fríes para el desayuno, tenía psilocibina, un tipo de alucinógeno. Declinar no era un problema.

Todos tres dijimos, "No, gracias," y ella se fue. Esperaba verla muy pronto de nuevo, pero no lo hice.

Vimos unos tres cuartos de la película, pero me aburrí y les dije a los demás que iba al área de la cocina para ver si encontraba alguna cerveza. Eric y Blue me siguieron. Había un muchacho flacuchento allí, no tenía más de dieciséis años, y estaba enrollando un enorme cigarillo. Le pregunté si había cerveza y señaló el refrigerador. Habían unas doce latas de cerveza allí. Agarré tres, les pasé dos a mis compañeros, dejando unas monedas en el mesón para cubrir los costos. Nos quedamos en la cocina hasta que terminamos nuestras cervezas y conversamos con el chico, o mejor dicho, él conversó con nosotros. Parecía tener mucho por decir.

Era amigable, pero estaba completamente drogado. La única forma de describir lo que decia es una algarabía. Pensaba que había resuelto los problemas del universo, el único problema es que tenía dificultad en comunicar la solución. De vez en cuando nos pasaba el cono gigante de su cigarillo. Blue estaba con nosotros y nos metimos unos cuantos "toques" y luego nos fuimos. Nuestra próxima parada fue en el Black Lion en el pueblo. Todavía tenía sed, más ahora que acaba de descubrir que la droga me secaba la garganta. El dueño de la taberna no se perdía la oportunidad de incrementar los ingresos en la barra, aún cuando era ya tarde, continuaba sirviendo a la que parecía ser toda la población hippie de Gales.

En Tregaron también nos amistamos con un tipo local. Vivía y trabajaba en Tregaron, pero es todo lo que puedo revelar sobre él. No deseo identificarlo, y la razón de esta decisión será evidente más adelante. Lo llamaré Happy. Era un tipo confiado y abierto en su naturaleza y en su hablar. No era estúpido. Pensándolo bien, creo que estaba tratando de alegrar su vida viviendo en esta comunidad tan rural. Nada de lo que nos dijo lo hicimos o averiguamos, porque no sabíamos qué era verdad o no.

Happy nos dijo que Smiles tenía LSD en todo momento. Sabíamos que eran amigos porque los vimos juntos y había un lazo entre los dos. Antes de que terminara el mes de junio, Happy nos dió cierta información sin pedírsela. Nos dijo que Smiles y Buzz se habían ido a Amsterdam a llevar ácido a un pintor que vivía en esa ciudad holandesa. No le hicimos preguntas para que nos hiciera esta revelación, nos la dijo de forma voluntaria. Happy se había arrepentido de ir con Smiles y Buzz cuando ellos lo invitaron. ¿O quizá iba a ser un viaje dentro del viaje?

Añadió más detalles diciendo que los otros dos iban a ganarse 5.000 libras cada uno. Su parte iba a ser 2.500 libras y el plan era ir desde Amsterdam hasta Munich. Admitió que Smiles le daba ácido regularmente y que lo vendía en Aberystwyth. Era la Universidad más cercana más grande en el pueblo. Él vendía o ganaba 50 centavos por tableta. No fue claro en ese punto. Happy nos ofreció una muestra proveniente de Mary, la esposa de Smiles, ese mismo día. Llamó a su último lote "Lentejuelas" y describió la tableta como plata en relieve oblonga.

Happy nos dijo que había obtenido su droga del ex esposo de Mary, John Preece, de Birmingham. Happy añadió que podía obtener cualquier cantidad que él quisiera. Debo corregir algo que dije antes, dije que ninguna de esta información fue corroborada. Reflexionando, no se si esta información diera fruto. Las redadas que siguieron como consecuencia de la Operación Julie fueron enormes en cantidad, nunca supe los detalles completos o vi la lista de los arrestados, no vi la lista de lugares y/o vehículos allanados y examinados. Hubo mas de 800 oficiales de policía involucrados en las redadas del amanecer en 1977 en todo el Reino Unido. Eran redadas sincronizadas. No sé si John Preece recibió una sentencia condenatoria por su parte en la red de distribución.

Hacia finales de junio, Blue se había mudado a otra casa en alquiler. Era una remota casa de piedra ubicada en Silian, al final de una pista estrecha de una finca. Llegamos a ser visitantes frecuentes allí. Blue estaba probando ser invaluable. Nos llevó a conocer lugares y gente en millas a la redonda de la comunidad. Eran gente que solamente habríamos podido conocer si hubiéramos permanecido encubiertos otros dos años. Parecía estar bien conectado y era respetado por sus compañeros. Como un bono adicional, era amigo de Smiles, nuestro objetivo principal.

Drogados

Los días viviendo en la camioneta se convirtieron en semanas y después en meses. El invierno se aproximaba y debíamos pensar en una alternativa a vivir en la camioneta. La seclusión de nuestro retiro en las montañas estaba bien en el verano, pero el riachuelo en el que nos bañábamos y la piscina de rocas pronto serían recuerdos queridos. El frío y la humedad del invierno Galés estaban en el horizonte. Y aún así, la rutina diaria siguió por un tiempo.

La camioneta estaba incompleta sin la motosierra de Eric almacenada en la parte de atrás. Por Blue aprendimos que habían dos formas de proceder y ambas consistían en recibir dinero en efectivo o un regalo por nuestros servicios. Eric podía usar la motosierra con mucha habilidad, confianza y facilidad. En dos o tres ocasiones nosotros, o mejor dicho, Eric, podó y limpió árboles que habían crecido demasiado. Yo lo observaba, o mejor dicho, era una especie de supervisión.

En varias ocasiones también movimos muebles o efectos personales para varias personas en la comunidad hippie.

Algunas veces Blue estaba con nosotros y nos ayudó, otras veces éramos solo los dos moviendo las cosas desde una casa aislada a otra. Muchos de esos 'clientes' eran hippies. La recompensa usualmente era un 'fiver' (bilete de 5 libras). En 1976 era un pago razonable por un par de horas de trabajo. Ocasionalmente la recompensa era un regalo pequeño o yerba.

El día que le hicimos un favor a Blue fue el día más memorable de todos. No nos dío dinero u otra recompensa, ni lo pedimos. Fue uno de esos días raros en mi vida. Blue nos había pedido que recogiéramos un piano de una casa que quedaba a varios kilómetros de distancia. Lo había comprado y tenía que ver cómo lo traía a Silian. Fuimos con él una mañana para recoger el piano. Era uno de esos pianos verticales y malditamente pesado. Entre los cuatro nos las arreglamos para subirlo en la parte de atrás de la camioneta entre quejidos, gemidos, sudor y lenguaje colorido. Quedó colgando por detrás de la camioneta, así que dejamos las puertas de la van abiertas tanto como pudimos. Aseguramos el piano en el interior de la camioneta para mantenerlo derecho en su viaje. Un piano vertical debe permanecer siempre vertical.

No había lugar en la parte de atrás para poner el banco del piano ni para un par de sillas que el hippie vendedor había regalado como parte de la venta. Acomodamos los muebles extra encima de la camioneta, pero con gran dificultad porque el techo no tenía una barra ni nada más para amarrar las cuerdas. Improvisamos anudando las cuerdas a las manijas de las puertas de atrás de la camioneta y a las bisagras de las puertas de adelante. Las cuerdas no permitían que las puertas se cerraran.

Nos fuimos para Silian con nuestra carga en la parte de atrás y en el techo. Eric conducía, Blue estaba sentado en el medio. Tenía la palanca de cambios entre sus piernas. Me acomodé cerca de la puerta del pasajero. Las dos ventanas delanteras de la camioneta estaban bien abajo. Era otro caluroso día del verano de 1976. Nuestros esfuerzos para cargar la camioneta y asegurar la carga nos dejaron exhaustos. Era hora de descansar y refrescarnos.

Bue conocía una taberna a mitad de camino de su casa en Silian. Llegamos allí tres horas después. Blue, Smiles, Mac y aún Happy eran consumidores de drogas experimentados. También lo eran para consumir cerveza y licor. Jack Daniels, Bacardi, vodka, whisky –Escocés, Irlandés o Bourbon, no importaba. Ellos no discriminaban. A mi me gustaba siempre la cerveza, pero ahora estaba tomando de todo lo anterior en cantidades que iban en aumento. También me había acostumbrado a fumar tanto yerba como hachís. Cuando me ofrecían, yo aceptaba e inhalaba dos o tres veces y devolvía el cigarrillo de manera respetuosa. Todos tres habíamos bebido mucho y fumado suficiente yerba en la taberna ese día para sentirme drogado. Los dueños de esa área nunca objetaron que se fumara marihuana en sus locales. Si lo hubieran hecho, habrían quedado con mu y pocos clientes.

Para cuando llegamos a la pista estrecha y larga que llevaba a la casa de Blue, todos tres estábamos drogados. La camioneta se tambaleó hacia arriba y hacia abajo, de lado a lado sobre los baches y piedrecillas de la pista. Era como ir sobre un camello ebrio. Todavía estaba atosigado cerca de la puerta del pasajero, y aunque había orinado en la taberna antes de salir, sentí una urgente necesidad de hacerlo de nuevo. Una vez que empiezas a orinar después de una session de bebida, nunca paras, ¿cierto?

Le sugerí a Eric un par de veces que necesitaba detenerme para orinar. En su mente drogada, debe haber encontrado esta idea tan cómica que empezó a reírse. Cuando se está drogado y en la compañía de otros drogadictos, la risa es contagiosa. A menudo nadie sabe de qué se están riendo, simplemente se siente bien, ¡Pero yo necesitaba o rinar!

"Mierda Eric. ¡Necesito orinar!"

"Está bien, está bien. Ya paro."

Frenó de repente. Tan de repente que la puerta del pasajero se cayó de la camioneta con los extremos de la cuerda todavía pegados a ella. ¡La carga que venía en el techo -las banquetas del piano y las sillas- se deslizaron hacia la parte trasera y ahora colgaban del lado de la camioneta! Yo estaba apretado contra la puerta del pasajero cuando ella y yo nos separamos de la camioneta,

Escuché risas convulsionadas. Eric y Blue, todavía sentados en la camioneta, me miraban tendido encima de la desgajada puerta. Eso, y los muebles que se mecían libres, eran la fuente de diversión. Fue suficiente para que los tres hippies drogados tuviéramos más episodios de risa. Los aullidos y ululares cesaron después de unos tres minutos. ¿Fueron tres minutos? ¿Quién sabe? ¡Estábamos trabados! Yo estaba de espaldas encima de la puerta suelta y desconectada cuando vi una vaca a unos 2 metros y medio de distancia. Estaba recostada en la reja de la granja, mirándome fijamente. ¿Sus ojos de vaca estaban llenos de curiosidad o diversión?

"¿Qué mierda miras, ojos grandotes?" le grité.

Y añadí, "¿No tienes nada mejor que hacer? ¡Vete a joder a un toro!"

Eric intervino con su sabiduría de campesino – "¡Es un toro, imbécil!"

Fue suficiente. La risa se terminó. Nuestras alegres carcajadas deben haberse sentido a millas de distancia. ¡No nos importaba! Un tiempo después llegábamos a la casa de Blue. No se si fueron tres, cinco, o treinta minutos. El tiempo se distorsiona cuando se fuma yerba. Eric condujo por la pista, avanzando poco a poco. Todo en cámara lenta. Habíamos dejado la inconexa puerta al lado de la pista junto con las sillas. Al llegar nos dispusimos a dejar el piano en el lugar escogido, sobre el piso de piedra en la sala de es tar.

Robbie, la mujer de Blue, dijo "hola" y me preguntó qué estaba pasando

Se dio cuenta de que tenía polvo y tierra cubriéndome la ropa. ¡Todos tres rompimos a reir otra vez! Se encogió de hombros y salió de la habitación.

Más tarde Blue le contó la historia de la puerta y de la vaca, y luego ella se puso a cocinar la cena para nosotros tres. Mientras Robbie cocinaba, regresamos y trajimos la puerta y las sillas, esta vez pusimos todos los escombros en la parte de atrás de la camioneta.

Teníamos unas dos horas libres antes de que Robbie tuviera la cena lista para servir. Nos sentamos afuera y fumamos otro porro, al que bajamos con un whisky escocés que Blue había elaborado hacía un mes. No pasó mucho tiempo antes que volvieran las risas.

Había un portón de cinco barras entre la casa de Blue y la pista. Inicié el deporte olímpico de saltar el portón. Como fue mi idea, fui el primero en hacerlo. Caminé hasta el lado del portón por la pista y estimé en mi embriagada mente cuánto debía correr. Corrí y salté. Fue un salto del tipo patada de tijera. Mi primera pierna despejó el portón, como también mi tresero y la parte superior de mi cuerpo, pero mi cerebro no se comunicó con la pierna de atrás y quedé atrapado por el portón, y por segunda vez fui objeto de una risa aullante.

Había mas polvo y tierra en mis Levis. Comimos la cena, bebimos más fumamos aún más y escuchamos música. Blue sacó su guitarra y tocó buenas melodías.

Estabamos tan "altos" (drogados) como cometas. Blue tocó algunos acordes y empezó a cantar un verso. Eric había encontrado unos tambores estilo indio detrás del sofá. Esa era la clave para que yo empezara a cantar al estilo de los nativos americanos –

Wee hee nah wee hee nah hee nah

Wee hee nah hee nah

Wee hee nah

Wee hee nah hee nah

Wee hee nah hee nah

Ay ho!

No tenía sentido entonces, y por supuesto que tampoco tiene sentido ahora. ¡A nadie le importaba! Nos quedamos esa noche en la casa de Blue y partimos al día siguiente.

Estrellas de Cine y Estrellas de Rock

Había muchas historias sobre estrellas de rock y otras celebridades que, o habían visitado o habían vivido en la región. Cuando vivíamos en Red Lion, Tregaron, Happy nos pidió un día que fuéramos a una fiesta con él. Cuando mencionó que era en la casa de Michael Wilding Jr. y que habrían "suficientes chicas" allí, acepté ir. Resultó ser un día sin acontecimientos notables.

Un hombre llamado Doug, conexión londinense de Smiles, resultó ser de interés para nosotros. El cuartel general en Devizes y Dick Lee estaban ansiosos por identificarlo como parte de la red de distribución de Smiles. Un socio de Smiles nos dijo a Eric y a mi que Doug probablemente estaría en la fiesta Wilding. No estaba, pero fue una razón más para ir a la fiesta cerca de Devil's Bridge.

Conocí a Michael Wilding Jr. en la fiesta, y me intrigó conocerlo como el hijo de Elizabeth Taylor. Era una de las estrellas de cine más conocidas en ésa época. Su tempestuosa relación con su entonces esposo, Richard Burton, era muy conocida. Sus pataletas eran materia prima para los columnistas chismosos y los paparazzis de todo el mundo. Ella era considerada la mujer más hermosa del mundo. Había leído muchos artículos sobre Liz Taylor, en los que se mencionaban sus ojos color violeta.

Hablé con Michael Wilding por algún tiempo mientras sorbía una cerveza helada. Era un jóven placentero, de hablar pausado, unos seis años menor que yo. Parecía no estar infatuado con lo que era, o mejor dicho, con quien su madre era, y no la mencionó en la conversación. Lo que me llamó la atención sobre él fueron sus ojos. Eran los ojos más maravillosos que haya visto alguna vez en hombre o mujer. Eran violeta, pero brillaban con una luminosidad desconcertante. Tuve la vicaria sensación de que había estado mirando los ojos de Liz Taylor.

Jeff era un tipo al que Eric y yo habíamos visto colgando un anuncio de una tienda en la calle en Llanddewi Brefi. A través de él conocimos más estrellas de la música de la época. Iniciamos conversación con él en el Nuevo Inn. Se centró en su arte y su trabajo de diseño. El anuncio era su obra. Supimos que tenía una conexión con una hermosa dama llamada Pam. Más adelante ella nos prestaría una casa que iba a servirnos de base, no solo para los meses de invierno sino también por el resto de nuestros días como agentes encubiertos en Llanddewi Bre fi.

Pam era la ex de John Mayall, de los Bluesbreakers fame, una banda que en un tiempo incluyó tanto a Eric Clapton como a Jack Bruce. El trabajo artístico de Jeff debe haber sido conocido en la industria musical basada en Londres de los 1970s. Se nos acercó y nos pidió que lo lleváramos a Kent para llevar una pintura por encargo, un enorme mural, a la casa de Ric Lee, el tamborero de Ten Years After fame. Él o su esposa habían encargado el mural.

Estuvimos de acuerdo en llevar a Jeff y la pintura a Kent, por un precio. Nunca vimos la pintura, porque Jeff la había envuelto en un manto. Antes de llegar a Kent, el plan era quedarnos por la noche en la casa de Pam en Londres. Estaba en Orme Square, en el lado opuesto de los jardines de Kensington. Nos quedamos allí y el hijo adoptivo de Pam y John Mayall nos dejó entrar. Vivía allí. Fue una velada agradable. El hijo y Jeff fueron anfitriones alegres y aprendí mucho de música debido a su amor por la música blues. El hijo se fue a mediados de la velada. Eric pensó que había dicho que se iba a la esquina, como si hubiera salido a la tienda de la esquina, pero no regresó.

Más tarde caí en cuenta de que había dicho, "Me voy a ver a Alexis Korner."

Korner era un amigo de la familia, a quien a menudo se referían como uno de los fundadores de la música Blues de Gran Bretaña. En los 1960s, Korner formó Blues Incorporated, un grupo suelto de músicos que compartían el amor por los blues electrónicos y la música R&B. En varios momentos el grupo incluyó a Charlie Watts, Jack Bruce, Ginger Baker, Long John Baldry. También atrajo una multitud más amplia de jóvenes fanáticos, algunos de los cuales actuaron en ocasiones con el grupo. Este grupo incluía a Mick Jagger, Keith Richards, Brian Jones, Rod Stewart, John Mayall y Jimmy Page.

Teníamos una compañía ilustre. Uno de los vecinos de Londres de Pam también era muy conocido. Era Jeremy Thorpe MP, el líder del partido Liberal. Más tarde fué notorio por el "Asunto Thorpe" de los 1970. Fue un escándalo politico y sexual en Gran Bretaña, y acabó con su carrera como líder del partido Liberal y miembro del Parlamento (MP) por North Devon.

Nuestra camioneta se veía conspicua cuando estaba aparcada entre los Rolls Royce, Bentleys y Lamgorghinis. Estos carros de lujo son comunes en esta parte de Bayswater. A la mañana siguiente desayunamos en Queensway y luego nos fuimos al mercado de antiguedades de Portobello. Pam tenía un puesto allí y un negocio de mucho éxito vendiendo antigüedades.

Finalmente salimos hacia el pueblo de Smarden en Kent, para llevar la obra de arte de Jeff. El famoso miembro de la pareja casada no estaba presente, solo su esposa, quien nos ofreció una calurosa bienvenida a pesar de que parecía estar ocupada trabajando. Tuve la impresión de que también tenía alguna conexión con la industria musical. Ella estaba interesada en mantener su máquina de fax bajo constante vigilancia, como si estuviera esperando algo importante desde Los Angeles. Si no estoy mal, era norteamericana. Nos llevó hasta los cuartos de huéspedes, nuestros cuartos separados para que pasáramos la noche. No sabía que nos íbamos a quedar allí esa noche, pero pensé -- 'diablos, sí. Pu edo con esto.'

Tenían una hermosa casa, que podían permitirse debido a los años de éxito adquiridos por la banda Ten Years After. Se veía antígua y tenía esa apariencia de entramado de madera tan popular en los pueblos afluentes de Kent. Los cuartos de huéspedes eran suites, pero había un baño comunal en uno de los entre pisos de las escaleras. Era fantástico. Había muchas pinturas interesantes en las paredes. También había una amplia variedad de material de lectura para usar mientras se estaba sentado en el retrete. Mi cuarto tenía una cama muy cómoda, algo que aprecié después de pasar muchas semanas durmiendo en la parte de atrás de la camioneta.

Por la mañana bajé, esperando que nos iríamos inmediatamente para buscar un lugar donde comer en la carretera. Estaba en la parte de abajo de las escaleras cuando escuché que me decían, "¿Qué le gustaría desayunar? Tenemos huevos, panqueques, tocineta, salchichas, tostadas."

No podía ver a la dama norteamericana, pero la oí decirlo.

Eric estuvo de acuerdo con mi selección – "Todos cinco, por favor."

Después del desayuno regresamos sin incovenientes a Llanddewi Brefi. Dejamos a Jeff allí, un hombre felíz. En el viaje de regreso habíamos parado en el Pequeño Chef para comer algo y tomar un jarro de té. No se pudo contener más. Buscando en lo profundo de su bolsillo, sacó un pedazo de papel doblado. Lo desdobló como si fuera precioso y lo acarició como a una nueva amante. Sosteniéndolo entre sus dedos índice y pulgar, lo sobó para abrirlo. Lo besó y nos lo mostró. Era un cheque a su nombre por 800 libras, el precio de su obra de arte. Pensé –"¡Debo comprar pinceles!"

De regreso a Llanddewi Brefi volvimos a nuestra rutina regular. El viaje a Londres y Kent habían sido una bienvenida distracción, y también sirvió para afianzar nuestra credibilidad en el área. Las noticias viajaban rápido en estos lugares. Todavia estábamos en medio de uno de los tiempos más cálidos en el récord de Gran Bretaña, lo que nos dió la oportunidad de pasar el día en el festival de Rhayader en el condado vecino de Powys. El festival era en el valle Elan, en medio de nada. Estaba lleno de tiendas y tipis cuando llegamos. Las tiendas y tipis estaban montados alrededor de un área central. Un improvisado escenario montado con equipo de sonido ocupaba el centro. Habían muchos puestos vendiendo de todo, desde comidas y bebidas veganas y vegetales hasta perros calientes, cuentas de collares y rop a.

Había también fogatas, y utensilios de cocina encima de la madera ardiente. Cabezas de todas formas y tamaños deambulaban por todas partes. ¡Algunos estaban claramente en la onda! Las edades iban desde bebés caminadores, aún bebés en brazos, hasta hombres y mujeres que daban la apariencia de estar en los 60s. Creo que habrían unas doscientas personas. Este era uno de los festivales gratuitos, lo que quería decir que no cobraban por la admisión.

El parqueadero estaba lleno de las formas típicas de transporte hippie: Coches VW para acampar, viejos buses convertidos en casas, ambulancias y camionetas del correo postal. Los hombres y mujeres caminaban en varios grados de desnudez. Algunos estaban desnudos, incluyendo a un tipo que estaba cocinando sobre una hoguera. En silencio deseé que estuviera bien y que el aceite con el que freía no le salpicara en su hombría.

No había una banda en vivo mientras estuvimos allí. Solamente podíamos escuchar la estruendosa música pregrabada, incluyendo a Hendrix, Janis Joplins, The Doors, Bob Dylan, Crem y otra música popular. La gente, más que todo las chicas, bailaban suavemente al ritmo de la música. Algunas de esas mujeres no llevaban nada o casi nada puesto. Me senté en la hierba a mirar y a escuchar la música – ¡Ja!

Regresamos en la camioneta en silencio a Llanddewi Brefi. Por mi parte, yo estaba todavía pensando en todas esas mujeres desnudas.

Eric me preguntó, "¿Por qué tienes esa estúpida sonrisa?"

Yo sonreí más y me encogí de hombros.

Políticas Internas

Estos días del verano fueron muy divertidos, disfrutando la vida y el trabajo. ¿Cuántas veces puede una persona decir esto en su vida sintiendo que es verdad? Habíamos comenzado a acercarnos a Smiles y más aún a Blue. Llevamos nuestros reportes telefónicos diarios a la oficina de Devizes y Lee estaba contento con lo que estábamos haciendo. ¡Por supuesto que él no necesitaba saberlo todo! Yo admiraba a Dick Lee por sus muchas cualidades como hombre, líder y detective. Sospechaba que era un poco mojigato, quizá producto de su crianza. ¡No le habría gustado saber todo lo que estábamos haciendo en Gales!

Todo aquel a quien íbamos conociendo aceptaba nuestra historia. El hermano que se había perdido hacía mucho tiempo, el negocio de la compra venta de carros, y el ser dos tipos amables que estábamos de paso por el pueblo. La fachada de la compra venta de carros sirvió para disfrazar el tener una considerable cantidad de dinero. La manteníamos guardada. Era nuestro dinero, no nos lo daba Dick Lee o alguien más. Una parte era producto de nuestro trabajo de medio tiempo de remover y podar á rboles.

La mayor parte del dinero provenía del pago de viáticos por nuestros gastos mensuales. Nunca pedimos recibos por razones obvias, era un asunto de confianza y lo que decíamos que habíamos gastado lo habíamos gastado. Teníamos las actividades curriculares de eliminación de árboles y poda, pero también queríamos crear un aire de misterio. Creo que funcionó. Queríamos que la gente se preguntara quiénes éramos nosotros. ¿Son o no son vendedores de drogas? Algunos se nos acercaron en muchas ocasiones, pidiéndonos que les vendiéramos drogas. Pienso que la fachada funcionó.

La fachada de la compra venta de carros era perfecta. Nos sirvió para justificar nuestra tenencia de mucho dinero. ¿Alguna vez han conocido a un vendedor de carros que no tuviese un abultado rollo de dinero? También nos permitía irnos a descansar. El mundo de Llanddewi Brefi creía que nos habíamos ido dos o tres días para cuidar de nuestro negocio de carros, cuando en realidad estábamos haciendo otras cosas. Una cosa era visitar la casa y otra era reportarse en la oficina en Devizes. La última era importante por dos razones, la más importante de todas era llenar el formulario de gastos para el pago de nuestros viáticos. Los llenábamos en Devizes pero luego los enviábamos a nuestras respectivas fuerzas de la policía. El Detective Inspector Peter Long, que estaba a cargo del Escuadrón Antidrogas de Hampshire, recibía mis formularios, los firmaba y el pago se hacía con mi cheque mensual.

En los primeros días, Peter Long me llamó por teléfono un día cuando yo estaba en la oficina de Devizes. Estaba algo estresado de firmar unas reclamaciones tan considerables.

"Mira guv," le dije, "Estoy viviendo 24 horas fuera de mi casa y me estoy presentando como una persona diferente, estoy gastando ese dinero como parte de mi cubierta.

Peter preguntó, "¿Por qué tantas botellas de Whisky?" dijo escudriñando mi formulario de viáticos.

"Soy un Alkie" (alcohólico), le respondí medio en broma.

Después, pensando que debía explicar esto, añadí, "Estos tipos son bebedores serios y también usuarios de drogas."

No pensé ni por un momento que algún día mi chiste sobre ser un alcohólico me perseguiría. Esta explicación le satisfizo. Recibí mis viáticos sin falla y sin preguntas cada mes.

El salario promedio en Gran Bretaña en 1976 era de 72 libras por semana. Tan sólo mis reclamaciones por viáticos estaban en el ámbito de 40 a 50 libras por semana. Era el dinero del que yo presumía y nos ayudaba a reforzar nuestra fachada. El DI Long y otros habrían podido creer que yo estaba exagerando los gastos, no los culpo si lo hubieran pensado. Era poco práctico, dado mis circunstancias, pedir recibos. Si albergaban esa creencia, pienso que también pensaron que estaba bien aceptarlo y lo trataron como una asignación oficial para el trabajo encubierto. Los jefes de policía no entendían la naturaleza del trabajo, no tenían idea de lo estresante que podía ser, ni de los peligros potenciales. No creo que les importara.

Las mismas disputas politicas internas se aplicaban a los pagos de tiempo extra. Eric y yo estábamos viviendo la mentira, estábamos lejos de nuestra vida normal por veinticuatro horas al día. Nuestros salarios pagaban ocho de esas horas, ya que nuestro pago era por una semana de cuarenta y cinco horas, y cualquier cosa por encima de esas ocho horas diarias era tiempo extra. Normalmente dormíamos ocho horas al día, así que calculamos que reclamaríamos ocho horas de tiempo extra cada día que pasáramos en Llanddewi Brefi. Nos presionaron para que redujéramos la reclamación por tiempo extra, a petición de los jefes de todas las fuerzas individuales. La Policía de Wiltshire llegó a ordenarle a Fred Pritchard que no trabajara en los días obligatorios de descanso para ahorrar en el pago de tiempo extra. Era una locura. Las necesidades de esta operación dictaba las horas que un oficial tenía que trabajar, por ejemplo, para completar una tarea de vigilancia ya que él o ella no podía simplemente dejarlo todo e irse porque se había terminado la jornada laboral. Era mucho más difícil para Eric y para mí. "Discúlpeme,

Señor Smiles, ¡no vamos a ir a la garita mañana porque es un día festivo!" Nosotros no redujimos nuestras reclamaciones por tiempo extra, a pesar de la presión porque lo hic iéramos.

Mensualmente debíamos reportarnos para recibir instrucciones en Devizes. Eric y yo fuimos a tantas reuniones como nos fue possible. Era importante mantenernos al día del progreso, o falta de él, de otros miembros del equipo. Me ayudó a formarme una idea sobre la organización de este cartel del LSD que estábamos investigando.

De vez en cuando una persona que no era del equipo asistía a esas reuniones. En una occasion vino Nigel Dunnett de la casa matríz del laboratorio de Aldermaston. Estaba alli para explicar algunos detalles sobre el proceso real de manufactura de LSD: Derek Godfrey, de Scotland Yard, quien era el único oficial de la policía metropolitana en quien Lee confiaba, también asistió una vez. En algunas ocasiones el representante en Londres de la Agencia de Control de Drogas DEA de Estados Unidos también asistía. Siempre lo recordaré porque usaba un gabán al estilo de la Pantera Rosa. No lo ví quitárselo jamás – aún en la oficina. Siempre lo llevaba atado con un cinturón y el cuello lo llevaba arriba. Siempre me acuerdo de la Pantera Rosa y de Peter Sellers cuando recuerdo al hombre de la D EA.

El principal foco de atención de estas reuniones era la vigilancia que se les hacía a Kemp y Bott. Con el tiempo se volcó más hacia Henry Todd y Seymour Road, después de descubrir que Todd compró la casa en Seymour Road usando un nombre ficticio. La red de distribución de Todd, Cuthbertson, Fielding y Spenceley fue de gran interés para Eric y para mi. Smiles era el segundo después de Spenceley en la esclaera de distribución. Russ Spenceley también vivía en Gales Medio y era quien surtía la droga a Smiles. Estas reuniones informativas también fueron la oportunidad para mantenernos informados sobre las interceptaciones telefónicas.

Sentimos la politiquería en estas reuniones. Todos sabíamos que los jefes se habían dado cuenta de que habían destapado la bestia. Estábamos en aguas no exploradas y la organización y la policía no estaba en posición de atender lo que estábamos haciendo. La politiquería fue alimentada por la preocupación sobre cómo iban a financiarnos y también sobre celos baratos por parte de algunos jefes y de fuerzas individuales.

La presencia cada vez mayor de Greenslade fue un signo de las presiones en Dick Lee para que produjera resultados. Greenslade solo estaba a cargo del papeleo. En los comienzos nunca lo ví. Había oido hablar de él pero era como un espectro. Empezó a aparecer mas en Devizes, pero solamente después de que los jefes cuestionaran el progreso de la operación. Yo creía que había recibido órdenes superiores y que le habían dicho que averiguara lo que estaba haciendo Lee.

¿Ustedes son policías?

Había una rutina estable en nuestras vidas diarias y semanales en Gales, rota solamente por aquellas visitas a Devizes para recibir los informes. Habíamos engañado a la gran población de Llanddewi Brefi, y a gente como Smiles, Blue y Happy. Todos ellos creían que habíamos ido a comprar y vender otro carro para sostener nuestro estilo de vida. Todo estaba bien, ¿o no? Eric y yo vimos a Smiles en el lado de la carretera en Lampeter. Era otro día caluroso de verano. Estabamos regresando a Gales desde Bristol. Eric paró la camioneta, y le preguntamos a Smiles si quería un aventón hasta el pueblo. Se subió al frente de la camioneta mientras yo me corría hacia el centro. Eric estaba manejando. Smiles se sentó a mi lado, junto a la puerta.

La camioneta estaba todavía en primera cuando escuché “Okay muchachos, ¿cuál es el engaño?”

Las palabras se deslizaron entre los dientes de una sonrisa forzada. No hubo advertencia, ninguna “Hola muchachos, ¿Cómo están? Era un intento deliberado por parte de Smiles.

Me congelé, por unos pocos milisegundos, me congelé. Mi cerebro y mi estómago se convirtieron en hielo. Estaba más preocupado sobre la reacción de Eric, y no es que no pudiera confiar en él, sino que esto parecía ser el primer reto a nuestra fachada.

´¿Era un intrínseco reto directo?´

´¿Cómo iba yo a reaccionar?´

´¿Cómo iba a reaccionar Eric?´

Cuando estás encubierto debes pensar rápido, debes estar mentalmente alerta.

"Vamos, me pueden contar. Ustedes son policías, ¿verdad?" fueron palabras que dijo entre dientes, con su sonrisa forzada.

Respondí antes que Eric. Me estremecí de la risa y dije, "¿Ustedes qué?"

Smiles se retractó de seguir investigando, volvió a ser el mismo tipo amigable en el camino de regreso al pueblo, donde lo dejamos afuera de su casa, en Y Glyn. Habló sobre Amsterdam y el concierto de los Rolling Stones en Knewbworth. Habló sobre Joan Armatrading y Steely Dan. Dijo que había sido quien le suplía cannabis a Armatrading en sus días en Birmingham. ¡Era como si nunca hubiera retado nuestra fachada! A medida que pasaron los años, recuerdo este incidente. Creo que a Smiles le gustaba apretar botones buscando una reacción. No creo ni por un minuto que él hubiera pensado que éramos policías, eso surgió después como resultado de otros eventos. Era solo parte de su instinto de conservación. Sin importar si estoy en lo cierto o no, nos asustó en ese entonces.

El primer reto a tu fachada es el más difícil. Aprendes que eso sucede como parte del trabajo, lo importante es cómo lo manejas. No tengo sugerencias o consejos sobre cómo lo debes manejar, es una habilidad natural. Tú puedes hacerlo o no, la verdad es que todo depende de muchos factores diferentes. ¿Reírse? ¿Ser agresivo? ¿Ignorarlo? Todas estas son opciones, pero solamente tú puedes determinar cuál es la mejor con base en los jugadores y en el contexto. La única opción que no tienes es admitirlo.

El lado social de los líderes de Llanddewi Brefi y el área circundante estaba en auge. Se tomaron medidas para recolectar fondos para ayudar a algunos tipos que habían sido arrestados por drogas. Blue estuvo muy involucrado en estas actividades, lo llevamos a un pueblo cercano a recoger un equipo de sonido para la banda que iba a tocar.

También jugó un papel importante para planear un partido de fútbol hippie que tuvo lugar en el pueblo. Yo me contenté con ser voluntario y estuve muy felíz de poder mostrar mis habilidades futbolísticas. Blue todavía nos estaba ayudando a conocer el lugar y actuaba como el presentador. Nos presentó a otros lugareños. El rumor era que eran miembros activos de la Armada de Liberación de Gales, un grupo que tenía lazos con la Armada Republicana Irlandesa y los terroristas Vascos. Habían reclamado responsabilidad por algunas bombas puestas en casas en Gales. No teníamos ningún interés en ellos. Nos habían hablado de la presencia de algunos de sus miembros en nuestro primer entrenamiento antes de que saliéramos para el área, pero más para instruírnos a que fuéramos precavidos, ya que ellos tenían acceso a armas de fuego.

La ola de calor se había ido y el invierno se aproximaba rápidamente. Era el momento de considerar un techo alternativo para la camioneta y también una alternativa para nuestro refugio en las montañas. Lee fue comprensivo y nos autorizó a buscar un lugar para rentar, siempre y cuando no fuera "el Ritz." Averiguamos sobre lugares disponibles para rentar. Naturalmente, Blue fue una de las personas a quienes le preguntamos. La búsqueda de cuatro paredes y un techo nos llevó más tarde hasta Pam y Cartref.

Gangsters y una Amenaza de Muerte

1 de septiembre, 1976.

Por casi seis meses habíamos estado en Gales en nuestro papel de agentes encubiertos. A las 3 p.m. llegamos afuera de la casa de Blue en Silian. Se veía inusualmente agitado, no tuvimos necesidad de preguntarle por la causa de su agitación. Nos narró una historia completa sobre un amigo llamado Bill.

Apuntó con el dedo hacia un telegrama que estaba en la mesa del comedor, explicando que lo había recibido ese día. Era de Bill, una solicitud de que fuéramos a encontrarlo en el aeropuerto de Liverpool. Blue nos djo que Bill vivía en Vancouver y que había volado primero a la isla de Man, desde donde pensaba viajar a Liverpool. El resto del cuento salió de los labios de Blue más o menos a sí:

Bill era un tipo rico y Blue lo conocía como amigo y como compañero de trabajo cuando estaba en Canadá. Era tan rico que recientemente había vendido un bote por $200.000. Bill estaba buscando un reemplazo adecuado para su bote. Estaba buscando un bote de motor rápido. Blue nos preguntó si podíamos ir todos a Liverpool para recoger a Bill. Eric y yo estuvimos de acuerdo.

Nos interesaban los botes de motor rápido, porque los corredores de drogas los usaban para recolectar contrabando que había sido botado al océano. Los aviones ligeros arrojaban las drogas al agua, era un método común usado como parte del contrabando de drogas a larga escala. Por supuesto que podría haber una explicación mucho más inocente, por no decir mundana. Necesitábamos saber más. Eric se fue con Blue a usar el teléfono de un amigo porque Blue no tenía teléfono en su casa. Blue llamó al número que Bill había puesto en el telegrama para que lo llamara a la isla de Man, no sin antes mostrarle a Eric el contenido del telegrama en el camino.

Cuando Blue y Eric volvieron me enteré que en ese momento debíamos salir hacia Liverpool en la camioneta. Salimos de Gales cerca de las 5 p.m. El trato era que nos encontraríamos con Bill en el hotel Feathers. Era un hotel que yo conocía, y que estaba ubicado en Mount Pleasant en Liverpool.

Había hecho un día cálido y hermoso, pero la noche había llegado cuando entrábamos en Liverpool. Había sido uno de los primeros días indios de verano, que señalaba el final del glorioso verano de 1976. Habíamos conducido a través del túnel Mersey en nuestra camioneta Ford Tránsito para ir al hotel en Liverpool. Dentro de mi cabeza, yo estaba feliz pero sentía aprehensión de regresar a Liverpool. Era donde yo había crecido y tenía recuerdos felices de días de juventud. Sentía aprehensión porque podia encontrarme a alguien que podría reconocerme como Steve Bentley.

Yo había tomado el volante antes de llegar al lado de Birkenhead en el túnel Mersey. La razón era que yo conocía Liverpool como la palma de mi mano. Ïbamos hacia el hotel en Mount Pleasant, que quedaba muy cerca del afamado hotel Adelphi, pero mucho más lejos que el mercado. Conduje la camioneta a lo largo de la calle Lime, cuando un carro de la policía apareció a mi lado y me hizo señas para que parara. Obedecí. No teníamos drogas a bordo, al menos sabía que yo no las tenía. No podía hablar por Eric o Blue. Yo había estado tomando en el camino hacia Liverpool temprano ese día. En efecto, había sido toda una sesión en una taberna de un pueblo cercano a Shropshire. Los lugareños pensaron que éramos una banda de rock, debido a nuestros jeans desteñidos y a nuestro cabello largo. No los decepcionamos, les contamos una historia de que éramos músicos de Londres. Esto es lo que pasa cuando vas encubierto, ¡te conviertes en un m entiroso!

No le caímos bien al policía uniformado de la ciudad de Liverpool. Me hizo algunas preguntas, por ser yo el conductor. Cada respuesta que le di era mentira. Luego de una rápida búsqueda en la camioneta, nos permitió seguir, pero primero constató quiénes éramos usando la radio para comunicarse con CRO. CRO es el acrónimo de la Oficina de Récords Criminales. Era una base de datos nacional de la policía, establecida en 1974 para todos los asuntos relacionados al crimen y a los criminales. Nuestras credenciales resistieron el test. Nuestra falsa actividad criminal del pasado le fue comunicada al oficial de Liverpool, y aún así, no había nada en la base de datos que le permitiera arrestarnos. Blue también estaba limpio. Más tarde me hizo preguntarme si él era quien decía ser.

Al llegar al hotel, la recepcionista nos dijo que fuéramos a la habitación F donde se hospedaba Bill. Blue tocó a la puerta y luego de uno o dos minutos, un hombre de unos 33 años abrió la puerta. Su cuerpo llenaba la mayor parte del marco de la puerta. Hablaba con un acento Canadiense o Norteamericano, era difícil saber cuál de los dos. Bill y Blue se saludaron y abrazaron como si fueran dos viejos amigos. Bill nos invitó a entrar en su habitación. El hotel y la habitación estaban un poco descuidados. Eran sórdidos, en realidad.

Bill parecía estar mal vestido para estar en ese lugar, basado en el corte de su ropa. Vestía una camisa cara, pantalones casuales y zapatos mocasines del tipo que tiene una borla encima, y parecían ser hechos a mano en algún lugar como Milán. Su maleta tampoco concordaba con su ambiente temporal. Era una maleta Samsonite en cuero, con una maleta más pequeña que le hacía juego. Bill y Blue hablaron sobre lugares en Canadá y sobre gente que ambos conocían. Se estaban poniendo al día. Nuestro anfitrión era generoso, nos ofreció bebidas de su bagaje personal de Bacardí, escocés y vodka. Ellos hablaban, Eric y yo escuchábamos y mirábamos. Asentíamos con la cabeza cuando nos pedían una opinión sobre algo. Bill estaba bien arreglado y tenía manos regordetas. Su apariencia gruesa mostraba un estómago de bebedor de cerveza. No tenía marcas o tatuajes visibles. Tenía una cara redonda con una tez ahuecada, marcas que sugerían que habría tenido acné en su juventud. Tenía el pelo negro y crespo, corto y bien cortado. No habría llamado la atención entre una multitud. Bill era un tomador serio, habíamos tomado varios tragos en las rocas y estaba entrando en frenesí. Sacó un spray nasal y tabletas para la indigestión y los dejó sobre la mesa de noche. Tomar parecía afectar su constitución.

Escuchamos de manera casual, pero llena de propósito. La mente estaba concentrada, enfocada en guardar todos los contenidos de la conversación en nuestras respectivas mentes. Bill estaba hablando de la venta de su bote caro y sobre gente que conocía cuando importaban enormes cargamentos de drogas desde el Caribe hasta los Estados Unidos. Bill necesitaba cambiar de escenario.

Dijo, "Salgamos."

Salimos del hotel y volteamos hacia la calle Lima.

"Una pinta de Guinness para mí," dije al entrar al Bar Americano en la calle Lima.

Blue fue hacia el bar y ordenó mi pinta. En efecto, él había comprado la mayoría de las bebidas en el camino a Liverpool. Era su forma de decirnos gracias por llevarlo, pero en esta ocasión Bill le entregó un puñado de billetes de 20 libras antes de que Blue abandonara nuestra mesa. Nos sentamos en una esquina de la taberna. Era una mesa sucia, grasosa, que había visto regueros de galones de cerveza en su tiempo de vida. Los portavasos estaban pegados a la superficie de la mesa e hicieron un sonido melancólico cuando tratamos de despegarlos para reposicionarlos.

"Estos son los dos tipos de los que te hablé," le dijo Blue a Bill cuando estábamos sentados todos cuatro alrededor de la mesa en la taberna.

Bill dejó escapar una especie de gruñido. Nosotros seguimos sentados alrededor de la sucia mesa, ahora Blue era quien más hablaba. Sopesé a Bill, mirando bien su cara y en particular, sus ojos. Tenía ojos grises, fríos como los de un pez muerto. No había un destello, ni alma, ni expresión alguna en ellos. Estaban muertos. Bill volteaba a mirarnos a Eric o a mi. La única palabra que describía su mirada era "siniestra." Yo pensaba, ´este tipo es un jugador serio.´

La conversación, más que todo a cargo de Blue, continuó por cerca de una hora. Durante ese tiempo aprendí que Bill, a pesar de ser canadiense, pasó la mayor parte de su tiempo en Miami, Florida. Bill también confirmó que había estado buscando un bote de motor a bordo rápido. La búsqueda lo había llevado no solamente a la isla de Man sino también a Panamá y al sur de Francia. Yo estaba tomando mi cerveza y también empapándome de Bill. El tiempo voló y yo estaba empezando a pensar dónde podríamos continuar bebiendo. Estaba llegando el momento en que sería demasiado tarde para entrar en una garita, a menos que fueras bien conocido y tuvieras a alguien que te dejara entrar.

Me había ido de Liverpool hacía demasiado tiempo para tener ese conocimiento, y además, no quería arriesgar mi fachada entrando a un lugar que yo conociera y en el que la clientela me conociera bien (al verdadero yo, Steve Bentley.) La idea de la garita se disipó. Entre todos decidimos que necesitábamos comer y yo conocía un restaurante indio en la cercana calle Bold.

Seguimos tomando y conversando durante la cena hecha con curry. Bill tenía de nuevo el rol principal en la conversación, le estaba diciendo a Blue cuán desesperado estaba por encontrar un bote rápido de ochenta pies. Por primera vez Bill se dirigió directamente a nosotros:

"Escuchen, tengo una operacion de nieve en BC, no es simplemente cualquier mierda, yo tengo mis mercados allá, nada acá. La cocaína es pura, viene derecho desde Bolivia. Se vende al por menor a $24.000 la libra. Si a ustedes les interesa este tipo de negocios, puedo ser su hombre. ¿Qué dicen?" Blue intervino, "Escucha Bill, estos dos tipos son mis amigos, en este momento nos estamos divirtiendo, no hablemos de esto."

"Discúlpame, discúlpame, Blue, Blue, Blue – deja que los chicos lo piensen y lo consulten con la almohada."

No conversamos más sobre cocaína en el restaurante, pero conversamos con el amigable mesero. Nos dijo en dónde encontrar buenos clubes y prostitutas, y los precios. Nos habló del club "She." Yo lo conocía y decidimos ir allí. El mesero nos pidió un taxi para que nos llevara. El único problema que anticipé fue pasar la seguridad, porque era tarde ya. No éramos miembros ni tampoco iba un miembro con nosotros para que firmara en la puerta. También debíamos tener en cuenta que Eric, Blue y yo parecíamos miembros de una banda de rock. Algunos podrían haber dicho que nos veíamos como hippies con nuestro pelo largo, barba y pantalones denim.

Pero siempre hay formas y medios. Yo hablé, pues tenía el acento Scouse. En mis días antes de ser agente encubierto, solamente con presentar mi tarjeta de orden habría podido entrar, pero eso era para Steve Bentley, no para Jackson. Mis súplicas no impresionaron a los gorilas. Fue entonces cuando vi un puño cerrado extendiéndose hacia el gorila jefe. El puño pertenecía a Bill, y tenía por lo menos tres billetes de 20 libras, lo que constituía cerca de una semana de salario para estos tipos. Nadie habló una sola palabra más. En lugar de palabras, el gorila jefe bajó su cabeza e hizo un gesto con su brazo, en un movimiento de barrida en dirección a la entrada. ¡Ya estábamos adentro!

Adentro sucedieron dos cosas que nunca olvidaré. Empecé a bailar pero me había quitado los zapatos y estaba en la pista de baile de madera. ¡Siempre había querido bailar descalzo y ahora se me había cumplido el deseo! Me ayudó el hecho de que estaba embriagado. Tan pronto como estuve en la pista y empecé a moverme suavemente al ritmo de la música, vi a una jóven vivaz y bien parecida. Era morena, delgada y lucía una falda ajustada que mostraba sus caderas y piernas. Se me unió en la pista de baile y s onrió.

Se reía bastante, me gustó eso. Me gustó ella. Sus constantes miradas a mis pies me hicieron sentir un poco incómodo. Tengo quizá los pies más feos del mundo.

Pero simplemente dijo, "Siempre he querido bailar con un tipo que se quita los zapatos y baila descalzo."

Sí – ¡realmente dijo eso! ¡Me gustó aún más!

Bailamos un rato y luego llegaron los ritmos lentos, bailamos con las mejillas pegadas. Olía bien, también. Pude sentir sus caderas empujando mi ingle y mi otro cerebro reaccionó, empujando fuerte contra mis jeans de denim. Creo que eso le gustó. Empezó a rozarme y a mover sus caderas al ritmo de la música. El ritmo era lento y sensual. Me dijo que era una enfermera de un hospital local y que se había ido de clubes con su amiga, quien también era una enfermera. Tenían la noche libre, ¡y me dijo que no tenía prisa en la mañana tampoco! Pensé... ¡ustedes saben lo que estaba pensando!

Más tarde nos fuimos hasta la mesa en la que Eric, Blue y Bill estaban sentados bebiendo y conversando. Era una mesa en una esquina oscura, con una lámpara de pared en forma de vela falsa que brillaba tenuemente. Mi nueva amiga llamó a su compañera de trabajo para que se nos uniera. Ahora teniamos un sexteto. Las chicas se fueron al baño a empolvarse la naríz. Los cuatro tipos comenzamos a conversar y fue aquí cuando sucedió el segundo evento inolvidable.

Mientras estuve en la pista, Eric, Blue y Bill habían estado hablando de negocios. Y por negocios quiero decir, contrabando de drogas. Eric me contó esto después, un resumen de su conversación con bill:

Bill le preguntó a Eric, "Ustedes están en el negocio de esa cosa, ¿verdad? Tienen que pensar en lo que les dije."

Eric contestó, "Me parece un poco pesado."

"¿Deben tener un hombre en algún lugar?" preguntó Bill.

Eric dijo, "No sirve de nada que yo diga si o no hasta no hablar con él, ¿verdad?"

Bill continuo, "Seguro, estamos hablando sobre mucho pan ahora y en el futuro. Hablando de pan, ¿conoces a alguien que maneje joyas?"

"¿Tibio?" preguntó Eric.

Bill contestó, "Caliente."

"Realmente no es mi área," replicó Eric sin comprometerse.

Bill siguió contándole a Eric como ganarse $100 al día en su versión de "sonar el cambio." Luego volvió al tema de la cocaína, diciéndole a Eric que el pagaba a los correos $500 por viaje, evadiendo a la aduana y usando botes rápidos. Eric escuchaba y tomó nota mentalmente de eso. También se habló de negocios legítimos basados en lugares como Nassau, Barbados, Antigua, Argentina, Panamá, Miami, Georgetown Guyana y la isla de Vancouver.

Yo me había perdido de todo esto porque estaba calentándome en la pista de baile, pero tan pronto como las chicas se fueron, Eric dijo, "Pregúntale a él, estoy seguro de que estará de acuerdo con eso." Me señaló con la cabeza.

Yo pensaba, '¡En qué mierda anda!'

Blue habló.

"Bill quiere saber si ustedes dos pueden arreglar el transporte de unos cuantos kilos de nieve a Europa desde Miami."

'¡Jódeme!' pensé, pero pude mantener una cara serena, como la de un jugador de póker.

Las chicas se habían ido por unos 30 minutos, así que esta conversación tomó unos 10 minutos mas o menos.

"Sí, se puede hacer," dije, mientras pensaba en qué decir luego.

Unos minutos después añadí, "Obviamente depende de algunas cosas, pero sí, se puede."

Bill había estado callado desde que yo regresé a la mesa. Me sorprendió un poco cuando habló. Salió de su concha taciturna, arrastrando sus palabras mientras nos explicaba cómo se conectaba él y nos decía que hablaba con el escalón superior del cartel. Por supuesto, se refería a las bandas de drogas de Sur América, unas de las más notorias y violentas bandas de drogas que existían. Empecé a sentirme un poco nervioso en este momento, la excitación de mis regiones inferiores, la emoción provocada por mi recientemente encontrada compañera, se estaba acabando. Ella era ahora un asunto secundario.

Bill dejó de hablar tal y como empezó, sin advertencia, sin introducciones o finales. En un minuto habían palabras, y luego nada. Era inquietante. Hubo un silencio total en toda la mesa. Muy poca gente puede sobrellevar el silencio que dura más de unos pocos segundos, se siente incómodo. Mucha gente estúpida siente la urgente necesidad de llenar el vacío verbal, a menudo con tonterías. Esta no era la ocasión de convertirse en una persona estúpida.

Todo tipo de pensamiento comenzó a correr por mi cabeza. En la situación en que nos encontrábamos Eric y yo, pensaba:

´¿Qué tal si esto? ¿Qué tal si aquello?´

Nadie puede entrenar para esto, ni lo puede enseñar. No es posible ir a una clase de agente encubierto para aprender cómo actuar en estos casos. La calma tiene que estar adentro, o la tienes o no, es así de simple. Quizá el silencio duró un minuto, ¿o más?

Durante todo ese tiempo, Bill y yo nos mirábamos fijamente, no en forma confrontacional, solamente nos mirábamos. El contacto visual era entre nosotros dos. Sus fríos ojos grises no decían nada. Yo pensaba ´tiene los ojos de un asesino, puede ser un asesino. Es un gángster – parte de la mafia.´ En ese momento su boca se movió de nuevo.

"¿Ustedes son policías?"

La pregunta cascabeleó en mi cerebro.

Esto lo preguntan a menudo cuando estás trabajando como agente encubierto, si no como una pregunta, es una acusación. La primera vez es la peor. ¿Me han descubierto? ¿Soy solamente un inservible agente encubierto? ¿Acaso me veo, huelo y hablo como un policía?

¡Es un test!

Reaccioné con agresividad. "¿Qué puta mierda? ¡Si, por supuesto, lo soy, y tú eres el jodido Papa!

Bill se rió.

Me tomó por sorpresa, nunca pensé que el humor era parte de su repertorio.

Entonces volvió su mirada asesina. "Si ustedes lo son, entonces..."

Sin palabras – Levantó una mano cerca de mi cabeza. Pensé en darle una palmada, pero decidí no hacerlo y permanecí en calma, o dí la impresión de estarlo. El canadiense unió sus dedos índice y medio y los apuntó hacia mi frente. La forma de sus dedos imitaba un arma de fuego. La pretendida arma descansaba sobre mi cabeza. Pude sentir las rechonchas yemas de sus dedos contra mi piel.

Lo que siguió fue un asesinato simulado. Un doble "tap" proveniente de una pistola semiautomática disparada por un asesino profesional mundial. Una ejecución de cerca. Me enfrié cuando lo vi formar con su boca callada el silencioso sonido de salida. Dos veces, como si dos casquillos imaginarios hubiesen desparramado mis sesos por las heridas de salida en el lado posterior de mi cabeza. ¡Pop! ¡ Pop!

Hablaba en serio. Hasta el día de hoy sigo creyendo que él podía haber sido un asesino.

Por pura serendipia las chicas regresaron a la mesa antes de que yo pudiera tener alguna reacción a su amenaza. La conversación se volvió monótona, muy irreal. No recuerdo de qué se habló, lo que quiera que hubiera sido, era mundano y palidecía en significado cuando se comparaba con el evento reciente. Yo estaba preocupado, de verdad me sentí con ganas de golpearlo pero en lugar de eso decidí actuar tranquilo. Tuvimos otras cuantas copas cada uno y el estado de ánimo era alegre, lo fingí. Salimos del Club She cerca de las 2 de la mañana y tomamos un taxi hasta una guarida ilegal desértica. Allí seguimos tomando hasta las 6 a.m. Allí servían comida, así que los seis terminamos la noche comiendo. El estado de ánimo se mantuvo cordial tod o el tiempo.

Mi nueva compañera regresó al hotel conmigo y se quedó. ¡No dormimos sino hasta cerca de las 7.30 a.m., pues nos dedicamos a conocernos bien! Me desperté cerca de las 11 a.m. ese mismo día y encontré mi cama vacía. Se había ido. Me bañé y me miré en el espejo porque me dolía la espalda. Me había dejado una marca- literalmente. Tenía rasguños a ambos lados de mi espalda, desde los hombros hasta la cintura. ¡Dos cosas inolvidables en una sola noche! ¿Quizá tres? ¡Recordé que también había bailado descalzo! Los cuatro salimos de Feathers y Liverpool cerca de la 1.45 p.m. el jueves 2 de septiembre de 1976. Regresamos a Llanddewi Brefi.

El Arma

De Liverpool a Gales medio hay una carretera larga. Gales es un pueblo pequeño y tiene una larga rivera costera. Hay montañas entre la costa y los límites de Gales/Inglesa. Esas montañas no permiten el acceso fácil a ningún lugar en el centro de Gales. Los cuatro estábamos apeñuscados en la camioneta durante la ardua jornada. "Hombro a hombro" es poco.

Este viaje iba a durar varias horas, e íbamos en compañía de dos traficantes de drogas, uno de los cuales era también un gángster. Y aún así, mi mayor preocupación era mi resaca. A pesar de mis sentimientos de hastío tanto en el cuerpo como en la mente, me enfoqué y me concentré.

Esas horas en la camioneta y la ocasional parada breve le dió a Bill suficiente oportunidad para hablar o callarse. Hablaba, y su tono era más serio que en la noche anterior.

Con cara inexpresiva dijo, "Chicos, esta mierda es en serio. Necesito un nuevo mercado y este país lo tiene. Tienen a los Rolling Stones, los Beatles, Eric Clapton, Keith Richards – todos esos tipos son serios consumidores. Necesitan polvo de calidad y yo soy el Señor Calidad. Necesito buena gente como ustedes dos y Blue para establecer la conexión Británica."

Eric se concentró en conducir. Yo asentí con la cabeza como estando de acuerdo con el plan de Bill, pero no hablé. Blue rompió el silencio, "No hay problema."

Otro silencio.

Blue añadió, "El sur de Francia también."

"¡Discúlpame!" La cara de Bill se puso roja y pude ver que sus mejillas estaban hinchadas. "Bill, es la escena del jet-set allí. Millonarios, yates grandes – todo el panorama. Como un Miami francés. Tenemos que llevar nuestra cocaína allí también."

Bill puñeteó el desvaido revestimiento del techo.

"¡Jódeme! Casi me haces chocar," gritó Eric.

Bill levantó la voz, dirigiéndose a Blue, "¡De ninguna manera! No puedes tomar más de un lugar a la vez. ¡Si te atrapan, lo hacen solo en un lugar, no tres o cuatro! ¿Qué te he dicho antes? ¡No me estás escuchando!" Bill era el profesor y Blue el estudiante.

El estallido de Bill fue el final abrupto a la discusión sobre un nuevo mercado en el sur de Francia. Bill se calmó y empezó a hablar unos diez minutos más tarde. Esos diez minutos fueron incómodos. Bill acababa de reforzar mi teoría de que él era capaz de asesinar.

"Tengo la fuente, nadie lo olvide. Sin mi y sin Bolivia no hay coca. Puedo obtener 50 libras de peso inmediatamente. Hoy. Con una llamada telefónica," dijo Bill.

"Me puedo ganar $24.000 por una libra. Necesito saber si ustedes también lo pueden hacer," continuó diciendo mientras delineaba el plan.

"Una libra de peso presionada no es más grande que una billetera promedio. Es fácil de enviar de esa forma, menos oportunidad de ser detectada. Se esconde fácilmente. ¿Lo que necesito saber es si ustedes lo pueden hacer?"

Esta vez estaba fluyendo a tiempo completo, no pausó para esperar una respuesta.

"Estas son algunas de las reglas básicas. Sin trampas. Punto. Su parte es igual al precio por el que la vendan. Mi consejo es que no vendan menos de la mitad del peso, de esa forma ustedes no se acercarán a los punks callejeros. Empiezan en 24 por un envío de una libra de peso. Dos libras, 23. Cinco o más, 21, quizá 20, ¿de acuerdo?

"De acuerdo," dije, asintiendo con la cabeza de manera comprensiva como si esto sucediera todos los días.

"Si no tienes ese tipo de pan, busca a alguien que lo tiene, pero dile el precio por libra y el descuento por cantidad... esta es nieve pura cuando sale de mis manos, ustedes la pueden cortar, y cortar, y cortar. Cuando me compran a mi no es como si la estuvieran comprando en la calle. Oh, y el pago siempre viene en verdes (Dólares norteamericano s.)"

No podíamos callar a Bill, estaba muy emocionado.

Paramos para estirar nuestras cansadas piernas, orinar y respirar un golpe de aire fresco. La parada estaba cerca de una garita al lado de la carretera. Mi resaca todavía conmigo. Me tragué en pocos sorbos tres pintas de cerveza mezcladas con limonada. ¡Aah! Me sentí mejor.

Esto era lo mejor que podía pasar en trabajo encubierto. Ahora éramos Jackson y Walker, los distribuidores de drogas. Lo extraño es que yo no estaba muy contento, lo que era bueno. No es bueno mostrar tus sentimientos más íntimos cuando trabajas encubierto, además, yo no sentía que era un policía. Yo era Steve Jackson, un hombre salvaje e irresponsable preparado para infringir la ley si me convenía. La falta de emoción me llegaba naturalmente. Un reporte de un supervisor de la policía registró que si alguna vez me botaban del trabajo, ¡me iría horizontalmente! Eric también era fresco, actuó con total indiferencia a los eventos durante nuestra parada de descanso.

Bill, Blue, Eric y yo nos subimos a la camioneta. El plan era dejar a Blue y a Bill cerca de Lampeter para que recogieran un carro rentado. Blue conocía un granjero que rentaba carros. Antes de que saliéramos de nuevo, Bill le preguntó a Blue cuánto necesitaba para pagar la renta del coche. "Unas 20 libras, creo," respondió Blue.

Bill se agachó y del piso de la camioneta recogió su costosa maleta pequeña y la puso en sus piernas. Jugueteó con la cerradura de la combinación hasta que se abrió.

Quedé sorprendido al ver el contenido. Habian manojos de billetes de 20 libras, cada manojo medía cerca de una pulgada y estaban amarrados con bandas elásticas. Habían unos diez manojos idénticos, lo que debe haber sido un total de cerca de 10.000 libras. ¡Era mucho pan! Algo más captó mi atención, estaba en la parte inferior de la maleta bajo algunos documentos y camisas dobladas. Era el inconfundible color gris del protuberante cañón de una pistola. Me puse nervioso por dentro y pensé en lo que había sucedido la noche anterior con la pistola imaginaria.

Durante el resto de la jornada, Bill fue quien habló la mayor parte del tiempo. Eric y yo escuchamos y con cuidado tomamos notas mentalmente. Esas notas mentales terminaron siendo una narrativa en el resumen del Llanddewi Brefi. Nos explicó la base de su operación. Era un negocio con un hombre en Bolivia, pero él tenía la ayuda de dos compañeros. Bill siempre trataba con el mismo hombre en Bolivia y hablaba directamente con él. El boliviano no era el granjero que producía la coca, solamente la compraba y la cocinaba, de manera que el producto era ciento por ciento puro. Eso era lo que Bill estaba comprando. Usaba cinco correos para traer el producto a los Estados Unidos y Canadá. Una era una antígua auxiliar de vuelo. Los funcionarios de la aduana en Montreal la conocían muy bien y la dejaban pasar con una sonrisa y un superficial, "Hola Dawn." Bill usaba un banco en las islas Caimán para lavar el dinero producto de las drogas y calculaba que sus ganancias era de $64.000 al mes.

También decía que era un promotor o vendedor de narcóticos a adictos. Era un hombre con conexiones, alardeaba de que con dos llamadas telefónicas había rechazado un trato sobre heroína avaluada en $1'000.000 en los Estados Unidos, nunca vio o estuvo cerca del golpe. Bill confiaba en nosotros. Empezó a decirnos que buscáramos a alguien que nos financiara, pero nos dejó tranquilos.

"No hay prisa, estaré por estos lados por las próximas dos semanas," dijo lentamente. "Me pueden encontrar a través de Blue o en el número que les dí," añadió.

Durante el viaje, Bill nos había dado una dirección en Bristol y un número de teléfono. Nos lo dió para que lo pudiéramos contactar mientras estuviéramos en el Reino Unido. Bretaña, Bill volvió a hablar sobre el asunto de vender joyas robadas, pero esta vez extendió sus actividades ilegales al contrabando de diamantes y pornografía. Quería extender su teatro de operaciones contratándonos.

Eventualmente llegamos a la casa de blue en Silian. Fue una parada rápida para que Blue pudiera asegurarle a Robbie que él estaba bien. Blue y Bill recogieron el carro Ford Cortina amarillo que habían rentado al granjero de Abermeurig, cerca de Lampeter.

Respiré profundo cuando llegamos a la granja. Había sido un día muy largo. Estaba listo para decirle adiós a Bill antes de que salieran para Bristol. Esa placentera ciudad inglesa iba a ser una parada de una noche antes de que ellos fueran a buscar un bote rápido de motor en las costas marinas del sur. Bill quería quedarse en el Holiday Inn, supongo que para él sería un buen cambio después de haber estado en la sordidez del hotel Feathers en Liverpoool, y un viajero canadiense sabría qué esperar del Holiday Inn, fuera que estuviese ubicado en Bristol, Boston, Bangkok o B olivia.

Me estremecí un poco cuando Bill dijo que nos iban a seguir hasta Bristol. Les habíamos dicho que ese era nuestro destino después de Gales, lo que ahora parecía un error. Me preocupé.

Antes de que saliéramos en la camioneta y el carro rentado, Bill habló con Eric y conmigo. "Recuerden, ustedes saben cómo contactarme, bien sea por ese número de teléfono o a través de Blue."

Eric asintió, diciendo, "Puede que sean más de dos semanas."

"Cuando estén listos," fue la fría respuesta de Bill.

Bill caminó hacia mi lado de la camioneta. A medida que se aproximaba me repetía que debíamos encontrar el hombre tan rápido como fuera posible. Le aseguré que hablaríamos con la gente apropiada. El quería un rápido sí o nó.

Lideramos el camino. Después de todo era una ruta que yo conocía con los ojos cerrados. A medida que Eric conducía, nos hicimos señas con las manos y susurramos.

Los dos pensábamos lo mismo. Eric y yo nos pusimos de acuerdo para no hablar de nada en la camioneta. Pensábamos muy en serio que Bill habría podido dejar un micrófono en la camioneta. ¡Estabamos paranoicos! La M32 es un corto tramo de carretera que abandona la carretera M4 que va de Bristol a Londres. Conecta el centro de la ciudad de Bristol con la M4. Al final de la M32 yendo desde Bristol, la carretera cambia a una carretera principal regular. Paramos en una especie de bahía y ellos se aparcaron detrás de nosotros.

Eric les dio instrucciones para llegar al Holiday Inn, Bristol, y para alivio nuestro, se fueron hacia el centro de la ciudad. La ruta normal hacia la casa de Eric nos habría tomado unos diez minutos. Condujimos por los próximos cuarenta y cinco minutos por todo Bristol. Pusimos en práctica cuanta táctica de contravigilancia conocíamos. A todo lo que Graham Barnard nos había enseñado en los entrenamientos de vigilancia le hicimos un contramovimiento. Un movimiento resultó en algo de daño a la camioneta. Eric hizo un giro en U usando el freno de mano. La motosierra en la parte de atrás de la camioneta rebotó de un lado a otro, haciendo una abolladura en las desnudas paredes de metal. Finalmente, estuvimos convencidos de que no nos seguían.

Los dos respiramos con alivio y exclamamos, "¡Joder!"

Este encuentro merecía un viaje especial a Devizes para enterar a Dick Lee y hacerle un recuento completo de todo el episodio. Fue lo que hicimos al día siguiente. Nuestro reporte a Lee fue exacto, incluía también que nos habíamos enterado que Bill tenía un pasaporte canadiense, una esposa británica y dos hijos que vivían en la isla de Man. Se creía que su fortuna era de unos $3′000.000 a pesar de que tenía algunos problemas de impuestos en Canadá, pero Bill dijo que no estaba seguro de la cantidad exacta porque "¡no la había contado últimamente!"

Eric y yo relatamos los eventos de Liverpool con placer. Nunca había visto a Dick Lee permanecer quieto por tanto tiempo.

Permaneció con la boca abierta mientras le contábamos la historia.

Cuando terminamos, se desplomó en la silla de su oficina y exclamó, "¡Jódeme!"

Eric rió y dijo, "Es lo que nosotros dijimos."

No pude resistir y dije, "Guv, ¿es ese un "jódeme" oficial o solo un "jódeme" ordinario?

Lee dijo, "Sabelotodo. Es un me-han-dado-un-problema 'Jódeme', así que ¡váyanse a la mierda!" Su cara se avivó pensando en la magnitud de nuestra historia.

Eric y yo salimos de la oficina de Lee teniéndonos el estómago de la risa. Martyn Pritchard estaba en la oficina del equipo ese día. Era raro ver a todos tres[1] chicos encubiertos en la oficina al mismo tiempo.

Martyn nos vio desternillándonos de la risa cuando salíamos de la oficina de Lee. "¡Ey, hombre! ¿Por qué se ríen? Preguntó Martyn.

Eric y yo nos reímos aún más fuerte. No sabíamos si Marty era realmente una cabeza o si solamente hablaba como uno de ellos. Lo llevamos hacia un lado y le contamos la misma historia que le habíamos dicho a Lee. "¡Jódeme!" dijo Martyn, a lo mejor añadió "man."

IDIOTA!

YA SABÍAMOS QUE CARTREF estaba disponible para ser rentado. Era una pequeña cabaña de dos cuartos, adosada en piedra y cercana al centro de Llanddewi Brefi. Pam era la dueña. Era la ex de John Mayall, un reconocido artista Británico de blues. Aceptamos rentarla por 10 libras a la semana y nos mudamos el 7 de septiembre de 1976. Era otro gasto del que debía preocuparse Peter Long.

Pam era una mujer atractiva. Pronto se nos acabaron las excusas para ir a verla en su gran casa afuera del pueblo en el camino hacia Lampeter. Había otra razón válida por que cual habíamos dejado de pensar en excusas para admirar su belleza. La última vez que la vimos tenía un visitante. Era un oficial de policía galés, de la fuerza local. Era un tipo servil al que le tomé un disgusto instantáneo. No confiaba en él. La gente galesa parece tener una curiosidad insaciable, algunos más que otros. Esto, unido al hecho de que le pagaban para ser un curioso oficial de policía, me dió malas vibras sobre él.

Nunca volvimos a ver a Pam en su casa de nuevo. Siempre tuve dudas sobre policías galeses haciendo parte de la Operación Julie, no tanto por los miembros de la policía del sur de Gales basados en Cardiff, sino por la Policía local de Dyfed-Powys. La Dyfed-Powys era entonces un área de la policía responsable de los dos condados de Dyfed y Powys. Era más que todo un área rural grande con montañas en el centro y llanuras costeras. Estas áreas rurales son escasamente pobladas. La gente que vive allí conoce a todo el mundo y lo que hacen. Los oficiales de policía no son excepción a la regla general de que todos son chismosos. Encima de eso, también había masonería.

Muchos servicios policiales en Inglaterra y Gales estaban llenos de masonería. Estoy seguro que la fuerza policial Dyfed-Powys no era diferente. La masonería es secreta por naturaleza. Los seguidores de la masonería a menudo dicen que hay una escalera de promoción –un enlace directo entre los oficiales de policía masones y las promociones. Era toda una combinación con la que no me sentía bien. Dick Lee puede haber pensado lo mismo cuando persuadió al cuartel general y a la Asociación de Oficiales Jefes de Policía (ACPO) que establecieran la Operación Julie. Si lo hizo, entonces creo que hizo también un compromiso para que su proyecto funcionara. Ultimadamente, yo pensaba que los oficiales de Dyfed-Powys que participaron en la Operación Julie eran hombres honorables. Aún ahora, yo confiaría mi vida en sus manos. A lo mejor el mantra de Lee de escoger a mano los hombres y mujeres con quienes iba a trabajar era correcto. El escogía oficiales con integridad. Éramos cautelosos en exceso con el fin de proteger nuestra fachada. Eric y yo les pedimos a los miembros del equipo de Operación Julie que no usaran la estación de Policía de Lampeter bajo ninguna circunstancia porque esa era la base en donde trabajaba el oficial mascota de Pam.

El Nuevo Inn se convirtió en algo prominente en nuestra rutina, ahora que vivíamos en nuestra cabaña en Llanddewi Brefi. Era cercana y conveniente. Tan pronto como nos mudamos a la cabaña, nuestra fachada se vio amenazada. Las políticas internas a las que me referí anteriormente tuvieron una consecuencia. Parecía que teníamos un nuevo jefe.

Era el Detective Superintendente Dennis Greenslade, un detective de Avon y Somerset. Había sido reclutado de un escuadrón Regional del Crimen basado en Bristol. Greenslade había sido el comandante ejecutivo, con Dick Lee como el comandante operacional, pero el Super era solamente un jefe de nombre, parecía agradarle a pocas personas y pocos parecían respetarle, en parte por cómo era como hombre y en parte porque el equipo creía ciegamente en Dick Lee y eran leales a él.

Yo tenía la opinión de que Greenslade era un espía y una marioneta, a pesar de ser jefe, él también tenía jefes. Sus jefes eran ACPO y la Oficina matríz. No perdía el tiempo en hurgar en lo que estábamos haciendo en Llanddewi Breffi. En una de nuestras diarias llamadas telefónicas, Greenslade nos dijo que quería que instaláramos un radio VHF en la cabaña para que la usáramos como nuestro nuevo método de reportarnos. No existían los teléfonos móviles en 1976. Nuestra reacción fue de incredulidad.

Al dia siguiente se aclararon las cosas. Nos dijeron por teléfono que Greenslade había dicho que el asunto del radio VHF no era una opción. No era una solicitud sino una orden. Yo estaba furioso. Al día siguiente regamos un rumor para cubrir nuestra ausencia por uno o dos días. Al día siguiente condujimos por las puertas del cuartel general de Devizes en el carro propio de Eric. Dejamos la camioneta en Bristol, como lo hacíamos siempre.

Eric y yo estábamos en buen estado de ánimo. Esto sucedía poco después de haber hecho negocios con Bill en Liverpool. Creía que estábamos en posición de fuerza, y aún así no hubo negociaciones, no se discutió con Greenslade sobre la instalación de un set de radio VHF en Cartref, nuestro nuevo hogar. Este detective no cedía un á pice.

"¿Dónde esta Greenslade?" Todo el mundo que estaba en la habitación me escuchó.

Una voz con la que no estaba familiarizado graznó, "El Señor Greenslade, o Señor, para tí."

Fue una respuesta que me erizó mas de lo que estaba. Ví a la fuente de la voz en una oficina separada al lado de la oficina de Dick Lee. Ví a Lee. Me miró con esa sonrisa tan familiar y movió sus dos manos a la vez, primero sobre sus ojos, después sobre sus oídos y finalmente, sobre su boca. No necesitaba que me animara con esta señal de los tres micos sabios. Lee estaba indicándome que no era testigo de lo que iba a seguir. Greenslade se veía viejo, alto, pálido e insignificante. Un traje ancho y sin gusto cubría sus extremidades. No era del tipo que se vestía bien. Caminé hacia él, vestido con jeans sucios y viejos zapatos. Llevaba un gorro de lana sucio, mi pelo estaba largo y descuidado, mi barba estaba larga y mi cara bronceada. No me impresionó. Dios sabe qué pensó de mi y de mi apari encia.

No sentí ni carisma ni liderazgo en él. Habló de nuevo y confirmó lo que yo ya estaba pensando sobre él. Tenía una voz delgada y retumbante y un fuerte acento campesino occidental. Era una voz que no demandaba respeto o atención y que no llevaba un tono de autoridad.

"Tengo entendido que eres Bentley."

"DC Bentley, o Steve, para usted."

"No necesitas ser fresco."

"No lo soy."

"Bien, entonces. ¿Para qué me necesitas?"

"Ese estúpido plan suyo de meter un radio VHF en la cabaña."

"No es un plan. Deben tener un radio para mantenerse en contacto, de esta manera sabremos que están bien."

El sarcasmo dictó mi respuesta.

"Gracias por pensar en nuestro bienestar, pero hemos estado bien hasta que usted llegó."

Su cara se puso de color pardo rojizo, "Mira, ¡te dije que no te insubordinaras!"

"No sucederá."

"¿Qué no sucederá?"

"Radio, cabaña –cabaña, radio. ¡No va a suceder!"

Juro que flotó unas cuantas pulgadas en el aire. Sus brazos estaban torcidos y aletearon a sus costados como si estuviera en danza sincronizada. Parecía un gigante y demente gallo.

Se calmó.

"¿Te niegas a instalar un radio VHF en tu cabaña?"

"Finalmente entendiste el mensaje, ¿correcto?"

"¿Te das cuenta que esto podría resultar en un cargo disciplinario?"

"Sí, ¿y espero que se dé cuenta de que al meter un estúpido radio VHF allí se está enfrentando a un cargo potencial de poner en peligro a dos agentes encubiertos que están bajo su mando?"

"¿Qué quieres decir?"

"¿Qué? ¿realmente no lo sabes? Déjame explicártelo con plastilina—La banda ancha de VHF no es segura. Cualquiera puede escucharla. No tendríamos ni idea de quien podría estar escuchando nuestras conversaciones con la oficina."

"¿Usted que opina, DC Wright?" Greenslade se volvió a Eric, quien estaba de pié junto a la puerta de la oficina.

Eric hizo un movimiento giratorio con su dedo apuntando a su cabeza y dijo solo una palabra, "¡Idiota!"

Nos dimos vuelta y salimos de la oficina. Prometimos nunca volver a hablar con Greenslade de nuevo durante la operación.

Esa noche me quedé en casa de Eric antes de regresar a Gales al día siguiente. Después de la cena y de varios whiskies, empezamos a reírnos.

" 'Idiota'- ¿es todo en lo que pudiste pensar?"

¡Rugíamos!

Y aún así, Greenslade trataría de tener la última palabra y dejar estampada su autoridad. Cerca de una semana más tarde, en nuestro camino de regreso a Llanddewi Brefi, nos encontramos con Vince Castle, uno de los detectives sargentos del equipo Julie. Vince actuaba como pacificador. Siempre lo respeté, y por eso lo escuché. Nos entregó un equipo de radio VHF. Me dió la impresión de que Vince estaba en una posición nada envidiable, estaba llevando a cabo las órdenes de Greenslade, pero a la vez parecía empatizar con nuestra visión sobre este radio.

Estuvimos de acuerdo en llevarlo con nosotros, pero solamente para beneficio de Vince. No estaba interesado en aplacar a Greenslade. Tampoco digo que Eric lo estaba, no era del tipo de aplacar idiotas. Al llegar a la cabaña, Eric llevó el set de radio VHF, por supuesto que lo llevó cubierto, o al menos envuelto. Decidió esconderlo en el desván. Una pequeña trampilla arriba de las escaleras daba acceso al desván o ático. Se quedó allí unos días mientras deliberábamos sobre lo que haríamos con él.

Eric decidió experimentar. Se paró sobre una silla en la parte de arriba de las escaleras y removió la trampilla. Prendió el radio y esperó unos cuantos minutos. Adoptando un falso acento galés, tomó la pieza que parecía un teléfono y habló. Era pura algarabía y no significaba nada, la idea era que no significara nada.

Unas dos horas más tarde fuimos al Nuevo Inn a tomar una pinta. Habríamos estado allí unos treinta minutos cuando escuchamos una conversación en una esquina de la taberna. Eran lugareños ordinarios hablando entre sí. Les oímos decir -

"Tengan cuidado muchachos. Escuchamos una transmission extraña por la radio temprano esta noche."

Era inconfundible que estaban hablando tanto en Galés como en inglés. Se referían al mensaje confuso de Eric. Le habíamos advertido a Greenslade que los lugareños podían escuchar cualquier transmisión, y estábamos en lo cierto.

Eric y yo volvimos caminando hasta la cabaña. Eric se subió a la silla una vez mas. Pensé por un momento que iba a hacer otra transmisión, cuando vi el destornillador en su mano. ¡De repente, el radio se negó a seguir trabajando! Lo llevamos de vuelta Devizes en nuestra próxima visita.

"Lo sentimos Jefe, el radio está dañado," dijo Eric mientras lo ponía en una mesa frente a Greenslade.

Eric usó un término técnico para explicarme lo que había hecho – "¡Lo he jodido bien y apropiadamente, compañero!"

Más tarde descubrimos que había habido una visita real a Gales. Esto sucedió al mismo tiempo en que Eric intentó su transmisión. Los lugareños atribuyeron la extraña transmisión de Eric a ese evento. Fué un alivio para los dos. Ambos odiábamos ese radio y al solo pensamiento de que estuviera en la cabaña. ¡Es sorprendente que ninguno de nosotros pensara en metérselo a Greensdale en la parte anatómica que el sol no alcanza a tocar!

Esa no fue la única ocasión en que ese pensamiento –la idea de meterle un objeto inanimado en lo más hondo del cuerpo de Greenslade—nos asaltó.

Un hotel campesino en el este fue la escena para una cena de reunión. Se había programado para el personal del equipo después de sentenciar a los conspiradores. Eric tropezó con Greenslade en un corredor del hotel. Greenslade se paseaba en círculos con el ceño perplejo y sosteniendo una placa. Le habían pedido que se la entregara a uno de los miembros del equipo. Vió a Eric y le dijo, "¿Dónde crees que debo poner esto, Eric?"

"Señor, ¡usted realmente no quiere saber la respuesta a esa pregunta!"

Ese breve intercambio fue la única conversación que Eric o yo tuvimos con Greenslade desde el incidente del radio VHF, a excepción de una.

El tiempo pasaba tediosamente en nuestro papel como agentes encubiertos en una comunidad tan pequeña, así que entretuvimos la idea de tener compañía femenina. Nos parecía ser una buena idea por dos razones, una, que nos daba un aire de normalidad, y dos, que habían pocas ocasiones en que Eric o yo no estábamos disponibles. Por ejemplo, tanto Eric como yo tomamos un período de licencia en días de fiesta en varias ocasiones. Nos acercamos mucho, ¡pero no tanto como para disfrutar juntos nuestros días de fiesta!

En todo caso, ambos teníamos días de fiesta pre-reservados y pagados, y no queríamos perder nuestro dinero. Nuestras respectivas familias necesitaban también un descanso. Los dos discutimos la idea de traer una mujer que estuviera con nosotros por unos días en Lladdewi Brefi. Descartamos la idea de traer a una de las mujeres policía de Operación Julie. Para usar las palabras de Eric, "Se veían, olían y hablaban como mujeres policía." Lo siento, damas, no quiero ser irrespetuoso, pero era la verdad.

Eric le sugirió esto a Greenslade, pero él insistio en que Eric se llevara a una de nuestras oficiales femeninas del grupo. Eric se rehusó a hacerlo, repitiéndole que se veían, olían y hablaban como mujeres policía. Esto dejó perplejo a Greenslade. No podía entender la importancia de las sabias palabras de Eric, y lo que es peor, le prohibió a Eric que se llevara a Jan. Si había alguna mujer que hubiese podido hacerlo era Jan. Era inteligente, calmada y podía encajar fácilmente. ¡Incluso podía enrollar con la mano sus propios cigarillos! Tenía el bono añadido de ser atractiva -más de lo que se podía decir de muchas mujeres policía.

Eric estaba reacio pero decidió respaldar a Greenslade. Decidió emboscar a Ken Steele, el Alguacil en jefe de Eric (CC) de la policía de Avon y Somerset. Eric aparcó una mañana temprano en el parqueadero de la casa matriz. El Sr. Steele parecía estar conmocionado al principio por la idea, pero escuchó atentamente a lo que Eric tenía que decirle. Al final, vio la fuerza en el argumento de Eric y estuvo de acuerdo. Greenslade estaba furioso y no nos habló sino hasta el final de la cena en el hotel.

Eric y Jan pasaron unos días juntos en Llanddewi Brefi. Esto contribuyó de manera inconmensurable a fomentar nuestra fachada. Nos ayudó aún más cuando dejaron fotos por todas partes en la cabaña. Fotos que mostraban las regiones montañosas de Morocco. Hacía poco, Eric y Jan habían ido allí a pasar unos días de fiesta juntos. Fue el tema de conversaciones entre Smiles, Buzz y Blue. Son las pequeñas cosas las que pueden hacer una diferencia. Pueden hacer que el subterfugio funcione. También hicimos arreglos para enviarnos cartas a nosotros mismos a la cabaña. Cartas que también dejamos a la vista, en caso de que un visitante las leyera. Contenían referencias sutiles a drogas, precios y distribución de drogas.

Jan conoció a Smiles y a Buzz en Gales. Eric, Jan, Smiles y Buzz estaban bebiendo juntos en una taberna de Tregaron. La presencia de Jan le ayudó a Smiles a aceptar que nosotros éramos quienes decíamos que éramos. Pero Smiles, siendo Smiles, no podía dejar de presionar botones una vez más. Una vez más hizo referencia a Reagan y Carter. Eric y Jan ignoraron el comentario. Eric se puso al mando esta vez. Esperó a que Jan fuera al baño y le pidió a Smiles ir hasta la parte de atrás de la garita porque necesitaba hablar con él en privado. Hizo una farsa. Eric le dijo a Smiles que no volviera a mencionarlos jamás, particularmente si yo estaba presente. Para reforzar su punto, Eric levantó su puño.

Smiles dijo en tono suplicante, "No los dientes, por favor, ¡los dientes no!"

El problema con oficiales de policía como Greenslade es la falta de capacidad cerebral. Tienen una falta total de flexibilidad en actitudes y tácticas. Por cada buen líder, creo que deben haber varios idiotas. Teníamos un idiota como lider nominal. Un lider de nombre solamente, ¡y no estoy hablando de Dick Lee!

Steve y Eric - Distribuidores

Septiembre 8, 1976

Ahora estábamos metidos en la acción y con la adrenalina fluyendo –el incidente en Liverpool fue emocionante al extremo. Habíamos impresionado a Lee con nuestro trabajo allí, y también lo impresionamos con los pequeños detalles que recordábamos y que pusimos en papel en nuestro reporte, pero teníamos que hacerlo como una adivinanza.

Por un lado, se rehusaba a que el asunto de la cocaína nos distrajera de la investigación de LSD. Por otro, era una enorme oportunidad para sacar del juego a quien parecía ser un gran jugador en el negocio de la cocaína. Uno que tenía enlaces directos hasta Sur América. Lee nos dio instrucciones de que mantuviéramos a Blue en el cebo, que lo animáramos pero que no nos comprometiéramos a nada. Debíamos jugar por un tiempo. Bill me preocupaba, no Blue. Bill era un jugador serio con el que no se podía jugar. Recordaba el episodio del asesinato simulado, sin mencionar el arma en su maleta pequeña. Le pedí a Lee que nos proveyera de una Smith y Wesson .38, especial para detectives.

"Jódete," fue la simple respuesta a mi petición.

Jugamos el juego de la espera. Blue nos llamó a Cartref aproximadamente una semana después del regreso de Liverpool. La conversación fue más que todo sobre bill. Bill había regresado ayer de un viaje a Bristol con su amigo canadiense. Confirmó que también habían visitado la costa sur de Inglaterra y Porthcawl. Parecía que Bill había ubicado un bote e iba pagar 30.000 libras por él.

Blue se animó a progresar con la aventura de la cocaína. Nos contó sobre un trato con Bill en Canadá por $3 millones en heroína, que se dañó cuando atraparon a dos tipos en Vancouver, quienes estaban ahora pagando 12 años en la cárcel. Un grupo de profesionales en Vancouver, entre los que se encontraban abogados y doctores, fueron la fuente del dinero para el negocio. La impresión que nos dió fue que Bill era el intermediario y que nunca estuvo cerca del producto.

Esta visita repentina de Blue nos dió pie para rehusarnos a instalar el radio VHF en Cartref. Blue nos visitaba en la cabaña muchas veces, algunas veces su mujer, Robbie, lo acompañaba. Cartref era una cabaña pequeña y no había lugar para esconder un equipo de radio VHf, a no ser en el ático, y esto no era muy seguro. ¡En verdad Greenslade no tenía ni idea! La cabaña no nos proporcionaba mucha privacidad, comparada con la camioneta que usábamos como nuestra casa. Teníamos visitas sorpresas en la cabaña, visitas de Blue, algunas veces con Robbie. De vez en cuando Happy también nos chequeaba en Cartref.

13 de Septiembre.

Cinco días más tarde visitamos a Blue en su casa. Robbie desapareció después de hacer té para los tres, sabía que íbamos a hablar de negocios.

Una gran mesa de roble dominaba la sala de la casa. Tenía seis sillas de husillo. Retirando nuestras sillas, yo hablé primero -

"Vimos a nuestro hombre en Birmingham hace unos dias. Le pintamos el cuadro acerca de la nieve y está interesado, pero necesita tiempo para organizar el pan."

"Qué bien. ¿Seguro que habla en serio?"

"A morir. Quiere que le llevemos todo lo que podamos conseguir. Por eso es que necesita tiempo."

"Qué bueno. Prefiero tratar con una persona acá que con varios. Es menor el riesgo. Ya hablé con Bill y le dije que no necesitamos correr."

Blue nos dijo que prefería hacer tratos en cantidades de 5 libras, pero también 1 libra a la vez estaría bien. Aún estaba dispuesto a considerar media libra. Continuó hablando sobre la alta pureza de esta cocaína boliviana, y enfatizó que había un buen mercado para ella entre los ricos y famosos.

Como antes, habló de miembros de los Rolling Stones y otras bandas.

"Necesitamos mantener aislado a Bill, no necesitamos reunirnos con él de nuevo hasta que hagamos la fiesta para celebrar el primer envío. Yo soy el intermediario entre ustedes dos y Bill, no quiero conocer al hombre de ustedes, eso es asunto suyo."

Eric intervino, "¿Cómo obtendremos el producto?"

"Buena pregunta, Chico. Los correos de Bill los traerán acá, derecho. Ustedes no necesitan saber cómo lo consigo. Yo lo dejaré escondido en algún sitio donde nadie lo pueda encontrar, como por ejemplo un bosque remoto. Ustedes van y lo recogen."

"¿Y el pago?" pregunté.

"Okay, esto es lo que va a pasar. Nos pondremos de acuerdo para encontrarnos en un hotel, en Londres, Manchester, o en algún lugar. Yo separaré los cuartos en el hotel, ustedes solo necesitarán llegar."

"Correcto, pero ¿cómo te encontramos en el hotel?" pregunté.

"Les diré el número de la habitación que les he separado, solo necesitan registrarse e ir a su cuarto. Les dejaré un mensaje en ese cuarto diciéndoles que vengan a mi habitación. Yo vigilaré su cuarto para asegurarme de que no hay problemas."

"Es mejor que esté nivelado. Jódeme, estamos poniendo patos con cantidades de pan en nuestro cielo." (Cohete del cielo es argot para "bolsillo")

"Steve, Steve –¿confías en mí?"

"Por supuesto confío en tí. No estaría aquí si no confiara en tí."

Blue se puso radiante y dijo, "¡Maldita A!"

¡Todos tres nos estrechamos las manos y chocamos los jarros de té, haciendo un brindis por la riqueza!

La conversación volvió a Smiles. Blue lo promocionó como posible alternativa en el evento de que nuestro hombre en Birmingham se echara para atrás. Despreciamos la idea, diciendo que estaba demasiado paranoico. Blue estuvo de acuerdo pero añadió que sus contactos podrían ser de utilidad como último recurso. Antes de irnos, Blue se adelantó a nuestra conversacion de convertir los precios por peso en plata. Dijo que una libra de cocaína valía 12.000 libras. Cocaína de alta pureza, por supuesto, pero la iban a ir rebajando una y otra vez a medida que pasaba por la cadena de distribución.

A Bill le gustaba el corte de nuestra tela. Le caíamos bien y la verdad es que él también nos caía bien. Nosotros tres congeniábamos. Aunque sabía que estábamos haciendo un papel en la farsa, había empezado a creer en mi nueva personalidad. ¿En qué momento la actuación se convierte en vivir el nuevo papel? ¡Empecé a soñar con autos de lujo y cabañas al sol! También era gratificante saber que él confiaba en nosotros ciento por ciento.

Una buena parte de que yo creyera en la farsa era el apoyo firme que recibíamos de Dick Lee y otros en la oficina en Devizes. El apoyo del equipo de Devizes para esta visita a Blue aumentó nuestra credibilidad mil por ciento.

Cuando íbamos saliendo de la casa de Blue, Eric dijo de forma despreocupada, "Mira, no podemos parar. Ya estamos en el asunto. Ven y mira la parte de atrás de la camioneta."

Hizo lo que Eric le sugería. Los ojos de Blue se abrieron como platos cuando vió lo que había debajo de la cubierta del doble fondo de la caja grande de herramientas. Vió trece medidas de peso de black (Hachís libanés de alto grado) apilado en el falso compartimiento. ¡A su lado yacía una escopeta recortada!

¡Lo habíamos atrapado, con sedal y anzuelo!

Más tarde regresamos el hachis y la escopeta al almacén de drogas de Bristol.

La vida siguió después de estos días de la subida de adrenalina. Sentíamos que éramos a prueba de fuego, pero no de manera temeraria o precipitada. Nunca estuvimos demasiado confiados, porque cualquier cosa puede suced-er, especialmente cuando menos se lo espera.

Nuestras actividades usuales de inteligencia contin-uaron igual –escuchando y observando. Observábamos placas de autos y las reportábamos a diario al cuartel en

Devizes, ¡usando un kiosco telefónico aliado, no un radio VHF! Nos encontramos con Happy de nuevo y nos dijo confidencialmente que Smiles estaba consumiendo mucho ácido. ¡No teníamos urgencia en decirle que eso ya lo sabíamos!

Los días de septiembre se habían convertido ahora en octubre. Prendimos el calentador en la camioneta por primera vez, y funcionó. Los recuerdos de ese caluroso verano se desvanecían rápidamente. Era una pena, porque había disfrutado de la piscina de rocas y el silencio de las montañas. Ahora éramos parte del pueblo y del área adyacente. Un adicto que habíamos conocido en los primeros días que estuvimos allí, el tipo Scots, nos dijo que podía disponer de un peso por semana si le entregábamos los bienes. Fue arrestado como producto colateral de las redadas Julie, en un cargo relativamente menor de importar canabis al Reino Unido. Le dieron doce meses de prisión.

Octubre pasó y ahora estábamos en noviembre de 1976. Parecía que la investigación de la Operación Julie no iba a terminar, a pesar de que todos en el escuadrón sabíamos de la presión política para concluírla. Lee era un individuo terco y obstinado, consiguió más tiempo debido a su tenacidad y determinación.

Nos dieron más tiempo también. Siempre manteníamos enterado a Lee sobre los últimos eventos con Blue y Bill. Reportábamos cualquier novedad sobre la trama para importar grandes envíos de cocaína. Seguimos las instrucciones de Lee al pie de la letra. Era noviembre 3 de 1976 cuando tuvimos otra conversación con Lee sobre la cocaína. Eric y yo le dijimos que nuestro hombre no tenía el dinero. No era problema para Blue, se encogió de hombros y esperó contento a que volviéramos con noticias positivas.

Una entrada en nuestro Registro Llanddewi Brefi el 9 de noviembre de 1976 todavía me entretiene cuando la leo, casi cuarenta años más tarde –

"Cuando estaba en el Red Lion se me acercó un chico local llamado [nombre borrado] y me preguntó sobre distribución de drogas. Parecía tener la idea de que nosotros éramos distribuidores de drogas"

Me pregunto ¿Cómo se llevó esa impresión?

El tipo Scots, Eric y yo nos tomamos unas cuantas copas con un grupo de "cabezas" en el Red Lion, Tregaron. También estábamos jugando pool. Me había vuelto un buen jugador en la mesa de pool y ahora era el auto nombrado rey del pool en Gales. Otro "cabeza" llamado Thomas se unió a nosotros.

Jock, el Scot, le preguntó a Thomas si todavía tenía ese medio kilo de Nepalese. No lo tenía, pues dijo que se había librado de él, lo que significaba que lo había vendido todo.

Thomas nos ilustró muy bien sobre cómo había traído este contrabando al país. Explicó con algunos detalles cómo él y otros tres trajeron cincuenta y cinco libras de hachís. Viajaron por avión en vuelos separados. Describió así la ruta:

•Londres - Nepal

•Nepal – ferrocarril Trans Siberiano hasta Moscú

•Moscú – por avión hasta Berlin del este

•Berlin del este – por bus o tren a Leipzig

•Leipzig - por Lufthansa a Heathrow

Alguien se encontraba con ellos cerca del aeropuerto de Heathrow donde tenían lugar las transacciones finales. Nuestro locuaz nuevo amigo añadió que estaba tomando órdenes anticipadas para el siguiente viaje. Al día siguiente hicimos lo de rutina. A nuestro regreso encontramos una nota escrita por Blue bajo la puerta principal de la cabaña. Quería que habláramos de negocios. No teníamos prisa para hacerle seguimiento a este mensaje.

El Nuevo Inn era una vez más el sitio para otra reunión amistosa con Smiles. Era la hora de almuerzo del día siguiente al que recibimos la nota de Blue. Smiles nos dijo que había hablado con Blue. Él sabía de la propuesta de la cocaína y reveló que Blue le había dicho con algunos detalles lo que planeábamos hacer. Smiles estaba siendo cauteloso. La conversación pronto versó sobre otros asuntos mundanos. ¿Estaba convencido Smiles sobre quiénes éramos? Yo no estaba seguro todavía. Esa percepción mía estaba a punto de cambiar. Fue un cambio dramático en el curso de unas pocas semanas y meses.

Doug

Los martes son días de mercado en Tregaron. El martes 16 de noviembre de 1976 no era un día diferente, excepto que también era el día de la Feria Anual. Tregaron es el centro de la actividad local, sobre todo en días de mercado, especialmente para los lugareños, los drogadictos y galeses que se dedicaban a la agricultura o a la ganadería. Hay una subasta el día de mercado. Los granjeros podían vender u ofertar por animales, particularmente ganado vacuno, ovejas y caballos. Por ser un chico del campo, Eric me llevó allí un día y debo admitir que fue una experiencia f ascinante.

Me habló de una raza de ganado conocida como Charoláis. Yo solía pronunciarla mal diciendole a propósito "Chevrolet." Era mi forma de recordarle a Eric que yo era el chico de ciudad. El Día de la Feria era un evento anual que tenía lazos con una tradición novembrina antigua. Sus orígenes se remontaban a los días cuando los obreros convergían en el mercado desde las colinas circundantes. Negociaban con los propietarios de tierras y de fincas sobre los nuevos términos –su nuevo pago por su sudor en los campos y en los cobertizos de ganado.

Smiles, Buzz, Happy, Eric y yo estuvimos bebiendo todo el día ese día en Tregaron. Las tabernas estaban abiertas todo el día con ocasión de la feria. No cerraban durante el descanso normal de la tarde, como lo dictaban las leyes de licencia para vender licor que prevalecían en esa época.

Fue una maratón. Smiles estaba en buena forma y tan extrovertido como siempre. Era extrovertido, pero nunca jactancioso. Era un hombre que disfrutaba de la vida y no tenía miedo de expresarlo. Buzz y Happy eran más del tipo seguidores, se contentaban con disfrutar de la zona de popularidad que era la marca de Smiles. Este era un hombre que habría podido ser una estrella de televisión o de cine, tanto carisma tenía y tan bien parecido era. También era generoso, sin duda esta era una de las razones por las cuales Buzz y Happy se apegaban a él como las limaduras de metal son atraídas por un imán. Habían historias de que Smiles había prendido un cigarro usando un billete de 20 libras que sacó de su billetera. Nunca vimos este tipo de generosidad de su parte, pero no me sorprendería si esta historia fuera verdadera.

Otro hombre estaba bebiendo copiosamente con nosotros ese día. Nunca lo habíamos visto. Su hombre era Doug.

Un claro panorama encajaba ahora, un panorama de la red de distribución de Todd/Cuthbertson, Fielding,

Spenceley y Smiles. El panorama era el resultado de una combinación de trabajo regular de detectives, vigilancia, interceptaciones telefónicas y el trabajo encubierto llevado a cabo por Pritchard en Wiltshire y por nosotros en Gales. Todavía estaban presionando a Lee para que finalizara el show, pero Lee se mantuvo firme. Estaba en lo correcto, ya que en noviembre de 1976 no estábamos seguros de en dónde estaba el laboratorio de producción de ácido, o mejor dicho, si estaba operando completamente o ya lo habían cerrado en espera del próximo trabajo. En cualquier evento, la teoría de que habían dos laboratorios estaba ganando impulso.

La intervención del teléfono de la casa de Smiles reveló la existencia de Doug. Era claro que Smiles le estaba proveyendo de ácido en cantidades considerables. A su vez, Doug lo estaba proveyendo a vendedores callejeros en Londres. Nada más se sabía de Doug. Lee nos pidió que su identificación fuera una prioridad. Este fue el caso, puesto que la intervencion telefónica sobre Smiles había revelado a un hombre llamado Tony, quien más tarde fue identificado como Tony Dalton. Dalton había hecho arreglos para encontrarse con Doug en una taberna de Londres. Lee estaba muy frustrado al no tener suficiente tiempo para organizar un equipo de vigilancia para cubrir esta reunión.

Mi nivel de tolerancia al alcohol se iba incrementando semana tras semana, mes tras mes. Supongo que era normal cuando llegamos por primera vez al pueblo de Llanddewi Brefi en junio. Ahora yo podía beber vastas cantidades sin caer dormido por el estupor de la borrachera. Mi cerebro estaba siempre alerta, aún si mi cuerpo o mis piernas se tambaleaban. Para un policía encubierto, este era un gran atributo que demostró no tener precio en este día en particular.

Era un buen día. Seis tipos divirtiéndose en la taberna. Entre Smiles, Eric y yo debimos haber comprado cerca del noventa por ciento de las bebidas consumidas ese día. Doug parecia ser el primero en sentir los efectos del alcohol. Al comienzo no parecía borracho, solamente un poco tonto. Doug y Smiles se conocían bien. Era muy claro que este Doug era el que Lee necesitaba que identificáramos. Nos ayudó el hecho de que le caímos bien a Doug y que confiaba en nosotros. Escribió su número de teléfono en un pedazo de papel y se lo entregó a Eric. Era un buen comienzo, pero aún no sirvió para identificarlo.

Cuando digo "identificarlo" quiero decir, saber exactamente quién era. Necesitábamos su nombre completo, fecha de nacimiento, dirección y récord criminal (si lo tenía). Necesitábamos saber con quién hacía negocios. En mi cabeza, este era EL Doug. Debíamos buscar una forma de identificarlo sin quebrar o poner en peligro nuestra fachada –no era una tarea fácil.

Mensaje para el cerebro –sigue trabajando, sigue funcionando, necesitas hacer tu trabajo. Esta era mi forma de impedirle a mi cerebro caer en el abismo del abandono al razonamiento y funcionamiento producto del alcohol. No me importaba quién se suponía que yo era.

Esta concentración tomó la forma de una especie de reloj despertador, con su imaginario artilugio repiqueteante instalado dentro de mi cabeza y dos enormes campanillas metálicas puestas simétricamente encima. Funcionaba para mí, no solo esta noche sino también otras, cuando la fuente de la intoxicacion no solamente era el alcohol sino también el tetrahydrocannabinol (THC –el ingredient activo del cannabis) y la benzoilmetilegonina (cocaína)

Smiles, Buzz y Happy se alejaron de sus compañeros borrachos. Fue un buen movimiento, porque Doug estaba borracho. Le compramos otro par de cervezas y tragos para asegurarnos de que seguiría así. Tenía un siniestro plan en la manga de mi camisa. Arrastrando mis palabras le dije, “Doug, ¿en dónde te quedarás esta noche?”

Mi cerebro funcionaba bien, pero las palabras que salían de mi boca se parecían un poco a las del pato Donald.

“Smiles,” dijo Doug.

“Bien, te llevaremos,” volví a arrastrar mis palabras.

Los tres salimos de la taberna en Tregaron, tambaleándonos sobre los escalones de piedra que llevaban hacia la calle High. La camioneta estaba aparcada a unos 50 metros de distancia. Cuando pasábamos por algunos almacenes hacia la camioneta, me di cuenta de dos cosas. Doug se estaba tambaleando de un lado a otro. Después de unos cuantos pasos, se cayó de espaldas. Sus piernas se enredaron cuando trataba de caminar. ¡Se había ido! La otra cosa que noté fue que la calle estaba vacía. Era un buen momento para llevar a cabo mi plan. Era fácil para mí pretender que estaba casi tan borracho como Doug porque estaba casi tan borracho como Doug, y sin embargo, mis siguientes movimientos fueron puramente voluntarios. Controlé mis extemidades lo justo para superar mi borrachera. Doug estaba en la parte de adentro y yo estaba a su lado. Usando la parte de afuera de mi cadera derecha, la empujé rápidamente en su pierna izquierda. Era un truco que había aprendido cuando jugaba en numerosos juegos de fútbol. Es una forma sutil y efectiva de hacerle perder el equilibrio a un oponente.

El golpecito en la cadera lo hizo caer hacia atrás por la ventana del almacén. Se oyó un ruido todopoderoso de vidrio quebrándose, liberado de su cautiverio como una forma rígida. Doug estaba dentro del almacén, atrapado como una tortuga patas arriba. Me tomó unos minutos evaluar la escena. Descansé cuando vi que no tenía sangre, su pecho subía y bajaba con ese reflejo humano que indicaba que todavía había vida.

La tarea no estaba completa todavía. Ya iba a poner en marcha la segunda parte del malvado plan. Era tarde en la noche, la corriente de gente que se había congregado más temprano por el día del mercado se había agotado. No podía garantizar que la policía local iba a encontrar al borracho Doug y a la ventana quebrada de la tienda. Una de esas cabinas telefónicas rojas, o kioscos, estaba a unos metros más adelante –se les llama ′TKs′en la jerga policial. Marqué 999 y me contestó la operadora.

"¿Qué servicio necesita?"

"La policía."

El registro en el Llanddewi Brefi del Viernes 17 de noviembre de 1976 dice:

"Anoche arrestaron a Doug por quebrar una ventana y por conducta desordenada y embriagarse en lugar público."

¡Trabajo hecho!

Nos fuimos del lugar después de la llamada al 999 y condujimos hacia nuestra cabaña en Llanddewi Brefi. Son cerca de 6 kilómetros, pero solamente llegamos a la mitad del recorrido. Yo iba conduciendo y mi cerebro hizo un corto circuito –mi sistema de alarma en el cerebro se apagó. Necesitaba dormir. Me aparqué en lo que creí era una bahía. Eran cerca de las doce y treinta de la noche. El sonido de camiones y bocinas nos despertó cerca de las ocho de la mañana. La camioneta no estaba en una bahía sino aparcada en la delgada calle principal, con la parte de atrás saliendo hacia la línea del centro.

En retrospectiva, el incidente con Doug fue una acción temeraria. Pudo haber sido contraproducente y Doug pudo haber sido herido seriamente, o peor. Esos eran días de locura y este fue otro ejemplo de ello. Ahora él tenía una convicción criminal que no merecía, y yo me pregunto

–a la luz de las circunstancias y en vista de la naturaleza menor de esos cargos –¿el fin justificó los medios? Creo que sí. Cumplimos nuestra misión. Doug fue acusado como distribuidor y metido en el sistema , ahora era un conocido- conocido y no era mas un conocido-desconocido. De cualquier manera, su inmerecida convicción por daños criminales palidecía por su insignificancia cuando se comparó con su convicción posterior y su sentencia de prisión. Él era uno de los distribuidores de LSD en la conspiracion de la Operación Julie.

¿Qué tal si Eric y yo hubiéramos sido arrestados? Usted puede estarse haciendo esta pregunta porque pudo haber sucedido en varias ocasiones. Era posible que la DEA o el Escuadrón Regional del Crimen sabía sobre Blue y Bill. Si ese era el caso, a lo mejor grabaron conversaciones entre Blue, Bill, Eric y yo. Habrían tenido evidencia para justificar nuestro arresto e interrogatorio.

Esta es la respuesta –nunca debíamos revelar nuestra verdadera identidad a ningún oficial de policía. Habríamos tenido que pasar por los procedimientos normales de arresto y detención, dando detalles falsos y manteniendo nuestra fachada. Teníamos una carta bajo la manga para salir de la prisión. Había un oficial de policía que no pertenecía a Operación Julie que conocía nuestro papel de agentes encubiertos. Era un policía de alto rango, un Alguacil Sub Jefe y miembro de la ACPO, y era uno de los pocos que simpatizaban con Dick Lee y la Operación Jul ie.

Tanto Eric como yo nos habíamos aprendido de memoria su nombre y su número de teléfono privado. En el evento de que nos detuvieran, teníamos un procedimiento pre establecido a seguir. Le habríamos pedido al oficial que nos hubiese arrestado que contactara a su oficial superior. Ese oficial superior debía entrar en contacto con su propio Alguacil Jefe. El Alguacil Jefe debía llamar al número que le habríamos dado, y ese Alguacil Jefe habría ordenado que nos liberaran inmediatamente. Sin preguntas y sin respuestas.

Nunca confié en ese protocolo. Nunca tuvimos que usarlo.

La Cachimba

Teníamos bien memorizada la rutina diaria. Nuestras guaridas eran el New Inn en Llanddewi Brefi y las tabernas de Tregaron. Escuchábamos, observábamos y hablábamos, en ese orden de prioridades. Ahora éramos asiduos visitantes del Nuevo Inn, tanto como parte de los muebles, los lugareños, Smiles o los accesorios de una típica garita del campo. Teníamos muchas conversaciones amistosas con Smiles. Era común que pasáramos dos horas o más bebiendo en su compañía. Notamos algo sobre los hábitos de Smiles. Aún cuando Mary, su esposa, lo acompañaba a la taberna, era obvio que nunca dejaban la casa sola. Más tarde descubrimos que la razón de esto no tenía nada que ver con niñeras, sino con los secretos de Y Gl yn.

También nos estaba invitando frecuentemente a visitarlo en su casa. Adoraba su música y le interesaba tocar sus últimos gustos, que se convirtieron también en parte de mis gustos en música. Me presentó la música de Joan Armatrading y Steely Dan. Siempre le estaré agradecido por eso. También me introdujo a la meditación budista. Tenía toda una habitación que parecía un santuario dedicado a Shiva. Era de rigor sentarse con las piernas cruzadas meditando con él y cantar, "Om." Repetíamos este sonido y lo decíamos en una melodía suave. ¡Era evidencia irrefutable de que yo había adoptado una nueva personalidad! A menudo, la meditación iba precedida de la inhalación de marihuana. A diferencia de un antígüo presidente de los Estados Unidos, ¡yo inhalaba! ¡Y mucho!

Fue durante una de esas sesiones de meditación que casi hice lo impensable. Estaba tan calmado, relajado y en paz con el mundo, tan cómodo en mi nueva piel de Steve Jackson. Estaba en el espacio donde Steve Bentley, el policía encubierto, no existía. Me había llegado a gustar Smiles, disfrutaba de su compañía. Era divertido, inteligente y de buen corazón.

Claro que yo sabía que llegaría el momento en el que yo lo traicionaría, o por lo menos, traicionaría nuestra amistad. No se equivoquen, yo era ahora Jackson y estaba viviendo la mentira. Había leído historias de actores en las que decían que habían adoptado la identidad de uno de sus personajes. Lo entiendo. Estaba jugando un papel en una película de la vida real, una que nunca llegaría al celuloide. Era una película de una sola toma, sin espacio para cometer errores o equivocarse en los diálogos. Y sin embargo, era también como tener doble personalidad. En ocasiones mi alter ego se posaba en mi hombro para recordarme quién era yo. Estuve muy cerca de hacerle una advertencia a Smiles, quería hacerlo. Era una pelea para dominar la fuerte urgencia de contárselo todo.

Mi otro yo, mi yo real, me impedía decirle la verdad. No puedo enfatizar lo suficiente cuán intensas fueron esas emociones. Nadie, y quiero decir nadie, puede entender cómo se sentía a menos que hayan estado en mi misma situación. Te ronda la mente. Supongo que puede describirse como un síndrome de Estocolmo a la inversa. Hasta el día de hoy, a menudo me siento más cómodo con la parte de mi que era Steve Jackson.

Mac y Buzz eran tan amigables como Smiles. Les gustaba el juego de cartas, un juego que Mac, Smiles, Eric y yo jugábamos después de una sesión de bebida en el Nuevo Inn. Era una tarde. Todos nos fuimos a la casa de Smiles, Y Glyn, a jugar. Una vez más, Mac sacó su yerba de entre sus pantalones e hizo un largo y delgado porro. Me lo ofreció primero, como a un huésped de honor. Yo debía prenderlo y fumarlo primero.

Estoy seguro de que muchos de ustedes están familiarizados con las sutilezas de fumar canabis. Si no lo están, aquí sigue una breve guía.

Un porro es un cigarrillo de marihuana enrollado a mano. Puede tomar la forma de yerba, hash o algunas veces aceite THC pintado en los papeles de cigarrillo. Tiene un extremo que contiene la "roach," un filtro improvisado a menudo hecho con la esquina rasgada de un paquete de cigarrillos Rizla. El otro extremo contiene un papel colgante, al que se retuerce para evitar que los contenidos se caigan.

Tomé el porro de las manos de Mac y le dije gracias. Todo el mundo me miró mientras prendía el cigarrillo, anticipando con ansia su turno.

"¡Prendiste el extremo equivocado!" gritaron todos los presentes como si yo hubiera cometido un crímen grave.

O.K., yo estaba borracho, fué la excusa que di. Mac y Smiles aceptaron la excusa con humor, para mi descanso. En verdad fue la única vez que me puse ansioso sobre mi papel por culpa de una metedura de pata. Pensé, "¿Cómo pueden creer que soy quien digo ser si ni siquiera supe cuál era el extremo del porro que debía encender?"

Un poco antes dije que no habían cursos de entrenamiento para el trabajo encubierto en mis días de hacerlo. Todo lo que hice lo hice por intuición. Era una mezcla de improvisación e intuición, a la vez que aplicaba sentido común. Ese incidente con Mac cuando encendí el lado equivocado pudo haber sido un desastre. Todo salió bien debido a mi habilidad de reírme de mí mismo, de hacer que otros se rían conmigo y de relajarlos hasta el punto de que todo pareciera insignificante. También me ayudó el hecho de que me había convertido en un experto mentiroso. No repetí este estúpido error.

Debido a mis sesiones regulares bebiendo mucho, estaba ganando peso alrededor de mi cintura, especialmente durante los oscuros, fríos y a menudo húmedos días de invierno en el pueblo. Cada día era un día de beber. Cuando nos reuníamos con Mac, Smiles y Buzz -pasando un día- fumábamos yerba o hash. En realidad, nos habíamos convertido en los personajes que luchábamos por retratar. Nuestra actuación fue un éxito, pero ¿ultimadamente habría un precio a pagar?

Otra noche para jugar cartas tuvo lugar en la casa de Smiles. Una vez más Smiles y Mac estaban presentes. Todos fumamos yerba, acompañada por copiosas cantidades de borbón. Smiles sacó una cachimba y la llenó con hachís. Pronto llegó a mí la pipa con el hachís, era mi turno. Hice los honores a los que me observaban, ¿quizá pensaron que yo iba a insertar el extremo de la cazoleta en mi boca?

A unos segundos de haber inhalado mi segundo toque de humo lleno de THC, me sentí un poco mareado. La cabeza empezó a girarme y me sentí desorientado. Me sentí transtornado e inestable. Las voces de los cuerpos en la habitación se convirtieron en entidades separadas, despegadas de cualquier persona. Yo sabía que esas voces sin cuerpo emanaban de gente en la habitación, pero no podía entender por qué la voz y el hablante se habían dividido.

La voces se fueron haciendo más lentas como un viejo gramófono tocando a una velocidad equivocada en el tocadiscos. Las cartas de juego sobre la mesa parecían enormes y desproporcionadas al tamaño de la mesa. ¡La reina de diamantes me sonreía! Ella conocía mi secreto.

Este se estaba convirtiendo en el test de tests. Reconocí que estaba paranoico, estaa alucinando e hice un enorme esfuerzo para resolverlo y actuar de manera natural. Mi estómago se sentía enfermo e hice una visita al baño. Quedaba a unos pocos pasos, en el primer piso de la casa. Llegué allí a tiempo para vomitar, fue un tipo de náusea violenta.

El vómito salió de mi boca hacia el tazón del inodoro mientras me recostaba en la pared usando mis brazos extendidos. Una erupción fresca, pero poca, saltó hacia adelante y descansó sobre el tazón. Vi un caleidoscopio de colores cuando miré los contenidos del tazón. El centro del tazón, una gran cabeza de dragón se levantó hacia mi. Estaba vivo y se iba agrandando mientras se me acercaba a la cara. Yo no tenia miedo. Era misterioso y fascinante. La cabeza se movía hacia atrás y hacia adelante, encogiéndose y agrandándose mientras se me acercaba una vez mas a la cara. Pude ver sus escamas en gran detalle, los ojos rojos y el fuego saliendo de su boca. No tengo idea cuánto tiempo duró esto, parecían horas, pero cuando quité la traba de la puerta del baño para regresar a la mesa de juego, nadie mencionó mi ausencia. Todavía estaba alucinando, pero no en el mismo grado de antes. Ahora todo era placentero y pude volverme a relajar.

Los efectos alucinatorios de fumar la cachimba todavía estaban activos cuando Eric y yo nos fuimos. Regresamos a pie por el corto camino de vuelta a la cabaña desde Y Glyn. La carretera afuera tiene unos 12 metros de ancho.

Cabañas adosadas enmarcaban ambos lados de la carretera. Caminé de forma insegura, mi paso afectado tanto por el alcohol como por la cachimba. El resultado fue una de esas caminatas tambaleantes, características de los borrachos.

Aunque caminaba hacia los lados, pude caminar también hacia adelante. Desarrollé una extraña habilidad nueva, fui capaz de tocar las paredes de las dos hileras de casas a ambos lados de la carretera, no al mismo tiempo, pero con facilidad. Era como dar un paso y luego tocar, luego otro paso en la dirección opuesta y tocar. Era un juego que me gustó como a un niño emocionado. La carretera parecía haberse estrechado de forma dramática. Los adoquines estaban más cerca los unos de los otros.

Le grité a Eric, "¡Es grandioso, los puedo tocar sin moverme!"

"Jodido idiota," es lo que le escuché decir.

Nadie, ni siquiera Eric, me iba a arruinar esta experiencia. Miré hacia arriba, hacia un cielo claro de invierno. Había millones, si no trillones de estrellas centelleando y haciendo guiños. Juro que estaban lo suficientemente cerca para poderlas tocar.

Salté hacia ellas y mi euforia se evaporó ante mi incapacidad para alcanzarlas.

Navidad 1976

Hacia mediados y finales de diciembre, Blue se había calmado. Lo veíamos de vez en cuando, pero a duras penas hablábamos de Bill o de cocaína. Hubo aún veces en que vino a visitarnos y a conversar por un rato. En una de esas ocasiones dejó su billetera, lo que era descuidado de su parte. Siendo un detective por naturaleza, examinamos los contenidos. Había un telegrama de Bill con detalles en código sobre los precios de la cocaína, también había un pequeño libro de direcciones. Nos las arreglamos para encontrarnos con Vince Castle. Era un detective Sargento de Gloucester y miembro clave del escuadrón Julie. La reunión fue en un sitio aislado. Eric le tendió la billetera. Vince se fue solo a copiar los documentos para tenerlos como evidencia. Cuando volvió con los documentos originales, nos preguntó cómo estábamos. Vince era un gran tipo y un buen detective. Sentí que escondía algo y le pregunté por qué hacía esa pregunta, nos dijo que Lee estaba preocupado por nosotros.

Habíamos estado trabajando de tiempo completo como agentes encubiertos por seis meses y Lee estaba ansioso por nuestro bienestar, lo mismo que Vince. Nos encogimos de hombros y le aseguramos que estábamos bien. El libro de Dick Lee seguramente decía que estaba tan preocupado que nos invitó a visitarlos a él y a Vince Castle en Bronwydd, la cabaña rentada que era sede del equipo de vigilancia de Mekp/Bott. Era incorrecto, o como dicen en Liverpool – ¡un montón de cojones! Eric y yo nunca fuimos allí. En efecto, hasta el día de hoy no tenemos idea de su ubicación. Vince Castle nos devolvió el telegrama y el libro de direcciones y nosotros los volvimos a poner en el mismo lugar en que lo habíamos encontrado en la billetera de Blue. Al día siguiente devolvimos la billetera y sus contenidos al desprevenido Blue.

La interceptación telefónica todavia estaba intacta en Y Glyn. Una conversación entusiasmó a Lee. Parecía que Spenceley estaba planeando encontrarse con Smiles para entregarle una gran cantidad de LSD. La entrega tomaría lugar en una taberna llamada el Leon Negro en Lampeter. Lee nos pidió que fuéramos a esta taberna a observar la entrega, preguntándonos primero si nos sentíamos seguros en hacerlo. Nuestra opinión fue que esta era una taberna. Estaba cerca de Lampeter, por lo que pensábamos que Smiles no se habría puesto paranoico si nos veía en una taberna en Lampeter. Las tabernas eran nuestro habitat natural. El diseño de la taberna era tal que Smiles y Buzz no nos vieron, aunque nosotros sí podíamos verlos. Spenceley no se presentó.

Lee nos pidió que cubriéramos esta entrega por lo que habían escuchado en la interceptación telefónica. Es inusual que se hable abiertamente sobre interceptaciones telefónicas. Al comienzo de este libro hablé sobre el Acta de Secretos Oficiales. Tengo que obedecer esos términos porque fuí un oficial de policía. Su propósito es evitar la revelación de información sensible. Hay incidents de vigilancia que menciono en este libro que son sensibles. No habrán intentos de mi parte de proveerles ninguna información extra. No habrá nada que no esté en el dominio público. Necesito proteger mi posición legal, pero el motivo más grande es proteger la identidad de ciertos individuos. Ellos saben quiénes son. Su ayuda fue invaluable para el éxito de esta masiva investigación.

Uno de los temas que usualmente recae sobre el jefe de el Acta de Secretos Oficiales es la interceptación telefónica. Durante mi tiempo en la Operación Julie, le denominamos una instalación. Está en el dominio público, y lo estaba desde los dias tempranos que siguieron a la conclusión de la investigación. Era de conocimiento público el que el escuadrón de la Operación Julie utilizaba estas interceptaciones. Las llamadas telefónicas interceptadas, grabadas y transcritas eran herramientas invaluables. Smiles, o mejor dicho, el teléfono de su casa, fue objeto de una instalación por algún tiempo. Fue de gran ayuda para mí en una ocasión en particular.

Siendo un detective del escuadrón de drogas en Hampshire, hice algunas transacciones con un joven del área de Aldershot. Aldershot es conocida por ser la sede de la armada Británica. Tiene muchos regimientos y otras instalaciones militares que ocupan un área enorme, justo en las afueras del centro del pueblo en donde viven los civiles. La ubicación que le rodea está llena de profesionales de la carrera military, tanto oficiales de rango como los que no tienen rango. Una característica de la vida militar es su movilidad, lo que llevaba a que muchos niños de familias militares fueran llevados a internados. Ese estilo de vida producía muchos chicos y chicas rebeldes. Provenían de familias prominentes pero parecían estar determinados a patear a la sociedad. Muchos de ellos se volvieron drogadictos. Robert es uno de ellos. Este no es su nombre real.

Se sospechaba que Robert era un vendedor de drogas en el área de Aldershot y Farnborough en Hampshire. La información de inteligencia sobre él, y las palabras del informante, eran que estaba vendiendo drogas a chicos de 16 a 18 años en un colegio local. Se decía que el LSD y el cannabis eran sus principals ventas. Se obtuvo una órden de registro y fui con otro oficial del escuadrón a llevarla a cabo. No encontramos mucho. Robert me dejó una impresión que perdura hasta el día de hoy. Era una de las personas más dsagradables que conocí en mi vida. ¡Era un estropeado chico rico a quien le encantaba irritar a la gente en general, y más aún si ellos eran "cerdos!" Robert tenía unos 23 años y no trabajaba, pero conducía un nuevo VW Beetle. El número de ese Beetle estaba grabado en mi me moria.

Durante nuestros reportes diarios desde un alejado teléfono público, nos mantuvieron al día sobre todo lo que era de interés para nosotros. Esto incluía cualquier cosa sobre la interceptación del teléfono de Smiles. Collie dijo esto un día:

"Alguien llamó al teléfono de Robert y dijo que iba en camino [a la casa de Smiles] a recoger las cosas. Dijo que se iría de Aldershot mas tarde porque tenía que esperar a que el comerciante del volkswgen terminara de arreglar su carro. El Señor Lee pidió que busquen este carro y obtengan detalles."

Al escuchar esto pensé, '¡Joder! ¡Mierda! ¡Yo conocía a Robert. Y más aún, ¡Él me conocía! Un encuentro casual con Robert podría haberme descubierto. No solo eso, habría puesto en peligro toda la investigación de la Operación Julie. La interceptación había demostrado ser de mucho valor, pero no por la razón que yo había planeado al comienzo.

Nos permitió a Eric y a mi orquestrar un plan. Regresamos en auto hasta nuestra cabaña, pasando por Y Glyn en el camino. Había un VW Beetle azul aparcado afuera. Reconocí el auto aún sin haber visto la placa. Aún cuando no había nadie en el carro, me deslicé en el asiento del pasajero en la camioneta y traté de ser invisible. No iba a tomar el chance de que el molesto Robert saliera de la casa de Smiles justo cuando nosotros íbamos pasando.

Hubo un tiempo de retraso entre las dos llamadas – la que Robert le haría a Smiles y la de la llamada que nos diría el contenido de esa conversación. Para cuando los contenidos de esa interceptación telefónica llegó a nuestros oídos, Robert ya estaba en el lugar. Les diré, estuve tentado a delatar a este tipo molesto allí mismo, junto con su bolsa de ácido que le había dado Smiles. Era una tentación haberlo hecho detener en su regreso a Hampshire y que lo arrestaran con suficientes tabletas de ácido para asegurarse de que la corte lo considerara un vendedor de drogas, luego la corte lo habría puesto en prisión por dos o tres años. Prevaleció el sentido común y la noción de un bien más grande. Era vital permitirle a la cadena de distribución hacer su trabajo hasta el día en que finalmente diéramos el golpe.

Una de nuestras guaridas regulares para beber era el ferrocarril en Tregaron. Disfrutábamos de una velada entera bebiendo con Happy y Buzz un día a mediados de diciembre. Los cuatro nos fuimos a bailar en Tregaron Hall antes de llevar a Buzz a la casa de Smiles temprano en la mañana.

El baile había estado un poco aburrido para mi. Salí hacia la camioneta, llevando conmigo unas cuantas latas de cerveza. Habíamos aparcado la camioneta hacia la parte posterior del hall. Decidí abrir la parte de atrás de la camioneta y sentarme en el piso, con las piernas colgando, y tomarme mi cerveza. Una jovencita salió de la nada. Tenía el cabello rojizo hasta la cintura y parecía tener unos 15 años. Me mostré cauteloso cuando me habló en forma a mistosa.

"Hola," dijo en su mejor rítmico acento galés. 'Debe ser lugareña,'pensé. 'Bonita,' pensé. 'Demasiado jóven,' pensé. 'Carnada para la cárcel,' pensé.

"Soy Abril," dijo.

"Hola. Soy Steve."

Se sentó a mi lado, cerca y cómoda, puso su mano en mi muslo.

"Te ví en el hall, parecías aburrido."

"¡Sí! No me dí cuenta de que se notaba."

"Te seguí hasta acá. Estoy aburrida también."

"¿Cómo puedes aburrirte? Debes tener a todos los chicos siguiéndote."

"Ese es el problema. Son todos chicos. Los lugareños son chicos estúpidos."

"Hmm."

"Me gustan los hombres mayores, ellos saben lo que están haciendo."

La edad de consentimiento es dieciséis en Inglaterra y Gales. El sexo con una persona menor se clasifica como violación y abuso infantil. No me iba a dejar atrapar en esta tentación.

"Solo tienes quince años."

Las aletas de su naríz se agitaron y sacudió hacia atrás su cabello. Era una fiera.

Llena de justa indignación, dijo, "Tengo diecisiete. ¿Quieres ver mi licencia de conducción?"

Hurgó en su pequeña bolsa de mano y sacó una licencia de conducción.

Sosteniéndola, dijo, "Mira." No era su licencia. La foto era la de una mujer mayor.

Abril era alta y delgada. Su largo cabello rojizo olía a fresco y a limpio. Tenía una piel blanca y translúcida, típica de una pelirroja con pecas. Podía ver que tenía labios carnosos bajo su labial rosado. Tenía curvas en los sitios correctos, también tenía una sonrisa preciosa. Llevaba puesto un delgado vestido de algodón que revelaba mucho de su blanco muslo mientras estaba sentada a mi lado.

Ella era caranda para la cárcel. Decidí ser rudo y dije, "Ahora, ¡Vete a la mierda!"

Abril gruñó, "¡Vete a la mierda tú también, pedazo de verga! Salió enfadada con un movimiento exagerado de caderas para mostrarme de lo que me estaba perdiendo.

No soy un santo, dejaré de mirar a las mujeres bonitas cuando esté muerto. Pero encubierto o no, yo sabía en donde poner punto final.

Era una época muy ocupada porque se acercaba la navidad. Socializar, beber y fumar yerba eran parte integral de un patrón regular. Smiles nos recibió en su casa en algunas otras ocasiones. Algunas veces también iba Mac, a veces Buzz, y en pocas ocasiones, Mary, la esposa de Smiles. Si no estábamos en la casa de Smiles, o en la casa de Blue, estábamos en una taberna.

Desde hacía tiempo Smiles había dejado de lado el pequeño chiste que hacía en los primeros días, la rutina de 'Reagan y Carter.' Debe haber adorado ese show, el Sweeney (forma corta de Sweeny Todd – el argot con el que en Cockney se designaba al Escuadrón volador de la Policía Metropolitana de Londres.) Le encantaba hacer referencia a los personajes protagonizados por John Thaw y Denis Waterman. A menudo escuchábamos el sonido del saludo de Smiles cuando entraba en la taberna. Imitando un acento como de Manchester de John Thaw y diciendo un "Hola, Es Reagan y Carter," en nuestra dirección. Reflexionando, estoy convencido que hacía esta pequeña rutina por dos razones. Smiles era un empresario. Se distinguiría en una convención de extrovertidos. Sólamente lo diría si había una audiencia, para poder disfrutar del humor al decirlo. También era una señal en los primeros días de que a pesar de que le caíamos bien, era cauteloso.

Hacia diciembre de 1976 la cautela se había ido. Era el 16 de diciembre de 1976 cuando Smiles se me acercó. Yo estaba orinando en los urinales en la parte de atrás del Nuevo Inn. Me estaba sacudiendo cuando lo oí decir, "Que tengas una felíz navidad." Me voltée y vi su saco de invierno blanco y negro a cuadros, luego vi sus brillantes y blancos dientes antes de ver su mano extendida. Tenía algo en el puño cerrado. Autmáticamente, abrí mi mano. Puso el regalo en mi mano con un "Disfrútalo." Era un pequeño bloque de hachís que relucía de frescura. Si todo lo demás fallaba, acababa de darme evidencia de que suministraba una droga de clase B.

Otro factor para que resolviera dejar la rutina Sweeney fue la reacción de Eric un día. Smiles nos desafió una vez para saber si éramos policías. Eso había sido hacía tiempo cuando le dimos un aventón en la camioneta desde Lampeter a Llanddewi Brefi. Eric oyó la rutina "Reagan y Carter" demasiadas veces, y decidió seguir una táctica diferente. Eric no lo tocó, ni le puso una mano encima, como algunos dijeron después. Solamente le dijo unas cuantas verdades a Smiles en frente de todos los que estábamos en el Nuevo Inn.

"¡Si vuelves a contar ese estúpido chiste una vez más, te embuto el puño por la garganta, y de paso me llevo tus preciosos malditos dientes!"

Eric le había dado una advertencia similar a Smiles cuando Jan lo acompañó a Llanddewi Brefi.

En esta ocasión, Eric añadió –"No me hables sobre cerdos, maldito si los odio. ¡Todavía ando buscando a mi hermano porque fue fregado por la inmundicia!"

La proverbial aguja había caído y nadie la había oido. Hubo un silencio incómodo y yo estaba pensando, '¡Oh! ¡Mierda! ¡Puede que se haya sobreactuado!"

"Lo siento, Eric, no quise decir nada," dijo Smiles.

Nunca volvimos a escuchar las palabras Reagan, Carter o el Sweeney de nuevo.

Estuvimos en el Nuevo Inn hasta tarde el 23 de diciembre de 1976. Nuestra fachada nos dio una buena razón para regresar el 6 de enero de 1977.

Año Nuevo

El mes de enero de 1977 había comenzado como un mes lento en Landdewi Brefi. ¿Podría haber sido una resaca comunal hippie? Era bueno renovar a los conocidos en el Nuevo Inn una vez mas. Smiles estaba en su usual buena forma y atendiendo a su corte en el Nuevo Inn. Me regalaba historias sobre su navidad en casa, me contaba que había hospedado a un artista holandés amigo suyo. No sabía que sospechábamos que su amigo artista holandés era Tony Dalton, uno de los dos distribuidores de Smiles en Londres.

A Smiles le gustaba viajar a lugares exóticos, este era uno de sus tópicos favoritos de conversación. Parecía tener una fascinación con India. Me confesó algunas otras cosas, como por ejemplo que cuando estaba trabajando en Londres a menudo se hacía de nuevas herramientas –llevando un arma. También añadió que solía mantener una pistola en en el segundo piso en su casa, Y Glyn. Poco después del año nuevo, Smiles se ausentó del pueblo por un tiempo. Mary, su esposa, me dijo que pronto volvería.

Antes de regresar a Gales tuvimos un día completo en la oficina del escuadrón en Devizes. La tensión estaba alta. Era demasiado claro que la presión sobre Lee para que concluyera el caso era intensa. Por mi parte, me estaba enojando por esta presión, sentía que sería una pérdida de tiempo si lo cerraban demasiado pronto. No habíamos logrado nuestros objetivos de cerrar por completo el proceso entero de manufactura, sin mencionar el atrapar a los altos escalones de la red de distribución.

Yo había regresado a Gales como nuevo después del descanso de fin de año, pero estaba empezando a comprender que este trabajo estaba haciendo mella en mi bienestar. Los excesos en beber y en fumar marihuana me estaban haciendo daño, tanto en cuerpo como en la mente. Esto, combinado con el estrés del papel que estaba representando, me trajo efectos colaterales. Me había convertido en un hombre irritable e irascible. Más que todo, estaba interesado en mantener mi alter ego. Estaba demasiado cómodo en la piel de Steve Jackson, más que en la de Steve Be ntley.

El periodo de navidad también me ayudó a reflexionar sobre mi vida social privada desde que estaba trabajando encubierto. No existía ya. No podía socializar por miedo a que mis amigos, conocidos y familiares me hicieran demasiadas preguntas. Vi a mis padres y a mi hermana solamente una vez durante todo el tiempo en que trabajé encubierto. Mi madre parecía estar muy sorprendida al ver mi cabello largo y mi barba. Pienso que estaba más conmocionada al ver mis sucios jeans. – "No, Mamá. No quiero que los laves." Ella no podía entender la nueva persona en quien me había convertido.

Debí ser firme con mi hermana, quien es menor que yo con seis años. Mostraba demasiada curiosidad. No podía estar seguro de que no lo hablaría con sus amigos, por lo que le dije que mantuviera la boca cerrada a menos que quisiera verme muerto en una zanja un día. Mi hermana todavía me recuerda eso. Vi a mi hermano dos veces durante el tiempo en que trabajé encubierto. El es una de las personas por las que yo movería cielo y tierra si fuera necesario [es difícil para mí hablar de él en tiempo pasado. Murió de repente en 2002] Una vez lo vi en Devizes cuando cenamos curry juntos. La segunda vez fue unas semanas más tarde en Bournemouth cuando me encontré con uno de sus amigos y compañeros chefs. Antes de acceder a encontrarme con él y sus amigos les hice prometer que ellos también se mantendrían callados sobre mi nuevo papel. Uno de los amigos chefs de mi hermano, Ricky Abbotts, es todavía un amigo hoy en día. Continúa recordándome cómo lucía en ese entonces y cómo yo me rehusaba a responder preguntas sobre lo que estaba haciendo. Mis actividades jugando cricket y fútbol habían sido suspendidas, no quería que mis colegas y compañeros de equipo me hicieran preguntas. En las ocasiones en que estuve en casa, estuve adentro. Con razón me sentía mejor en la piel de Steve Jackson. Él era un pájaro libre, mi yo re al estaba enjaulado.

Habían suspendido la interceptación telefónica en Y Glyn porque la necesitaban en otra parte. Particularmente porque emergió la existencia de 23 Seymor Road, Hampton Wick, en el Londres grande. Henry Todd había comprado una casa suburbana grande usando el nombre falso de J.J. Ross. Se conjeturó que Seymour Road podía ser el nuevo laboratorio para manufacturar ácido, ¿O podrían haber existido dos a lado y lado en Gran Bretaña que estaban supliendo millones de tabletas de LSD?

Fue en enero de 1078 que Lee dijo, "¡No hay forma de que haya un laboratorio en Seymour Road!" Más tarde se le harían bromas sobre esa afirmación.

Era ahora el final maricón de enero y todavía nos uníamos a Smiles y Happy para tomar en el Nuevo Inn. Smiles estaba más conversador que nunca, hablaba sobre el hecho de que había estado detenido por la nieve el fin de semana, una clara referencia a la cocaína. También habló sobre tropezar en ácido en la navidad con su amigo holandés. Todos estábamos a favor de un cambio de escenario. Sentí que venía una inminente sesión de bebida, así que nos fuimos en la camioneta hacia Talbot en Tregaron. Smiles llamó a Mary para decirle a dónde iba, era un hombre considerado.

Después de unas cuantas rondas de bebidas, Smiles fue el primero en comenzar a hablar sobre un corpulento hombre negro. Era un médico en el hospital local Bronglais. Se llamaba Ossie. Era divertido y poseía una risa muy contagiosa. Aceptó la invitación de Smiles para volver a Y Glyn a seguir divirtiéndose. Smiles hizo a mano lo que era el porro obligatorio, lo hizo dos veces en camino a su casa. Lo que pasó después me tomó un poco por sorpresa, era la señal de que confiaba en nosotros ciento por ciento. Smiles sacó una pequeña estatua de color ébano de unos 22 centímetros de alto, destornilló la parte de arriba y sacó una bolsa de polvo blanco. Poniendo la bolsa sobre la mesa, puso otro artículo de color ébano sobre la mesa. Esta vez era un brillante y liso tablerito plano con varias lineas marcadas en el centro, desde un extremo a otro.

Smiles puso algo del polvo en el tablerito plano y, usando una cuchilla de afeitar, lo cortó. El polvo se veía fino en textura cuando salió de la bolsa, pero pronto se volvió aún más fino cuando lo cortó. Lo acomodó de forma tal que formó líneas rectas ocupando los surcos en el centro del tablerito. La billetera de Smiles parecía estar llena de billetes de 20 libras, sacó uno, lo enrolló y aspiró por la naríz una línea entera de cocaína. Despareció en su naríz en cerca de un segundo. Era mi turno.

Esta era una escalada en los desafíos a los que me enfrentaba en mi papel como agente encubierto. ´¿Qué hacer?´ ´¿Saco algún tipo de excusa?´ ´¿Corro el riesgo de que esa excusa sea considerada débil?´ La cocaína era -y aún es considerada- una droga clase A, y se la conoce por causar adicción. Todos estos pensamientos traquetearon en mi cabeza.

Tomé el rollo de 20 libras de Smiles y me doblé sobre el tablerito. Habían cuatro líneas más. Sin dudarlo, aspiré una línea entera por la naríz. Durante el transcurso de esta ceremonia de cocaína, Smiles continuaba repitiendo la misma mantra.

"¡Esta no es cualquier mierda callejera. Es colombiana al 90 por ciento de pureza!" Le gustaba impresionar.

Hasta el día de hoy no tengo idea si tenía el 90 por ciento de pureza. ¡Lo que sé es que me hizo sentir como si estuviera volando! ¡Habría podido caminar a través de una pared de ladrillos, entrado en conflicto con un fiero enemigo, peleado cuerpo a cuerpo con un oso pardo o haber peleado cinco rounds con Mohammad Ali! Me hizo sentir bien parecido, vital y apuesto. Me llenó de tanta confianza que quería embotellarla y venderla. Me sentí así de bien. Ese recuerdo del entusiasmo que me causó la cocaína permaneció en mi memoria por muchos, muchos años. La excitación duró un tiempo ese día.

Smiles decidió invitarnos a todos, incluyendo a Mary, a comer en un restaurante en Lampeter. Un problema, eso significaba que no había quién cuidara la casa. Eric se ofreció a hacerlo y Smiles y Mary lo aceptaron con sincera gratidud. Smiles, Mary, Buzz, Ossie y yo nos fuimos en taxi al restaurante. En el camino pensé, ´Bonito, Eric, muy bonito´ y esperé que haría lo que yo habría hecho si los papeles fueran opuestos. Lo hizo, y no podía contenerse para contármelo todo la mañana siguiente.

La velada en el restaurante en Lampeter fue muy divertida desde el principio hasta el final, sin duda con la ayuda de la cocaina. Todos nosotros, excepto Eric, ingerimos una segunda linea mientras esperábamos el taxi en Y Glyn. Debimos haber sido un grupo estridente, aún grosero. A ninguno nos importó. Smiles estaba de un ánimo particularmente generoso y pagó todas las cuentas de la velada.

Consumimos varias botellas de champaña y un lote de los tragos de borbón obligatorio. Mi confianza, aumentada por la cocaína, me permitió hablar con tranquilidad con todas las mujeres en el restaurante. Hablar y coquetear. Me sentí inteligente, aún en mis pensamientos, ¡comparándome a mi mismo con Oscar Wilde o Winston Churchill! Esos pensamientos fueron instigados por las ingeniosidades de Smiles, le gustaba decir, "Lo harás, Oscar, lo harás," haciendo referencia a la historia de Whistler/Wilde.

Esa tarde también usó la frase, "Te desafiaría a una batalla de inteligencias, pero veo que estás desarmado." Smiles atribuyó erróneamente esa frase a Churchill. Mis coqueteos también se hicieron extensivos a Mary. Smiles no objetó. Ella estaba totalmente dedicada a Smiles, yo lo sabía cuando estaba coquetéandole, pero seguí adelante. Su hermosa y sonriente cara y sus ojos azules me atrajeron desde la primera vez que la vi. Tenía un cabello rubio natural precioso y una naturaleza gentil. De cualquier manera, sentí que le gustaba que yo le coqueteara.

Todavía en onda, agarramos un taxi para regresar a Y Glyn. Unos veinte minutos más tarde entrábamos en la casa de Smiles y encontramos a Eric mirando television y extendido en el sofá. Se veía tan casual que ni siquiera habló cuando entramos en la habitación. Levantó la mano para reconocer que había alguna actividad nueva en la casa. ¡El señor fresco! Nos fuimos y yo dormí como un tronco cuando estuvimos de regreso en la cabaña.

Cuarenta años después (¿a qué hora pasó tanto tiempo?) me doy cuenta, a medida que miro en retrospectiva el diario de Llanddewi Brefi que fuimos volviéndonos más explícitos al reportar nuestro uso de drogas. Inicialmente dimos como una pista, pero luego dimos una cuenta específica sobre los eventos de la cachimba y la aspirada de cocaína. ¿Por qué?

Primero, ya no nos importaba. Este es un ejemplo de que en un principio teníamos cuidado con lo que reportábamos al registro diario. Okay, no se habla de drogas. Fue un registro sobre Doug y la ventana quebrada en Tregaron. No había mención de que fui yo quien lo había empujado por la ventana de la tienda. Segundo, estábamos sufriendo de fatiga de combate. Fue nuestra señal poco sutil para que nos sacaran de allí. Tercero, era claro que ya se veía llegar el final. La actividad y la emoción montada en relación a la calle Seymour. ¡A nadie parecía importarle que nosotros estuviéramos atorados en el centro de Gales!

A la mañana siguiente de la noche en el restaurante en Lampeter, Eric me contó su historia. Me contó la búsqueda encubierta. Sonreía todo el tiempo mientras me la contaba.

Eric dejó la mejor parte para el final. Entró en gran detalle sobre cómo había llevado a cabo la búsqueda de la casa de Smiles. Aprovechó para hacerlo mientras nosotros nos divertíamos con la cocaína en el restaurante en Lampeter. Se dio cuenta de que no habían tornillos en la puerta de atrás, solamente una cerradura de mortaja. Pensaba anticipadamente cuándo tirarían esa puerta, lo mismo que otras numerosas puertas en toda Gran Bretaña el día del juicio final. Eric describió que tuvo cuidado de no dejar traza de sus actividades. Me contó con algunos detalles, pero yo sabía que estaba guardando algo. Habló de detalles como buscar compartimientos escondidos. Dijo que se notaba que habian removido una chimenea en una habitación. Pensó que probablemente había un sitio para esconder la cachimba en la cocina, justo encima, donde la pipa de la estufa entraba en el cielo raso. Su historia se centró en la cocina, y no se pudo contener más.

"¿Adivina qué más encontré?"

"¿El laboratorio de ácido que está buscando Lee?"

"¡Oh! ¡Jódete! ¿Quieres saber o no?"

"De cualquier manera, me lo vas a decir, así que dime."

"Una bolsa plástica llena de dinero en efectivo. Eso no es todo. Había también un paquete de cereal con, estimo, por lo menos mil tabletas de ácido."

Eric encontró esto en cajas de cereal debajo del mesón de la cocina. Después supimos que esconder las tabletas de ácido en paquetes de cereal era una táctica común usada por los distribuidores de Julie. Más tarde ese mismo día, Happy vino a nuestra cabaña. Tenía un mensaje que nos había enviado Smiles. Nos había convocado para ir al New Inn para tomar de nuevo. Hicimos los honores. Los asistentes a la taberna incluían a Ossie, quien había pasado la noche en casa de Smiles, Buzz, Happy, Smiles, y por supuesto, Eric y yo. Buzz estaba empezando a ser cortés, como también lo era Smiles.

Durante esta sesión Buzz habló con Smiles, preguntándole si Mon estaba trabajando. El nombre nos era familiar y ellos estaban hablando en código, pero nosotros sabíamos quien era Mon. Era Monica Kenyon, quien fue arrestada más tarde y sentenciada por ser parte de la conspiración de Operación Julie. Ella era la compañera de Tony Dalton, una de las conexiones en Londres de Smiles. Después de esta sesión Smiles fue de compras a Lampeter buscando un regalo de bodas para Happy. Fue un regalo generoso, costoso, muy típico de Smiles.

Dejando Llanddewi Brefi

En febrero de 1977 Steve Jackson y Eric Walker abandonaron Llanddewi Brefi. Nunca regresaron. Tampoco Steve Bentley o Eric Wright.

Lee estaba ansioso, no solamente sobre la ubicación de las tabletas de ácido o los laboratorios, sino también por las presiones políticas. También estaba ansioso por nosotros. Debe haber sabido sobre nuestros registros explícitos en el registro diario, particularmente sobre el uso de drogas por parte de sus hombres. Habíamos cumplido nuestro propósito. El complot para importar cocaína por parte de Blue y Bill estaba ahora en manos de la DEA, quien se hizo cargo en Norteamérica. La interceptación telefónica en Y Glyn se había terminado y era hora de que Lee nos sacara de allí. Nos dijo que preparáramos otra historia para explicar nuestra prolongada ausencia en el pueblo, y sin embargo, antes de irnos Eric y yo tuvimos un susto.

Habíamos recorrido algunos kilómetros en la camioneta, nuestra confinable amiga. Nunca hubo colisiones o accidentes de tránsito en la vía, hasta ahora. Yo conducía la camioneta por una vía estrecha en el campo, justo en las afueras de Tregaron. Bajé la velocidad cuando vi a otro carro que venía en mi dirección. El otro conductor trató de pasarme a velocidad y me cerró el paso, golpeando la parte de enfrente de nuestra camioneta. Me detuve y también lo hizo el conductor del otro carro. Antes de salir le hice un guiño a Eric porque sentí que el otro conductor estaba ac tuando.

Eric me dijo que asusté mucho al otro conductor, quien admitió que era su falta. Ahora teníamos el dilema de intercambiar información, como lo requería la ley. Digo dilema, aun cuando teníamos licencias de conducción falsas y la camioneta tenía una placa falsa. Era un dilema porque era una molestia innecesaria. Un POLAC (Reporte policial de accidente) era un documento muy largo, eso en sí era malo, pero no estaba designado para circunstancias como esta. En todo caso, no podíamos decirle que éramos policias. Eric pensó rápido. El tenía un hocicón (informante, o CI) en Bristol en quien confiaba. Le dió la direccion del hocicón, con el fín de que la compañía aseguradora tuviera una dirección de contacto.

Esto causó pánico en la oficina en Devizes. La oficina del escuadrón hizo arreglos para que interceptaran el correo en el apartamento del informante, asegurando que recogerían las cartas de la compañía de seguros. En lugar de complicar el asunto, el otro conductor recibió una agradable sorpresa, un cheque por correo. Creo que fue la primera vez que algo como esto sucedia, el conductor recibió un pago inesperado y que no merecía por parte de la compañía aseguradora, ¡después de que había admitido su culpa! Era menos complicado que la aseguradora de la policía le pagara.

Antes de decir adiós, hubo otro incidente notable que tomó lugar en Llanddewi Breffi, o para ser más exacto, Tregaron.

Nuestra relación con Smiles era ahora perfecta, desde nuestro punto de vista. Era un día como cualquier otro en el Nuevo Inn. Empezamos bebiendo amistosamente y haciendo bromas amigables. Esto fue antes de que alguien sugiriera que cambiáramos de lugar, lo que usualmente significaba que íbamos a beber mucho. No fue diferente este día. Eric, Smiles y yo llegamos a las gradas del Ferrocarril en Tregaron. Nos encontramos con Happy y Buzz. Smiles era ahora franco y abierto en sus conversaciones. Una vez más dijo que le había suministrado drogas a Joan Armatrading en sus días en Birmingham. Añadió que esto sucedió cuando ella vivía en Balsall Heath. Hablamos en detalle sobre los viajes con ácido, y dijo que las montañas locales eran su lugar favorito para tomarse una tableta de ácido.

El episodio de Blue que nos incluía a nosotros y a la cocaína debe haberle estado dando vueltas en la cabeza a Smiles. De forma directa, nos preguntó si le dejaríamos saber si teníamos acceso a cualquier cantidad de cocaína, diciéndonos que nos la compraría. Smiles añadió que estaba esperando a un tipo llamado Tony, quien le iba a traer una libra de cocaína pero que no confiaba en que eso sucediera.

Esta era una clara señal de que Smiles ahora confiaba en nosotros. Creía que estábamos bien conectados, lo suficiente para que pudiera comprarnos cocaína. Creímos que cuando hablaba de Tony se refería a Tony Dalton. Lo que no sabíamos en ese momento, porque era información que solamente Dick Lee tenía, y una de sus fallas era su tendencia a mantener ciertas cosas ocultas a los demás.

Más adelante me di cuenta del significado de esta petición hecha por Smiles. La aduana del Reino Unido le había confiado a Dick Lee que estaban próximos a hacer una redada en la casa de Smiles, en conexión con el complot para importar grandes cantidades de cocaina. Un equipo de vigilancia de la aduana había visto a Smiles y a Tony Dalton cuando visitaban a un norteamericano, Frank Manacheo. Era una dirección en Elgin Crescent, Londres.

La visita tuvo lugar justo antes de la navidad de 1976, un poco antes de esta conversación. El norteamericano era un fugitivo con orden de captura en los Estados Unidos.

Lo habían acusado de llevar un masivo cargamento de cocaína que la DEA había confiscado en Nueva York. La aduana del Reino Unido creía que Smiles y Dalton estaban planeando hacer negocios con Manacheo. Iban a intercambiar una enorme cantidad de LSD por cocaína de Manacheo. Lee nunca nos alertó a Eric o a mi de eso. Fue una burda omisión de su parte y puedo haber tenido consecuencias desastrosas para nosotros dos. En mi opinión, los norteamericanos, grandes cargamentos de cocaína y violencia con armas son compañeros constantes. Además, ¿qué habría pasado en caso de haber una conexión entre Manacheo, Bill y Blue? ¡Yo admiraba a Dick Lee por su enfoque de tomar altos riesgos, pero no cuando esto ponía en peligro mi bienestar!

La tomada de licor empezó una tarde en el Nuevo Inn. Continuó en las gradas del Railway todo el día. El patron incluía tomar tres o cuatro pintas de cerveza seguidas por rondas de borbón, escocés, o whisky irlandés, luego vodka. Volvíamos a tomar otras cuantas rondas de cerveza y se repetía el patron. ¡Estábamos muy ebrios!

Se había acabado la hora oficial de cerrar la taberna, era muy tarde en la noche. Además de nuestro embriagado grupo, habían unos cuantos bebedores allí. Habían algunos en la barra y el dueño y dos empleados. Los empleados estaban limpiando las mesas y llevándose los vasos vacíos que estaban en las mesas. Teníamos varias bebidas que no habíamos consumido sobre la mesa. Nadie vino a recogerlas, pues sabían que teníamos toda la intención de consumirlas antes de abandonar la taberna.

PC Lake era un oficial de policía local, y habíamos escuchado decir que era demasiado amistoso con Smiles. Lake no tenía idea de quienes éramos Eric y yo.

La inconfundible figura uniformada de PC Lake surgió en la puerta de enfrente de la taberna. No fue tanto lo que dijo, sino cómo lo dijo. Me hizo poner los pelos de punta.

"Ustedes, grupo, ¡afuera!" retumbó la orden de PC Lake.

"¡Vete a la mierda!" mi voz también retumbó.

"Estén seguros de haberse ido cuando yo vuelva," dijo antes de voltear los tacones de sus botas y perderse en la húmeda, oscura noche.

Un silencio siguió a la ruda interrupción de Lake y a mi respuesta. Vendavales de risas rompieron el silencio. Smiles, Happy y Buzz lo adoraron.

Unos veinte minutos más tarde, todavía teníamos algunas bebidas sobre la mesa. El aire volvió a ser penetrado con la misma orden policiaca retumbante.

"Les dije que debían irse," Lake había sacado su cachiporra y la golpeó contra la cubierta del mesón de la barra, dos veces en sucesión. ¡Thump! ¡Thump! Se quedó allí golpeando uno de los cabos de la cachiporra contra la palma de su mano vacía.

"¡Y yo te dije que te fueras a la mierda!" le respondí. Lake me estaba provocando con su comportamiento innecesario.

Por un momento, Lake quedó con la boca abierta. Supongo que nadie le hablado nunca de esa manera durante todo el tiempo de su servicio como policía.

Sentí que él vacilaba.

Estaba tan ebrio y en mi papel, que no consideré echarme para atrás. Por el contrario, quería que las cosas subieran de tono, lo intenté lo más que pude.

"Acércate a mi o a mi bebida y te meto ese maldito palo por tu mierdero de culo."

Lake chisporreteó, "¿Qué dijiste?"

"Lárgate de mi vista ahora o como una mierda que te mato, ¡coño!"

Para mi sorpresa, Lake se fue. En pocos minutos me di cuenta de por qué había salido después de mi amenaza. Yo lo había dicho en serio. Estaba tan inmerso en el momento de vivir mi mentira, y además sabía que tenía una carta para salir de la cárcel. Estaba dispuesto a arriesgarme a ser arrestado por asalto a Lake. Podría haber usado la táctica de contactar al oficial mayor sin destruír nuestra fachada. Dudo que esa carta me habría exonerado de todas las consecuencias si yo lo hubiera herido de consideración.

Smiles y Eric me tomaron por los brazos.

"Mira, nos hemos divertido pero tenemos que irnos," aconsejó Smiles.

A pesar de estar tan borracho, reconocí la sabiduría de esas palabras. También me dio la oportunidad de retirarme con honor sin perder fachada.

Cuando salíamos de la taberna, Lake estaba parado a unos 17 metros. Una vez mas, estaba golpeando su cachiporra en la palma de su mano. Me dió la impresión de que no había terminado todavía.

PC Lake empezó a caminar hacia nosotros. Happy fue el primero en salir corriendo. Como leminos acercandose al acantilado, le seguimos.

Afortunadamente Lake ya no era atlético, probablemente desde su juventud. Siguiendo a happy, llegamos hasta el santuario de su casa. Nos quedamos inmóviles por algún tiempo en la oscuridad de la casa. Satisfechos de que Lake no nos había seguido, nos desternillamos de la risa.

Smiles me volteó a ver con una sonrisa: "¡Asesino de polis!"

Ese se convirtió en mi nombre en Llanddewi Brefi. Ahora nos habíamos asimilado por completo en el ambiente, aún si no lo habíamos hecho antes.

Tan pronto como la noche se fué, llegó la hora de irnos. Lee y Londres nos llamaban, en particular Hendon y la calle Seymour, número 23.

Dile adiós a Steve Jackson.

Ojalá hubiera sido tan fácil.

De Ninguna Manera hay un Laboratorio en la calle Seymour

Dick Lee sabía que yo estaba metido hasta el cuello. Inicialmente no sentí ninguna punzada de remordimiento de irme de Gales y dejar a mi alter ego, Steve Jackson, detrás. Me sentía aliviado porque sabía que me iba a meter en problemas de cualquier tipo. No podía descartarlo todo sobre Steve Jackson, era parte de mí y continuaría siéndolo por mucho tiempo. Todavía es parte de mi. La calle Seymour y Hendon eran una forma perfecta de recuperarme. Tanto Eric como yo nos unimos a los equipos de vigilancia que estaban en Hendon.

Durante las horas en que no estaban de guardia, los equipos se quedaban en una casa de 4 habitaciones cerca de RAF Hendon en el norte de Londres. Era una casa que usualmente la usaba un oficial RAF y su familia. Este era otro ejemplo de las estrategias y acciones de Dick Lee.

Era muy importante alojar a los equipos de vigilancia de Londres, y esto no era posible hacerlo en casas de policías. Teníamos que mantener secretos de la policía metropolitana. La casa RAF fue una respuesta perfecta al problema.

Para ser breve, este sitio no estaba muy lejos de la calle Seymour en Hampton Wick, pero la ruta era un viaje tedioso a lo largo de la parte oeste de la carretera circular del norte de Londres, en ese entonces A3, hasta la salida en Kingston-Upon-Támesis o a través de Kew Bridge a través de Richmond. Este se convertiría en un viaje regular desde febrero hasta marzo de 1977. Aunque habían cuatro habitaciones, muchos de nosotros ocupábamos la casa. Nos dividimos en dos turnos para proveer vigilancia las 24 horas, así que eso solucionó el problema de encontrar una c ama.

El sentimiento de que el final estaba cerca era prevalente entre los miembros del equipo. La mayoría de nosotros creíamos que el laboratorio para fabricar y hacer tabletas de LSD estaba en el número 23 de la calle Seymour. Todd, Cuthbertson y Munro, el químico, fueron observados a menudo (estos tres estaban fabricando, haciendo tabletas y distribuyendo el LSD en y desde Londres, opuesto a la fábrica Galesa de Kemp en Carno.) La vigilancia en la calle Seymour fue llevada a cabo por medio de seguimientos en carros y, en el caso de Munro, a pie. Éramos expertos, eficientes y profesionales al usar nuestras técnicas de vigilancia, ayudados por algunos equipos de alta tecnología.

Permítanme decirles que teníamos al número 23 de la calle Seymour y a los conspiradores bajo constante escrutinio. Nada se nos escapaba a la vista.

A medida que pasaron los dias, la presión sobre Lee para dar el golpe era enorme. Estaba esperando a tener una pieza final de evidencia antes de tomar la decisión de hacer el movimiento sobre la banda. Una vital pieza de evidencia para desencadenar el desenlace final.

El avance llegó como resultado de uno de los interminables seguimientos al Volvo de Todd. Saliendo de la calle Seymour, Todd tomó una ruta directa hacia Reading en Berkshire. Lo seguimos hasta su destino final, en Kew Bridge, hacia la elevada sección de la carretera motor M4 y luego de nuevo cuando tomó la salida hacia la A33 hacia Reading. Poco tiempo después de eso tomó un giro súbito hacia el basurero municipal. A menudo lamentábamos que los once policías en el equipo de vigilancia nos donaran sus carros. Eran carros que tenían demasiadas millas en sus odómetros, y también estaban en el mismo estándard de los motores de 1100 cc, como el Hillman Avenger que a menudo yo conducía. Y sin embargo, eran una bendición. Ese tipo de carros es tan común, que no atraía la atención. Eran aburridos, pequeños salones familiares. Si Todd se preocupaba por la vigilancia, era bueno que viera un Hillman Avenger pequeño en su espejo retrovisor. No habría atraído una segunda mirada. Hay muchas más cosas a tener en cuenta en las labores de vigilancia que el solamente seguir un vehículo. Me niego a decir más, por ser información sensible.

No era posible mantener la vigilancia sobre Todd y el volvo por todo el camino sin ser descubierto. Lo observamos desde una distancia segura. Tomó cosas de la parte de atrás de su volvo y las tiró entre una miriada de cosas de basura de la casa. Todd habló con un tipo que tenía un chaleco Hi-Vis, asumiendo que era un empleado del sitio.

El volvo se alejó del sitio y regresó a la calle Seymour, seguido por la mayor parte del equipo. Allan Buxton estaba en nuestro equipo ese día. Conocido como Bucky, era un detective del equipo Regional del Crimen de Birmingham, que secundaba la operación del escuadrón de la Operación Julie. Nos quedamos en la parte de atrás, con los ojos pegados en las cosas que había arrojado Todd. Cuando nos acercamos, pudimos ver al tipo que tenía el chaleco Hi-Vis echando paladas de basura sobre los artículos sospechosos. Conducía un pequeño JCB on una pala de carga al frente, usando la pala para levantar la basura y arrojándola encima de la basura de Todd.

"¡Deténgase!" le gritamos los dos a la vez.

El conductor del JCB parecía no oírnos por culpa del ruido de su motor a diesel.

"¡Deténgase! ¡Policía!"

Me sentí extraño al anunciarme nuevamente como "policía." Se sentía extraño al buscar en mi bolsillo mi identificación como policía.

Nos escuchó y dejó de trabajar con la pala, apagando el motor.

Le mostramos nuestra identificación.

"Necesito que descubra esas cosas que el volvo acaba de botar."

"Oh, el chico affable [Todd] acaba de darme dos libras para enterrarlo, ¿qué mierda se supone que haga?"

"Te diré exactamente qué mierda se supone que tienes que hacer ahora. Aquí tienes un billete de cinco libras, ¡ahora maldito descúbrelo! Después de eso harás una declaración sobre lo que encuentres, ¿correcto?

"Está bien."

Los artículos eran la pieza final de evidencia que estábamos esperando. Los enviamos rápidamente a Nigel Dunnet al laboratorio de la sede y él nos confirmó lo que esperábamos.

Lee estaba extático, y nosotros le seguíamos muy cerca. Se hicieron planes para llevar a cabo los arrestos y redadas a los principales conspiradores, incluyendo manufactureros, distribuidores, vendedores y sus casas por toda Gran Bretaña y en ultramar.

Al regresar a Hendon desde Reading nos sentimos esperanzados y confiados en que la acción efectuada con motivo de la pista que nos habían dado sobre Reading iba a dar frutos. Teníamos que esperar hasta el día siguiente, cuando Dunnett nos confirmara. De regreso a Hendon, Allan Buxton estaba muy contento. El tiempo estaba horrible, con vientos fuertes y una lluvia torrencial. Era el tipo de condiciones metereológicas no aptas para viajar en motocicleta.

Sobrepasamos muchos camiones pesados traqueteando en el carril lento en la autopista. ¡Uno de ellos tenía una lapa pegada! ¡Para cubrirse de la torrencial lluvia y del viento, Bucky nos sonreía, sosteniendose en la parte de atrás del camión con una mano mientras controlaba la motocicleta con la otra! ¡Era una leyenda! Bucky era todo un personaje y le gustaba contarnos la historia de que había tocado los tambores para Roy Orbison en los primeros tours británicos de los Big O.

El tiempo pasó muy rápido entre el momento en que nos dieron la pista sobre Reading y los arrestos y redadas. Lee había traido gente extra, con experiencia, para planear y ejecutar el desenlace. Se iba a hacer de manera profesional, como si fuera un asunto mayor como un asesinato u otro crimen serio. Se necesitaban especialistas.

Uno de los más notables especialistas era el detective superintendente Harry Atkinson, un hombre que tenía muchisima experiencia en investigaciones sobre crímenes mayores. Fue muy importante en la operación, antes y después de los arrestos.

La planeación de los arrestos fue minuciosa, dejando nada a la suerte. Se tomó la decision de ejecutar la orden de allanamiento en el número 23 de Seymour Road porque Todd había cancelado la entrega de leche, generando la idea justificada de que Todd y los demás en la casa se iban a celebrar los días de fiesta. Y así era, puesto que habían finalizado la producción de ácido. Tanto Eric como yo estábamos en ese grupo, que tenía la misión de entrar en la casa de Todd. Era una recompensa justa. Teníamos que arrestar a los ocupantes y buscar la evidencia.

Lensbury es un lugar de encuentro social que se encuentra a lo largo de los bancos del río Támesis en Teddington. Comprende acres de campos para practicar deportes y una casa club. Fue la escena de nuestro encuentro para recibir instrucciones el viernes 25 de marzo de 1977, antes de salir hacia la calle Seymour. La reunión para darnos instrucciones se hizo en un salón pequeño en el pabellón, y estaba llena de excitación. Habíamos estado trabajando para este momento por mucho tiempo.

Dick Lee lideró la reunión y escuchamos cada palabra con cuidado. El grupo de asalto estaba conformado por los detectives sargento Johnny McWalter (Mac), Keith Campbell, Alan Morgan, y Ray Shipway. Los detectives alguaciles incluían a Alan Buxton (Bucky), Alan Jeffrey y, por supuesto, Eric y yo. También había un grupo pequeño de oficiales de escenas de crímen (SOCO) que buscarían en la casa y tomarían evidencia. Este grupo incluía a Roger Corney de Hampshire, DC Keith Savory y a Wally Dodge de Wiltshire. Los tres experimentarían más tarde un viaje con ácido indeseado. Ingirieron LSD mientras buscaban la casa separada en el número 23 de la calle Seymour. Sucedió mientras enrollaban una vieja alfombra. Munro había empapado la alfombra con regueros de ácido durante el proceso de manufactura.

Exactamente a las 20.05 horas (8.05 p.m- se usó "20.05 horas" porque las reuniones de instrucción/búsquedas/arrestos se planearon con precision militar) ese día, entramos en el número 23 de la calle Seymour con un choque y una explosion y un grito fuerte de "¡Gerónimo!"

El grupo de asalto se había dividido. Unos fueron por el frente mientras otros fueron por la parte de atrás de la casa, que estaba en la oscuridad. Yo estaba en la fuerza de desprendimiento que trepó la cerca en la parte de atrás. Cuando nos aproximábamos a las ventanas francesas de la puerta trasera, di vuelta a la cara para sonreírle a Eric. Estaba a mi lado. Vi sus labios moverse y lo oí gritar "¡Gerónimo!"

Al mismo tiempo uno de nuestro grupo había balanceado una barra grande, quebrando los vidrios de las ventanas. Por alguna extraña razón, hasta el dia de hoy Eric niega haber expresado este grito de guerra. ¿A lo mejor estaba tan emocionado que lo dijo subconscientemente?

¡Abundaba la adrenalina! Destrozamos la paz y el aburrimiento de los suburbios de Londres. La buena vida suburbana reresentada en el show de television basado en el cercano Surbiton estaba a punto de terminarse para algunos. El aire estaba lleno de los sonidos de vidrio quebrándose. Los vidrios se astillaban en mil pedazos.

Los oficiales de policía gritaron, "¡Policía, quédese quieto. No se mueva!" y sin embargo, escuché movimiento. Podía escuchar el sonido de la gente corriendo, los pasos como de ratones gigantes corriendo.

Fue un absoluto desorden por algún tiempo, daba miedo. No sabíamos lo que encontraríamos, ¿habría violencia?

El ruido cesó y pude escuchar el sonido calmante de música clásica saliendo de una de las habitaciones de la casa. Siguiendo el pasillo, llegué hasta la sala de estar que estaba al frente. Todd emergió en el pasillo. Se veía amenazante y desafiante. Sentí que quería pelear. Pero dos oficiales lo controlaban, no necesitaban de mi ayuda. Vi a Munro, el químico del LSD y a Brian Cuthbertson. El DC Jeffrey y yo nos acercamos a Cuthbertson. Él era nuestro objetivo, fue parte de nuestras instrucciones. Nos identificamos.

El DC Jeffrey lo arrestó y le dijo que teníamos una orden de cateo o de búsqueda.

Cuthbertson dijo, "Hay muchos de ustedes."

Si hubiera sabido lo que seguiría. Más de 800 oficiales de policía en toda la nación iban a conducir redadas en la mañana siguiente. A lo mejor habría pensado mejor antes de hacer su observación de que éramos muchos. Encontramos una pequeña cantidad de hachís y cocaína en Cuthbertson y él negó que le pertenecieran.

Eric y yo nos unimos como compañeros policías por una vez mas. Llevamos a Cuthbertson a la estación de policía de Swindon. Llegamos a las 10.15 p.m. Lo ficharon y lo pusieron en una celda. ¡Clang! La pesada puerta de hierro se cerró con un fuerte ruido.

En la estación de policía de Swindon me detuvo un policía uniformado que pasaba. Me hizo notar que estaba dejando una huella de sangre detrás. Era cierto, había sangre saliendo de una cortada en el dedo meñique de la mano derecha. Recordé que había agarrado el marco de la ventana francesa en la calle Seymour, justo después de que habían quebrado el vidrio. En ese momento había sentido un poco de dolor pero lo habia descartado por efectos de la adrenalina de la redada. Eric y yo fuimos al hospital Princesa Margarita, en Swindon, donde me cogieron unos puntos. Una bonita enfermera nos preguntó lo que habíamos estado haciendo, no podíamos decirle nada excepto que leyera los periódicos en los días siguientes.

Iba a ser una larga noche. Más instrucciones se iban a dar en toda Inglaterra, Gales y Escocia. Iban a coordinar las redadas para todas las personas conectadas con la investigación de la Operación Julie. Todd, Cuthbertson y Munro estaban detenidos en la estación de policía de Swindon. A ninguno se le permitió hacer la usual llamada telefónica desde la estación de policía, en caso de que trataran de alertar a otros. Saliendo del hospital en Swindon, teníamos dos opciones: Dormir un merecido sueño o ir por la M4 hasta Tintagel House en Londres. Con la adrenalina todavía alta, optamos por lo segundo.

En 1977, Tintagel House era un edificio de gobierno de 12 pisos hecho en concreto y vidrio. Estaba solo, al lado del rio Támesis en Lambeth. Era el lugar de algunos departamentos del servicio de policía metropolitana (MPS). También tenía la reputación de hospedar departamentos secretos de la MPS. El quinto piso del edificio se usaba para reunirse para dar instrucciones para las redadas de la Operación Julie en Londres. El escuadrón volador fue excluído de esa reunión en Tintagel House. Lo mismo se hizo con otros departamentos del CID. No podían correr el riesgo de fugas de información.

El grupo especial de patrullas estaba en la fuerza, élite uniformadada de oficiales de SPG, precursora del grupo de soporte territorial. El grupo tenía una temida reputación y con el tiempo se volvió notorio. Era un sentimiento extraño ver que nos miraban a Eric y a mi con respeto. Ellos eran la policía real.

Sólo éramos observadores en esta reunión. El recuerdo de endurecidos oficiales de la Met SPG saludándome con la cabeza mientras hacían fila después de la reunión es algo que no olvidaré. Estaba empezando a darme cuenta de que habíamos logrado algo que merecía la pena. Esto no fue lo único en lo que cai en cuenta. El alba se aproximaba rápidamente y conduje de regreso a Swindon para obtener un merecido y retrasado sueño. Fue un viaje que casi termina en desastre. ¡Tenía tanto sueño que me quedé dormido al volante mientras íbamos a más de 110 kilómetros por hora! El sonido sonoro de las bandas entre carriles me despertó, con su sonido desconectado. Sobreviví para contar la historia.

Renovando Viejos Conocidos

Nuestro alojamiento temporal era en un hostel para solteros anexo a la estación de policía de Swindon. Me recordaba al hostel adjunto a la estación de policía de Kirkby. Eric y yo teniamos habitaciones separadas, pero juntas. Me desperté el sábado 26 de marzo de 1977 en mi cuarto que parecía una barraca. Abrí las cortinas y parpadée por la luz del sol que entraba por la ventana. Paulatinamente mis ojos se ajustaron al reflejo. Tengo una rutina regular para despertarme, bostezando y rascándome varias partes del cuerpo, como muchos hombres lo hacen, creo. Mientras hacía esta rutina, observé una vista desolada afuera del hostel. Swindon tiene muchos edificios de hormigón. Había un concesionario Ford en la parte de atrás de la habitación del hostel. No era diferente de muchos otros tristes edificios de concreto en Swindon. Entonces tuve una reacción tardía. No podía creer lo que esta ba viendo.

"¡Eric, Eric, Eric!" grité, golpeando la puerta de su habitación.

"¿Qué?" abrió la puerta y me encontró con la sonrisa de un niño de 6 años en edad escolar.

Abrí de un golpe las cortinas de su habitación, "¡Mira!"

"Bien, ¡jódeme!" fue todo lo que Eric pudo decir. Ahora que lo pienso, los dos dijimos muchos 'jódeme' en el tiempo que estuvimos juntos, tal y como McNulty y Bunk en la cómica escena en la que recreaban el asesinato-que-pudo-haber-sido-cierto- en el show televisivo de HBO, 'The Wire.'[14]

La causa de este "jódeme" estaba afuera de nuestras ventanas. Había un gran letrero de la Ford en la pared del triste edificio que decía "Walker y Jackson," era el nombre del concesionario, bajo el distintivo logo blanco y azul de la Ford. ¡Eric Walker y Steve Jackson!

Ese fin de semana fue de entrevistas. Dick Lee había escrito una lista de todos los conspiradores, incluyendo a los responsables de la manufactura y confección de tabletas del LSD tanto presentes como pasados, en Gales y Hampton Wick. Luego vino la lista de la red principal de distribución: Cuthbertson, Fielding, Spenceley, Smiles.

Se asignaron dos detectives para cada sospechoso. Éramos responsables de conducir entrevistas. A Martyn Pritchard y a mi nos asignaron a Nigel "Leaf" Fielding. Lee ha sostenido que escogió estos compañeros interrogadores con cuidado. A lo mejor lo hizo. ¿Pensó en ponernos en pareja a Martyn y a mi? Si es asi, debe haber sido algo como esto: Martyn era un oficial encubierto talentoso, podía embaucar a cualquiera, y hablar como un adicto. Era desorganizado y por lo tanto no había estructura en su técnica de interrogación. Yo era totalmente opuesto.

Por lo tanto, Pritchard habló la mayor parte del tiempo durante las entrevistas con Fielding. La mayor parte del sábado la empleamos en preparar notas de la entrevista para hablar con Fielding. Martyn era ahora un detective sargento, lo habían promovido recientemente. Iniciamos la entrevista un poco después del almuerzo el domingo 27 de marzo. Al principio Fielding insistió en su derecho a tener un abogado presente durante su interrogario. Pronto nos dimos cuenta que no quería involucrar a su esposa. En ese punto, Martyn parecía estar compenetrándose con nuestro entrevistado, así que salí de la habitación para preparar un té y refrescos.

Cuando regresé con el té, Fielding estaba hablando fluentemente. Explicó que había obtenido micropuntos de Cuthbertson y Todd (pero él solo conocía a Todd como "George"). Nos dijo que los transportaba hasta donde Russ Spenceley, quien pagaba 165 libras por mil de esos micropuntos. A Fielding le pagaban 5 libras por mil por actuar como correo.

También empezó a explicar su sistema de arrojar los puntos –un sistema en donde él escondía el dinero en efectivo en un bosque aislado, y que luego era recogido por alguien más en la cadena de distribución. Este es un sistema empleado por células terroristas, ¿a lo mejor era una forma de aceptar la influencia de la oscura figura de Ronald Stark?

Fielding era un sospechoso típico. Mientras permanecía en custodia debe haberle quedado claro cuánto sabíamos ya, pero como otros antes y después de el, decidió darnos la información gota a gota. No podía decirnos mucho sobre su historia en la comercialización de ácido, pero no lo sabíamos todo ni en dónde estaban ubicadas todas sus mercancías ilegales, o alijos. Finalmente nos contó sobre un alijo en los bosques de Hartley Wintney en Hampshire. Martyn Pritchard, Eric Wright, Alan Buxton y yo nos fuimos para Hartley Wintney esa noche. Seguimos las instrucciones que Fielding nos había dado. Enterradas en un hueco en la tierra encontramos su alijo de 100.000 tabletas de ácido. Esta confiscación constituyó un récord mundial para incautación de drogas hecha por la policía, según su valor callejero. Por lo menos lo fue por unos cuantos días. Después otros oficiales de la Operación Julie descubrieron cantidades aún más grandes.

El martes 29 de marzo de 1977, Fielding me mostró exactamente dónde estaban los alijos que le quedaban. Primero fuimos a Nine Mile Ride, cerca de Wokingham, donde mostró dos puntos donde estaban los alijos en el bosque. Estaban en el terreno de la Comisión de silvicultura, a unas 300 yardas de distancia la una de la otra.

Ambos eran ahora huecos en la tierra, de unos 121 centímetros de profundidad. El primero estaba vacío, el otro contenía una bolsa plástica negra grande de basura con ocho contenedores plásticos vacíos.

Le pedí que explicara cuál era el propósito de tener dos huecos. Uno era para la recogida, explicó. Debía observer la recogida para prevenir estafas, pero cayó en el hábito de no ponerle cuidado porque se sentía paranoico estando de pie en el bosque. El segundo hueco con los contenedores era para guardar las tabletas que tomaba de Brian Cuthbertson.

El interrogatorio de Fielding continuó hasta ese mismo martes. Admitió que estaba vendiendo en cantidades de 50 a 75.000 tabletas cada vez y que una vez había manejado 100.000 en una sola transacción –las tabletas que le habíamos confiscado a Hartley Wintney. Más que todo comercializaba con Cuthbertson. También había tratado con George (Todd) directamente. Fielding nos dijo voluntariamene que las tabletas de Todd /Cuthbertson venían en dos formas diferentes –domos y puntos— en un intento de engañar a la policía para que pensaran que provenían de dos fuentes diferentes.

Pronto llegó la hora de renovar viejos conocidos. Smiles estaba arrestado y ocupaba una celda en la estación de policía de Swindon. Sentí la necesidad de verlo, pero primero obtuve el permiso de Dick Lee. Me sentía aprehensivo, no tenía idea de cuál sería la reacción de Smiles, pero era algo que tenía que hacer.

Le pedí al carcelero uniformado que abriera la puerta de la celda. Cuando la abrí, vi la cara familiar y el pelo de Smiles, sentado en la banca de la celda. Me miró despacio, pareció no reconocerme de inmediato, lo que pudo ser el resultado de dos cosas. Primero, no me había visto desde la noche del incidente del "asesino de polis" de hacía unos dos meses. Desde esa época había mejorado mi apariencia un poco y mi pelo estaba más corto, a pesar de que todavía lo tenía largo. Me había rasurado la barba y solamente tenía un bigote grueso y caído. Segundo, luego de que me reconoció estuvo desorientado por un momento. Vi un parpadeo de incomprensión, no podía entender por qué un "asesino de polis" y vendedor de cocaína iba a compartir su celda, ¡y luego cayó en cuenta! Su famosa sonrisa se desparramó de este a oeste.

"¡Sin resentimientos, hombre!" fue todo lo que Smiles dijo.

Nos abrazamos, nos dimos palmaditas en la espalda como dos amigos que se reencuentran después de mucho tiempo. Yo tenía un nudo en la garganta y los ojos brillantes y húmedos. Tenía un sentimiento cálido en el pecho, como si estuviera abrazando a mi propio hermano. ¡Maldición! ¡Él habría podido ser un hermano!

Fue un caso de respeto mutuo entre dos hombres que no eran tan distintos en su enfoque de la vida. Me aclaré la garganta torpemente y me solté de él. Estreché su mano derecha mientras le sostenía el antebrazo derecho con mi mano izquierda. Esperaba que él no pudiera ver mis húmedos ojos, por lo que desvié la mirada. Había otra razón para evitar la mirada a los ojos de Smiles –me sentí culpable por mi engaño. Ese sentimiento de culpa se iba a quedar conmigo por mucho tiempo. No tenía nada que ver con los ocho años de prisión que le impusieron.

Escuché la sólida puerta de metal cerrarse detrás de mí, mientras me alejaba de la celda de Smiles. Escuché el eco de mis pasos en los corredores sin alma. ¡Hombre! Me sentía como una mierda. No había sentimiento de victoria o de júbilo. No era un triunfo personal en la guerra contra las drogas. Me apresuré para llegar a mi carro, hurgué con la llave en el encendido, inundando el motor con gasolina. El maldito viejo Cortina se rehusó a prender y puñetée el c laxon.

El estruendo del claxon hizo que alguien golpeara suavemente la ventana del conductor.

"¿Está usted bien?" preguntó un policía uniformado de cara fresca.

"Para que veas que no, no lo estoy. Ahora sé un buen chico y lárgate. ¡Déjame en paz!"

El alguacil policía Cara Fresca volteó la espalda y se fue caminando. Prendí el radio del carro y escuché "Rapsodia Bohemia." Sentí como si hubiera halado el gatillo y le hubiera disparado a un hombre, ahora estaba muerto. Mi pecho estaba agitado. Me sequé una lágrima. Esta no era una victoria, esta no era una guerra.

De nuevo Doug

Eric y yo nos reencontramos con Doug el 1 de abril de 1977 en la estación de policía de Devizes. Él no comprendió el chiste del día de inocentes. La estación de policía de Swindon estaba tan llena después del arresto de Doug, que lo tuvieron que llevar a la estación de policía en Devizes. Lo vimos en un cuarto de interrogatorio y él no tenía idea de quién éramos, salvo que éramos dos detectives. Le preguntamos por qué pensaba que estaba en custodia y nos dijo que le habían encontrado una pequeña cantidad de drogas. Lo corregimos, informándole que éramos parte de la investigación de la Operación Julie y que creíamos que él era parte de la red de distribución.

"¿Quieren decir, del ácido?" Escuché hablar de eso en los periódicos, parece un tanto pesado," dijo.

Cada periódico en Gran Bretaña había escrito varias columnas sobre el éxito de la Operación Julie. Esto se debió en parte a que varios de los miembros del escuadrón hicieron llamadas telefónicas a cada escritorio noticioso en el país. Doug había sido arrestado unos días después de los arrestos principales. Estos fueron redadas sincronizadas que involucraron a 800 oficiales. ¡Nos confirmó que la Operación Julie fue el principal encabezado de las noticias de la semana! Entrevistamos a Doug varias veces. En la primera entrevista le contamos sobre el día que fue arrestado en Tregaron por quebrar la ventana de la tienda. Es más, le contamos en qué taberna había estado bebiendo y que había estado hablando sobre la tala de unos árboles con dos tipos.

"Sí, es cierto. Eran dos tipos con una motosierra," dijo sin reconocernos.

El lunes 4 de abril, Doug consultó con un abogado en la corte, después de quedarse en custodia. Por supuesto, no tengo idea de lo que el abogado le habrá dicho, pero debido a las apariciones previas en la corte de los principales conspiradores y distribuidores, el abogado debe haber conocido la cantidad masiva de evidencia que teníamos. Una enorme cantidad de evidencia acumulada por el equipo de Operación Julie. Lo que sea que haya sucedido entre ese abogado y su cliente, no es difícil adivinar cuál fue su consejo. Doug decidió darnos a Eric y a mi un recuento completo de su participación. Doug nos confirm que estaba obteniendo su ácido de Smiles y lo distribuía en las calles en Londres. Era común que negociaran 10.000 tabletas y Doug nos aseguró que solamente estaba ganando 7 libras por mil. Yo llegué a dudar de la verdad de esa aseveración. Momentos después le preguntamos sobre 306 libras que se le habían encontrado al momento del arresto. Admitió que era dinero de drogas y que intentaba enviárselo a Smiles. Nada de esto tenía sentido, pero no importaba. Doug había admitido lo suficiente para garantizar su eventual convicción en la conspiración. Más tarde lo sentenciaron a dos años de cárcel. El juez estuvo en lo cierto al denominarlo “el último eslabón en la cadena” de la conspiración. También sentenciaron a la cárcel a otros dos vendedores de bajo nivel a quienes Smiles les vendía, vendedores que identificamos durante nuestro tiempo como agentes encubiertos en Llanddewi Brefi.

La memoria de Doug se había aclarado y nos dijo que ahora recordaba haber hablado con nosotros en Tregaron. No recordaba cómo había caído por la ventana de la tienda. No le dijimos cómo lo hizo. Según Doug, una tableta de ácido valía 1.25 libras en la calle antes de que se hicieran las redadas de Operación Julie, y él había estado comerciando a través de Smiles por un poco más de un año. Añadió que después de las redadas de Operación Julie, una tableta de ácido costaba ahora 5 libras en la calle. Doug dijo algo más antes de concluír nuestra entrevista final:

“Tienen que continuar y tomar medidas enérgicas sobre los vendedores de grandes cantidades de heroína y cocaína, ustedes saben, aquellos que nunca se ensucian las manos, que nunca ven el producto. Habrá violencia en nuestras calles si no hacen nada.”

Sabias palabras dichas por un vendedor de ácido de bajo nivel.

Las entrevistas de Doug y Fielding nos permitieron ver otro hecho de interés, ambos dijeron que eran traficantes de ácido y lo hacían por dinero, ¡sin pretenciones ni humos idealistas!

Documentos de Retiro

El centro de operaciones era ahora Swindon, no Devizes. Lo había sido desde el día en que entramos al número 23 de la calle Seymour, armados con una orden de registro basada en el Acta del Mal Uso de drogas, hasta el final de las entrevistas. Todo el escuadrón tenía la base allí. "Todos" quiere decir el escuadrón de Operación Julie –los 25 detectives originales que fueron escogidos personalmente y que estábamos haciendo el proceso de entrevistas.

¡Trabajamos duro y jugamos fuerte! La estación de policía de Swindon tenía un club social. ¡Debe haber visto sus ganancias incrementarse por cientos! Habia una atmósfera de fiesta cada noche. Los chicos Brummie (nativos de Birmingham), en particular Bucky, usualmente estaban al frente de todo. ¡Se las arreglaron para obtener tres batas y estetoscopios, hicieron una gran entrada al club social, vestidos como los hermanos Marx disfrazados como médicos de hospital! Fué divertidísimo verlos por el salón en su mejor estilo Hermanos Marx.

Lo mejor fue para el final. Pretendiendo ser tres siquiatras, ¡pusieron a Dick Lee como si fuera un paciente en un carro de comidas! El golpe de gracia fue la salida de los doctores y el paciente bajo el grito de "¡De ninguna manera hay un laboratorio en Seymour Road!"

Esa misma noche hubo una llamada telefónica a un teléfono público ubicado en el pequeño pasillo entre el bar y los orinales. Martyn Pritchard me había alertado, diciéndome que había una mujer al teléfono queriendo hablar conmigo. Mi curiosidad aumentó cuando escuché el nombre de Mary, la esposa de Smiles, y sus susurros seductores. Era demasiado obvia, estaba claro que ella pensaba que estaba haciendo lo correcto para ayudar a su hombre. Pensé que planeaba comprometerme de alguna manera, era un plan atolondrado. El caso contra Smiles era abrumador y no se basaba en mi evidencia como testigo. ¡Por una vez pensé con mi cerebro y no con la cosa que tengo en los pantalones! Le dije que lo sentía, pero no podía hacer nada. Era cierto.

Las fiestas continuaron sin importar si estábamos en Swindon, Devizes, Bristol o Basingstoke. Basingstoke era aún mi hogar, después de mi promoción a detective sargento. Viajaba desde allí a Devizes y a Swindon regularmente hasta que atáramos todos los cabos y el escuadrón, tristemente, tuvo que terminarse. Se hizo presión para establecer un escuadrón nacional anti drogas con miembros del grupo Julie en su núcleo. Muchos de los que abogaban por él pertenecían a los medios de comunicación. Los policías internos que debían tomar la decisión no quisieron hacerlo. Como siempre, había una exasperante intransigencia hacia las ideas nuevas y una sólida resistencia ante cualquier sospecha de elitismo. Cualquier idea de una agencia nacional de policía fué rechazada inmediatamente.

Si Doug hubiese sabido de la locura de esta postura, habría estado decepcionado. Después de todo, él estaba en lo correcto. La adicción a la cocaína y a la heroína eran ahora un enorme problema. Cocaína crack apareció desde la Operación Julie. Esas drogas ahora tienen que ver con la apabullante mayoría de crímenes callejeros. La mayoría de crímenes de robos en casas y a personas sirven para alimentar el hábito.

Algunas de las piezas finales del rompecabezas de la Operación Julie tenían que ver con los bienes de los conspiradores. Una vez más, Dick Lee encontró pronto la experiencia que se necesitaba. El escuadrón indujo al detective superintendente Gerri Squires, quien vino del escuadrón de Fraude de la Policía de la Ciudad de Londres (expertos en fraude financiero serio y en rastreo de activos) para dirigir los esfuerzos de rastreo de activos y cuentas bancarias, particularmente de las que estaban en bancos suizos. Cuando esas investigaciones estuvieran completas, sería el momento de bajar el telón. ¡La función terminó, amigos!

Y sin embargo, todavía no se había terminado. La obra maestra que era la audiencia de sentencia, conducida por el Sr. Juez Park, se llevó a cabo al año siguiente, 1978.

Finalmente, recibí mis documentos de retiro para regresar a mi fuerza policial, la policía de Hampshire. Antes de mi retiro tuve una larga conversación con el DI Peter Long, pero esta vez no tuvo nada que ver con gastos. Peter tenía influencia con Cyril "Tanky" Holdaway, el hombre a cargo de CID en Hampshire. Alguien habia decidido que mi primera asignación cuando regresara a la fuerza debía ser en CID en Tadley. Pensaban que me hacían un favor, pero nada podía estar más lejos de la verdad. Tadley en 1977/78 era un pueblo pequeño. Su principal propósito era proveer alojamiento a los trabajadores del Establecimiento de Investigación de Armas Atómicas (AWRE) en el cercano Aldermaston en Berkshire. La estación de policía también era pequeña y alojaba a toda la fuerza de Tadley en la persona de un sargento uniformado y cuatro alguaciles policiales uniformados. Y luego era yo, ¡yo era el CI D en Tadley!

Cualquier cosa que sonara como un crimen lo ponían ante mí. No tenía idea de lo que hacían los policías uniformados, no tenían que vérselas con crimen. Todo desde una bicicleta robada hasta el robo de dinero en efectivo tomado de un medidor electrico terminaba sobre mi escritorio. Oh, y también la bestialidad. Sí, ¡dije bestialidad! Estábamos en la parte rural de Hampshire, y pronto aprendí que no era raro escuchar de un hombre que descargara su frustración sexual acoplándose con una vaca. ¡También aprendí que el modus operandi incluía el uso de un taburete para que el hombre se subiera en él! Esto estaba muy lejos de lo que hacía cuando trabajé encubierto en Gales, ¡lentamente me estaba volviendo loco!

Había poco respiro del puro aburrimiento de Tadley en el horizonte. En Whitchurch, que quedaba a unos trece kilómetros de distancia, hubo un asesinato. Fue un bienvenido alivio y fue especialmente placentero trabajar con el Inspector Detective Jefe John Carruthers. "JC" era un caballero de la vieja escuela. Era también un inteligente viejo detective y aprendí de él. El asesinato era típico en el sentido de que la mayoría de las víctimas de asesinato conocen a sus atacantes. Este caso no era diferente. El novio fue pronto arrestado y confesó por completo. Estos eran los días antes de que el Servicio de la Fiscalía de la Corona llegara. Harry Dawson, un abogado, fue el fiscal representando a la division de policía de Basingstoke. Harry tenía su oficina en la corte de magistrados de ese pueblo. Iba a necesitar un 'archivo DPP.' En esa época era una regla de que antes de un enjuiciamiento por un crimen serio, incluyendo un asesinato, había que preparar un archivo DPP. Se enviaba al director de enjuiciamientos públicos, un abogado principal del gobierno. Para compilar un archivo DPP había muchos requisitos, era común escuchar a un detective preguntarle a otro, "¿Has hecho un archivo DPP?" Se decía en susurros, como si se estuviera discutiendo un profundo secreto.

JC me enseñó como hacer un archivo DPP. Él debió haber hecho unos cien en su tiempo. Ahora que se acercaba a su tiempo de retiro, parecía dispuesto a mostrarme las cuerdas. Como era un hombre muy accessible, le pregunté por qué se estaba tomando el trabajo de mostrarme los secretos de cómo hacer un archivo DPP. Me sorprendió lo que me dijo.

"Te están observando."

"¿Quién?

"Tanky y otros jefes para ver si estás listo para ser un detective sargento."

"Okay," fue todo lo que pude decir.

"Por eso te estoy mostrando cómo se hace esto," dijo apuntando hacia la pila de declaraciones de testigos. Había también otra pila de fotografías de la muerta. Clips de papel, etiquetas de tesorería y folders de manila estaban regados por el escritorio frente a nosotros.

"Junta de promoción," es el término usado para describir la entrevista de aplicación para promoción en Hampshire. Siguiendo mi alentadora conversación con JC, me preparé para asistir a mi segunda junta. Había asistido a la primera cuando todavía llevaba el uniforme en Basingstoke. Esto fue poco después de que me hubiera transferido de Merseyside. No estaba impresionado en esa primera ocasión. ¡Me habían preguntado si yo era violento!

El oficial mayor se refería a una queja sin fundamento por asalto hecha contra mi. Yo era entonces un novato de 19 años, sirviendo en las afueras de Manchester.

Tampoco me impresionó la segunda junta. Se me hicieron muchas preguntas sobre mi papel como agente encubierto en Gales, pero estaba claro que debía jugar con las reglas de su juego. Bajo ninguna circunstancia me fue permitido hablar sobre consumo de drogas, eso estaba bien claro.

Las preguntas empezaban con un largo preámbulo, como, "Sabemos que usted no habría consumido drogas, pero..."

¡Era absurdo! ¿Por qué hacer una pregunta si no querían un respuesta con la verdad? ¡Mierda típica de la policía interna! También me mostraron un informe de evaluación firmado por el Detective Superintendente Jefe Holdaway. El contenido estaba bien, pero era sobre alguien llamado "Bennett." Tanky ni siquiera pudo escribir bien mi nombre.

Fue frustrante. A pesar de todo, tuve un rayo de esperanza. Confiaba en una promoción para mantenerme motivado durante mi destierro en Tadley. Trabajar allí era deprimente y me parecía que era un castigo perverso. No me apartó de la bebida. No estaba bebiendo tanto como lo había hecho en Llanddewi Brefi, pero todavía bebía copiosas cantidades y lo hacía regularmente todas las noches.

No había una taberna decente en Tadley, y en cualquier caso, yo no era el único que bebía. Disfruté de la compañía de otros. Había una taberna en el lado olpuesto a la estación de policía en Basingstoke, administrada por un amigo de Lancashire. Estaba a la mano, y por eso la usaban tanto los uniformados como los detectives de la estación de policía de Basingstoke. Yo empezaba la sesión allí cerca de las 7 p.m. A veces, hacia la medianoche volvía a casa después de haber bebido lo suficiente. Otras veces, usualmente en compañia de un colega, seguía tomando en los clubes nocturnos locales. En una ocasión condujimos hasta Bournemouth para ir de clubes. En donde quiera que yo escogía beber, nunca faltaba la gente que quería saber de mis aventuras como agente encubierto durante la Operación Julie. A menudo quedaban decepcionados, porque la mayoría de las veces yo no deseaba hablar de esto. Sentí que ellos no lo habrían entendido, pero de cualquier manera yo estaba reprimiendo mis pensamientos y sentimientos más íntimos.

El 25 de mayo de 1977 fue una de las ocasiones en que decidí quedarme en casa. Era la víspera de la final de la copa Europea en Roma. Jugaban Liverpool contra Borusia Monchengladbach y no me iba a perder este partido por nada en el mundo. Mientras me acomodaba para verlo, sentí un zumbido en el oído. Era Jan, mi ahora segunda esposa, molestando. Pensé, ´¡Qué momento para empezar!´ Ella persistió y, aún después de que le grité, todavía persistía. Se me nubló la mente y arrojé algunos platos contra la pared, quebrándolos todos.

"Me voy a ver el juego en paz," y salí como una tromba, tomando las llaves de mi coche. Vi todo el juego, y la victoria para Liverpool, desde la taberna. Regresé a casa cerca de las cuatro de la madrugada. El final de mi segundo matrimonio estaba cerca.

124 Años de Cárcel

La audiencia de sentencia de todos los acusados de la Operación Julie tomó lugar en la Corte de Bristol Crown el 8 de marzo de 1978. El Juez Park, un juez de la alta corte, sentenció a 15 acusados a un total de 124 años de prisión. Anteriormente se habían sentenciado a 14 acusados a un total de 46 años. Mas de otros 100 habían sido atendidos por las cortes inferiores, por ofensas relativamente menores, pero habían sido atrapados en la redada final en la final de la Operación Julie a nivel nacional. Kemp y Todd fueron sentenciados a 13 años de prisión cada uno. La máxima sentencia en ese tiempo fue de 14 años.

Hubo un frenesi en la prensa después de que se dictaron las sentencias. Cada periódico en el país mostraba fotografías de los conspiradores y del equipo Julie. Muchos también nos tenían a Eric y a mi como una noticia aparte. Muchas más columnas en los periódicos fueron dedicadas al éxito de la Operación Julie. Esa noche, y por primera vez en su vida, la BBC extendió su boletín usual de 30 minutos de las noticias de la tarde, dando en su lugar un programa de una hora. Estaba lleno de cubrimiento tipo documental de la historia de la Operación Julie. ¡Era una locura! No se calmaron por un tiempo considerable. Siguió otro cubrimiento en las noticias cuando el mismo juez felicitó a todos los miembros del escuadrón de la Operación Julie. El 10 de marzo, la corte estaba repleta de miembros del escuadrón, la prensa y el público, quienes fueron a escuchar al Sr. Juez Park, quien dijo:

"Había esperado completar mis obligaciones en este caso el día de hoy, pero varios eventos no me lo han permitido, pero no puedo retrasar la expresión en público de mi admiración hacia todos en la Operación Julie. En los últimos días la prensa y la televisión le han dado un justo amplio cubrimiento al increíble trabajo detectivesco que llevó a estos arrestos, y a las extremas privaciones que sufrieron muchos oficiales de policía que participaron de ella, y he sabido por varias fuentes y por el Jefe de Alguaciles de Avon y Somerset, de quien supongo que se pueden considerar fuentes confiables, muchas cosas que por supuesto no fueron reveladas en los documentos de compromiso.

Me refiero particularmente a las dificultades extremas experimentadas por los oficiales de policía en esa operación, a su larga separacion de sus familias y la necesidad del secreto total sobre las razones para esas separaciones, y los consecuentes malos entendidos y tensiones por las que pasaron esas relaciones familiares. Y por eso, estos oficiales de policía y estas actividades policiales requirieron de los sacrificios de los policías, del tipo del que los hombres y mujeres policías, junto con otros miembros del público, se espera que sufran solamente en tiempos de guerra, nunca en tiempos de paz...

...Yo mismo estuve gratamente impresionado por la justicia y el candor con que todos los oficiales de policía que tuvieron que dar evidencia en esta corte, dieron tal evidencia. Ahora quiero hacer un homenaje a todos esos oficiales y a los otros que tuvieron el deber de guardar, organizar y encontrar -cuando les fue requerido- las numerosas pruebas en este caso. Esa fue una empresa gigantesca en si misma, y desde mi punto de vista, fue lograda con éxito como Operación Julie. Y así, Señor Kennedy [abogado de la fiscalía] tengo el orgullo de ser el juez que a nombre del público me encuentro con derecho a decir que cada oficial que tuvo que ver con la Operación Julie debe ser muy elogiado. Esas palabras no parecen ser las adecuadas. Estoy complacido de ver que tienen su fotografía en el periódico "The Times" de esta mañana, y espero que ellos piensen que esa fotografía les hace justicia."

Muchos de los periodistas de Londres habían acampado en varios hoteles de Bristol durante los días entre la audiencia de sentencia y la de elogio del juez. Me quedé en la casa de Eric para no perderme nada del tumulto, lo cual fue una buena distracción de Tadley.

Por ser Eric y yo dos de los tres verdaderos detectives encubiertos, éramos populares con una sección de la prensa, particularmente con una vivaz y voluptuosa periodista. Escuchó nuestra historia con éxtasis, tomando copiosas notas. Ya eran cerca de las 3 p.m. y había completado de tomar sus notas, no tenía prisa en llevar su copia a la oficina porque trabajaba para un periódico local que publicaba historias sensacionalistas.

Como muchos profesionales, los periodistas tienden una tendencia a beber. Eric y Jan tenían otras cosas que hacer y dejaron a la curvilínea rubia sola conmigo. Parecía excitada de conocer a un real oficial de policía encubierto y quería estar mas tiempo conmigo. No hay problema—era un prospecto mejor que conducir una tediosa jornada de regreso a casa por la autopist M4. Nos retiramos a la habitación de su hotel. Fue un trio –¡yo, ella y su Johnnie Walker! ¡La dejé, dándole una primicia!

A la noche siguiente, Eric, su esposa, Jan, y yo fuimos a cenar con Colin Wills, el editor del mundo del espectáculo del Daily Mirror. Fue una noche donde bebimos, y estuvimos en un restaurante cercano a la Corte de la Corona de Bristol. Wills pagó por todo, a cambio de nuestra historia. Era buena compañía y a menudo nos reímos estridentemente al escuchar los muchos chistes que intercambiamos. Esto molestó a mucha gente, pero no me di cuenta de ello hasta que decidí que era hora de ir a orinar.

Me fui a buscar los orinales, pero encontré una cola. Necesitaba orinar, así que me fui a la calle usando la puerta de enfrente del restaurante. Cuando salía por la puerta del frente, el mismo grupo al que parecíamos haber molestado estaba bloqueando la salida. En forma cortés les pedí que me dieran paso. Obedecieron a regañadientes, pero hicieron algunos comentarios obscenos, parecían saber quien era yo, no era sorprendente. Mi foto había aparecido en cada periódico en el país. Los ignoré.

Un pedazo de terreno baldío estaba a unas 30 yardas de distancia. Era perfecto. Oriné con mucha gana y en paz, fuera de la vista de curiosos en la calle. Todo iba bien. Al regresar al restaurante, el grupo todavía estaba en el pequeño vestíbulo dentro de la puerta de enfrente. Era una de esas puertas en madera, grandes y pesadas, con un cierre automático fijado en la parte de arriba, por adentro. Me tomó poco esfuerzo para abrirla, debido al peso combinado del marco y vidrio.

Cuando lo hice, tres corpulentos miembros de este grupo cerraron la puerta. El principal problema fue que mi mano todavía estaba entre la puerta y el marco. Mi mano quedó atorada en el pequeño espacio entre la puerta y su marco. Yo estaba borracho pero sentí el dolor. Era un dolor sordo, pero dolor al fin y al cabo. El alcohol anestesiaba el dolor. Puse mi hombro en la puerta, sin resultado, porque los tres gorilas en el otro lado estaban usando su fuerza combinada para atrapar mi mano. Se reían de mí y lo disfrutaban.

No tengo idea por qué no me enojé y les insulté. En vez de eso, entré en una zona que yo mismo creé, era un caso de mente sobre materia. No le permit a mi cuerpo experimentar dolor. Mi zona me mantuvo en calma y eso me sorprendió. Mi calma y silencio les molestó. Pude ver que estaban empezando a sentirse mal, y a inquietarse.

Mis pensamientos se centraron en Eric y en el rescate, "¿En dónde estás cuando te necesito?" reverberaban en mi cabeza. Un nuevo pensamiento llegó a mi cabeza. ′Okay, no Eric, alguien más querrá salir por esta puerta muy pronto.′ Nadie lo hizo.

La zona auto inducida estaba siendo cada vez más difícil de mantener. Mi mano me palpitaba. Convoqué a todos mis poderes de serenidad, pero paradójicamente les dije a mis atormentadores a través del vidrio, "¡Como un maldito, los voy a matar!" Recordé a PC Lake en ese momento. Una vez más, estaba seguro de lo que decía. La inquietud de mis captores se transformó en pánico. Se fueron corriendo y desaparecieron dentro del restaurante, entre sus muchas salas y bancos. No tenía intención de ir a buscarlos.

Cuando me senté junto a Eric, Jan y Colin Wills, me preguntaron por qué me había demorado tanto. "Nada," fue mi lacónica respuesta. Jan, porque siempre son las mujeres quienes son perceptivas, me preguntó si estaba bien. Usando sílabas cortas le aseguré que estaba bien. Nadie se dio cuenta de que mi mano estaba hinchada al doble de su tamaño normal. Cinco minutos después decidí hacer algo, no tenía idea de qué ni tampoco tenía un plan. Dejé a mis acompañantes y me fui hacia la puerta de enfrente. No había señal de los gorilas. Parecía una buena idea ir a orinar de nuevo, así que regresé a mi lugar en el lote vacío y me alivié una vez mas.

Este lote vacío estaba en la oscuridad. Caminé hasta el edificio adyacente y me detuve en la esquina, donde volteaba en ángulo recto, siguiendo la línea de la calle del edificio. Todavía estaba en la oscuridad pero podía ver la calle iluminada por fuera del restaurante. Habían algunos carros, incluyendo el de Eric, aparcados en la calle. Estaban en el lado opuesto del restaurante, debido a restricciones de aparcamiento.

Todavía sin un plan, decidí esperar y observar desde mi posición encubierta.

"¡Allí están!" me grité en silencio.

Un grupo de unos siete hombres caminaban desde el restaurante hacia un carro. Los gorilas estaban con ellos. Era su turno hacer ruido. No podía escuchar de qué se estaban riendo, pero me imaginé que era de mi. Su ruido encubrió mis pasos cuando me acerqué corriendo a ellos. Un hombre abrió la cajuela del carro usando una llave y vi que estaba agarrando un mango largo. Se volvió y lo agitó en dirección hacia mi. Sin inmutarme y muy enfocado, lo golpeé primero, con las rodillas en las pelotas. Cayó al suelo gimiendo, con el garrote traqueteando a su lado. Otro me lanzó un puñetazo pero no me alcanzó. Mi puñetazo le pegó en la mandíbula. ¡Van dos! Otros dos se vinieron hacia mí, maldiciendo a medida que se acercaban. Tomé el garrotte. Uno intentó patearme, me golpeó el muslo. El otro me lanzó un puñetazo pero cuando lo hizo, le golpeé el brazo izquierdo con el garrotte. Lloró como un perrito, se dio la vuelta y salió corriendo.

Otros dos hombres me atacaron, lanzándome patadas y puñetazos. Esquivé la mayoría de ellos, luego sentí que mis piernas se doblaban. Uno de mis atacantes me había pateado por detrás. Caí a tierra. Fue cuando me di cuenta de que Eric estaba allí, sentado encima mío. Yo estaba tratando de levantarme y seguir peleando, pero Eric era demasiado pesado y muy fuerte. Más tarde me dijo que había tenido miedo de que les hiciera mucho daño a esos tipos porque estaba fuera de control, no me reconoció como al mismo hombre con el que había trabajado encubierto.

Soy llevado a creer que en este punto me quebré y sollocé incontrolablemente. Lo que recuerdo es muy vago. Recuerdo a Eric inmovilizándome y que me sentí angustiado. Eric me dice que le conté que había tenido una niñez difícil en Liverpool. Tiene sentido. Tengo repulsión por los que hacen matoneo, yo fui víctima de matoneo en la escuela en Liverpool por ser hijo de un policía. Sólo fue hasta que tuve 17 años que me di cuenta que podía combatir el fuego con el fuego. Fué cuando mi hermano menor fue víctima de matoneo en la escuela. Yo aplasté a su atormentador, y me sentí muy bien al hacerlo.

Me sentí bien, no estoy orgulloso de mi capacidad para la violencia. Normalmente soy muy tranquilo y relajado. No soy quién para apuntar a los padres y echarles la culpa por las acciones de sus hijos, y sin embargo, se puede argüír que los padres pueden y de hecho, dejan cicatrices mentales en sus hjos. En la mayoría de los casos se hace sin intención. Mi cicatríz mental vívida es una confrontación afuera de mi casa en Liverpool cuando yo tenia 11 años. Había estado mirando a mi padre arreglar su carro frente a nuestra casa. Un grupo de matoneadores locales caminaron por allí y me gritaron que saliera de la casa y peleara. ¡De ninguna manera! Uno era un chico que unos años más tarde dejaría paralizado a otro chico junto a un árbol en la escuela cuando le insertó un chuchillo en la mano. Este era el que me gritaba. Mi padre me dijo que saliera y lo golpeara, pero yo me rehusé. Mi padre siguió insistiendo, protestó diciendo que yo era un "débil." Una doble humillación, una por parte del matoneador y la otra por parte de mi padre.

Esa noche en Bristol me llevó de nuevo a mis días de juventud. Los tipos que atraparon mi mano en la puerta no tenían idea de a qué le estaban pegando. Hay partes de mi que no me gustan, una de ellas es una furia que puedo desatar contra la injusticia y el matoneo. Está escondida en marcado contraste con un tipo normalmente tranquilo. Quizá esto sea lo que Jan, la compañera de Eric, quiso decir cuando me describió diciendo que tengo una "corriente subterránea."

Unas semanas más tarde me enteré de que algunos de los miembros de este grupo habían entablado una queja contra mí. Pudieron identificarme debido al cubrimiento extenso que hicieron los medios sobre mi. Me entrevistó bajo precaución el superintendente de policía, diciéndome que me estaban investigando debido a una queja por causar lesiones corporales graves. Es un cargo serio. Dijeron que le había partido la mandíbula a alguien. Una parte importante de esa precaución es aquella que dice que tienes derecho a guardar silencio. Guardé silencio. No respondí pregunta alguna y no quise dar una declaración. Varios meses mas tarde me notificaron que no habrían mas procedimientos en mi contra. Ante mis ojos, se había hecho justicia.

Fue esa noche en el restaurante en Bristol cuando me quebré, en parte debido a mis experiencias tempranas con el matoneo en Liverpool. Y también fue en parte debido a las presiones del trabajo encubierto.

La comprensión retrospectiva es algo maravilloso. Era un tiempo en que me habría beneficiado de asistir a terapia de consejería, ¿quién sabe cuántas cosas habrían salido a la luz?

Quince Pintas

La posibilidad de una promoción a Detective Sargento y de una transferencia a Farnborough me ayudó a mantener mi interés en la carrera policial, al menos por un tiempo. Yo estaba supervisando media docena de detectives y su carga de trabajo, era todo demasiado fácil y pronto todo perdió el enfoque y el reto. Yo era el jefe de facto. En cierta forma me supervisaba un Inspector Detective con base en la cercana Aldershot, ese pueblo que era la guarnición de la armada británica servía de base al cuartel general de la Policía Divisional de Aldershot. Era allí donde el Inspector Detective Jefe Joe Shave tenía su oficina. Mi equipo y yo raramente lo veíamos a él o al DI, un irlandés afable pero desventurado.

Aldershot también era la casa de la Rama Especial de Investigación (SIB) de la policía militar. Trabajábamos en combinación con ellos en casos que tenían que ver con el personal militar o con la propiedad. El problema es que ellos tenían un excelente mesón donde se reunían para comer y beber. Como policías invitados, estaba bien tener una cuenta mensual –bebidas que se pagaban al final de cada mes. En el mesón del SIB también servían excelente comida curry. Yo disfrutaba mis frecuentes visitas allí por dos razones, las sesiones de bebida eran ininterrumpidas. En esos tiempos la vida de un detective incluía beber copiosas cantidades de cerveza. Siendo un detective principiante de 21 años (jack) en Kirkby, Merseyside, me sorprendía ver cómo los gustos de Ian Dodd, uno de mis primeros detectives sargentos, incluían beber quince pintas de cerveza en una sola sesión, y todavía estar lúcido para trabajar a la mañana siguiente. Siendo un joven inexpresivo e impressionable, yo aspiraba a lograr esos estándares. Podía tomarme doce, pero los estándares de Doddy de tomarse quince estaban fuera de mi alcance –¡y vomitaba! Tomar mucho y detectives eran sinónimos. Era parte de la cultura del CID trabajar turnos de medio tiempo. La mayoría de nosotros volvía a la oficina cerca de las 7 p.m. Más que todo, nos sentábamos ante el escritorio para hacer papeleo importante hasta cerca de las 9 p.m., luego era hora del "medio ladrillo." Lanzábamos al aire un imaginario medio ladrillo, si se quedaba en el aire nos iríamos a casa, pero si se quebraba en el piso, nos íbamos en parejas a tomar. El objetivo era encontrarnos con contactos viejos y nuevos y, por supuesto, recolectar información.

Las tomadas de licor usualmente terminaban en conversaciones sociales y solamente de vez en cuando alguien hablaba confidencialmente, para hablar de alguien.

Farnborough no era diferente. La oficina del CID, ahora bajo mis alas, tenía la misma ética de trabajo –trabaja duro y juega duro. Tenía cómplices adeptos en la categoria de juega duro: el difunto Peter Strickland, quien llegó a convertirse en un amigo cercano, Graham Hoyle, y un joven Bob Duncan.

Graham era un amigo de Lancashire, una vez educamos al turno en uniforme sobre el arte de cocinar y comer una morcilla real de Lancashire de Bury. A su regreso de un viaje a sus raíces nativas, orgullosamente Graham presentó una morcilla de Bury. No era del tipo que se encontraba en los almacenes de Inglaterra del sur, eran como salchichas de salami. Estas morcillas reales tenían la forma de un puño. Cuando mi hermano era un niño los llamaba "guantes de boxeo." Estaban atadas entre sí con una cuerda. Graham los llevó a la parte de arriba, a la cantina en la Estación de Policía de Farnbrough y llenó una olla con agua, la puso en la estufa y esperó a que las morcillas hirvieran, después las dejó a fuego lento por unos cinco minutos. El resultado fue la delicia de un gourmet. La parte de adentro tenía un sabor delicioso y además se desmoronaban facilmente. Su perfecto acompañamiento es un poquito de mostaza inglesa. Los chicos en uniforme estaban sorprendidos durante su tiempo de descanso. No habían visto nada como eso antes, y los que la probaron estaban también i mpresionados.

Uno de nuestros lugares regulares para ir a beber, además del mesón del SIB, eran Tumbledown Dick y un hotel en la calle Queens. El dueño del hotel era un extraño tipo, John. Una característica regular de nuestra vida de trabajo en Farnborough eran nuestras escapadas a beber. Habían sucedido una avalancha de robos en un área privada de lockers reservada para empleados en un gran hotel de lujo. Bob Duncan y yo investigamos.

Pasamos 5-6 horas haciendo una pesquisa que debió habernos tomado una hora. ¿La atracción? Daban bebidas y emparedados gratis. Me fui conduciendo cerca de la una de la madrugada. En ese tiempo, CID en Hampshire estaba usando Minis sin marcas pero con un radio VHF.

Iba conduciendo por la carretera principal hacia la estación de policía de Farnboroguh cuando escuché que había una persecución que incluía unos 10 carros de policía persiguiento a un posible carro robado. Esta persecución habia empezado en la vecina Surrey. El carro Renault no paró cuando se le ordenó que lo hiciera. Oímos en la radio que el convoy venía en dirección nuestra. Unos minutos mas tarde vimos el carro robado conduciendo hacia nosotros a alta velocidad. Se veían las luces brillantes de por lo menos seis patrullas de policía de Surrey que lo perseguían. Le dije a Bob que se sujetara.

La física no fue mi asignatura fuerte en la escuela, pero sabía, por mi amor al deporte, que a menudo el más pequeño empujón del tipo pequeño puede hacer caer al poderoso. Confundido por la bebida, pensé que esto también aplicaba en nuestra situación presente, asi que tiré bruscamente del volante al momento en que estábamos casi a nivel con el frente del Renault. Lo golpe y enderecé el volante. ¡Funcionó! Vi por el espejo retrovisor que el delincuente había resbalado y terminó parado al lado de la carretera. La persecución había finalizado, nadie había sido herido.

Uno de los uniformados que perseguían al vehículo se aproximó, mientras todavía estábamos sentados en el Mini del CID, "¿Están bien?"

"Estamos bien," le mostré mi tarjeta policial. Empezaba a temblar un poco.

"¿Seguro que están bien?"

"Bien, gracias. Agitado pero no revuelto."

"Buena maniobra, a propósito."

"Gracias. Haremos un reporte mañana y te lo enviaremos por fax. Estamos muy cansados y necesitamos dormir."

Afortunadamente estuvo de acuerdo con la idea, pues lo último que necesitaba era correr el riesgo de un test de alcoholímetro.

Marcharse sin pagar es una ofensa criminal. El 1968 conocí el Acta de Robos, para atender a una situación en la que algunas personas consumieron una comida y se fueron sin pagar. Mucha gente le llama "hacer una corrida." Antes, bajo la vieja Acta de Hurto, se habían presentado dificultades, existían muchos casos legales que llevaban a problemas en el enjuiciamiento de los ladrones.

Las sesiones de bebida del CID eran interrumpidas a veces por comidas en restaurantes indios o chinos. La sesión podría haber sido interrumpida, pero no la bebida. La cerveza fluía antes, durante y después de la comida. Un detective colega y yo fuimos a un restaurante chino en Aldershot. Ambos disfrutábamos de la comida y de las cervezas. Me fui a orinar, diciéndole a mi colega joven que íbamos a pagar la cuenta juntos cuando yo regresara. Me senté a la mesa cuando regresé, y esperé, esperé y ... esperé. Se había ido... despareció, y no dejó dinero sobre la mesa.

Mi mentalidad había cambiado enormemente durante y después de mi trabajo encubierto, ahora tomaba riesgos y me deleitaba hacerlo. Mis compañeros me percibían como una persona valiente y me tenían en alta estima. Estaban asombrados por lo que yo había experimentado durante la Operación Julie, el riesgo que había tomado se había convertido en el substituto de un adicto a la adrenalina por la verdadera emoción de trabajar encubierto.

Sucedió que no tenía dinero para pagar la cuenta que estaba sobre la mesa frente a mi. Lo sabía porque había mirado furtivamente mi billetera y el cambio en mi bolsillo antes de irme al orinal. Me decidí. Había un camarero chino estacionado en la puerta, a la vez era un guardia y una persona que daba la bienvenida a los comensales. Hice un cálculo y salí corriendo tan pronto como salió de su lugar. Corriendo a velocidad hacia la calle, me di cuenta de dos cosas. El camarero chino me estaba persiguiendo, agitando en círculos sobre su cabeza una gran cuchilla de cortar. También vi a mi colega, estaba sentado en el Mini del CID afuera del restaurante. Lo escuché reír estruendosamente, ¡sin duda ante la visión de un iracundo camarero blandiendo un cuchillo mientras perseguía a su Sargento Detective!

No era difícil para mi en esos días correr rápidamente. Me ayudaba el saber que si me atrapaban, iban a llevarme de urgencia a un hospital con una herida abierta en la cabeza. La perspectiva de un arresto no entró en mi cabeza. Me libré del iracundo camarero y me escondí en un contenedor de basura detrás de algunos almacenes. Me desperté varias horas más tarde y caminé las dos millas de regreso a la estación de policía, recogí mi tarjeta y me fui conduciendo a casa.

Hubo muchos bloqueos en los pozos que yo frecuentaba. Uno de los lugares de bloqueo era el hotel Tumbledown Dick. Fue allí donde conocí a Catherine. Llegó a ser conocido como la "noche loca." Peter Strickland y yo estábamos buscando una bebida tarde en la noche cuando llegamos al Tumbledown.

El frente del bar estaba vacío, así que nos fuimos por el gran pasillo hacia la parte de atrás. Tenía una barra, pista de baile y un escenario elevado en el otro lado. Nos quedamos bebiendo por unas cuatro horas hasta la madrugada de la mañana siguiente. Catherine estaba con su amiga Mary. Pete, Graham el dueño y yo pusimos toda la lista de Buddy Holly en el tragamonedas. Cantamos cada nota y cada linea de cada canción. Las dos chicas se nos unieron con entusiasmo. Salí esa mañana con Catherine, y fue el comienzo de una relación de 30 años.

Yo tenía cierto sentido de propiedad, no me emborraché durante el día cuando estaba trabajando... bueno, sólo una vez.

Era la navidad de 1979 y la lista de detectives era delgada, para que el personal pudiera tomar turnos para estar con su familia durante el período festivo. Yo estaba de turno con Pete Strickland la víspera de Navidad. Visitamos a una anciana que había reportado un robo en su casa. Examinando la escena del crimen, era claro que esa historia no cuadraba. A medida que conversamos con ella, nos quedó claro que estaba en una etapa temprana de demencia. Creo que también necesitaba con quién hablar, así que nos quedamos un rato y la escuchamos. Sabía que era la víspera de navidad y nos ofreció un whisky. Eran solo las 11 de la mañana pero no queríamos ofenderla.

Cerca de la 1 p.m. Peter y yo salimos de su casa. La botella de Whisky Bell ahora estaba vacía. Nosotros la "probamos." Un pequeño radio personal UHF nos mantuvo en contacto con la estación de policía de Farnborough, el "nick." Todo estaba tranquilo, y nos fuimos al Tumbledown para tener una sesión de toda la tarde.

Todavía estábamos en el Tumbledown, era media tarde cuando Peter Strickland regresó desde los baños, él tenía la radio.

Dijo, "Jódeme, Skip, quieren que vayamos a atender un robo por aquí cerca."

¡El "jódeme" significaba que iba a ser difícil, dado que estábamos borrachos como cubas!

Chupando mentol y conteniendo el aliento, fuimos a la casa en donde había sucedido el robo ese dia. Era un desastre. El ladrón había saqueado las habitaciones buscando cosas que valieran la pena ser robadas.

Los dueños de casa habían estado trabajando. Terminaron tarde porque querían terminar tareas importantes, considerando que era la víspera de navidad. Comprensiblemente, estaban disgustados cuando vieron el estado de la casa a su regreso. Peter vio un libro de cupones del seguro social en la alfombra. Curioso, porque la pareja dueña de la casa no tenían hijos y eran trabajadores, les preguntó si lo habían visto antes.

"No," fue la respuesta.

Pertenecía al delincuente, quien lo había perdido en su confundido estado de alicoramiento. En una hora estábamos golpeando la puerta del sospechoso. No necesitábamos preocuparnos por el olor a alcohol en nuestro aliento, el sospechoso abrió la puerta y el hedor nos recordaba a una destilería, ¡teníamos buena compañía!

Tommy confesó inmediatamente. Nos rogó que fuéramos a tomar otra cerveza antes de llevarlo a la estación de policía. Usando esto como una moneda de negociación, añadió que haría una confesión completa en la estación. Peter me miró. Le guiñé un ojo y le dije a Tommy que ese era un buen plan.

Sabíamos que habríamos que llevarlo en custodia a Aldershot. La estación de Farnborough tenía pocos oficiales en navidad. Conducir hasta Aldershot incluía pasar cerca a un hotel administrado por el tipo gay extraño, John. Ya era tarde, y para asegurarnos de que mantendríamos nuestro acuerdo con Tommy, lo mejor parecía ser ir hasta el hotel. No habían luces en el frente del hotel, por lo que Pete se fue a la parte de atrás y presionó el timbre varias veces. Era trabajo policial urgente.

John respondió y abrió la puerta de atrás, que dejó ver el área sucia de la cocina. Parecia nervioso y algo disgustado. Pete le explicó lo que estaba pasando y le dijo la verdad. John se animó.

Murmuró de una manera dramática, "¡Qué excitante!" al mismo tiempo que puso su mano en su sudada frente al estilo de una verdadera diva.

Después de varias cervezas y de una charla interesante con Tommy, llegamos al gris bloque de concreto de la estación de policía de Aldershot. Cumpliendo su palabra, Tommy nos dio una confesión escrita plena.

El Elogio del Jefe

Un descontento supurante empezó a fermentarse en mi cabeza. Estaba muy emocionado de escuchar y leer los comentarios del Sr. Juez Park en su elogio a todos los oficiales que esuvimos en la investigación de la Operación Julie. Había empezado a hacer un album de recortes con todos los reportes de periódico que cayeron en mis manos a raíz de la sentencia. Mi mayor orgullo fue la transcripción del elogio del juez y una carta del Director de Enjuiciamientos Públicos (DPP) al Alguacil jefe de Hampshire.

La carta del DPP repetía el texto de los comentarios del erudito juez, pero añadía:

"Los oficiales en su fuerza, a quienes esto aplica, eran el detective sargento 870 Peter Spencer y el agente de detectives 708 Bentley.

Como bien saben, esta investigación muy importante, única en alcance y carácter, fue concebida y ejecutada con éxito completo..."

Eventualmente recibí una copia de esta carta en el correo interno. En la esquina superior dereccha había una nota manuscrita superficial escrita por el jefe auxiliar de policía 'O' (Operaciones):

"Cuartel General de Drogas -Informe a los oficiales—luego a 'P' para anexarles a sus archivos personales."

'P' quiere decir, Departamento de Personal.

Otra carta fue recibida por el Jefe de Policía de Hampshire el 28 de marzo de 1978, del Jefe de Policía de Wiltshire. Contenía también los comentarios del juez al momento de la sentencia y también tenía una copia de una carta del abogado Defensor de Wiltshire, el que había representado a Russ Spenceley. En ella, nos felicitaba al equipo de la Operación Julie por el trabajo hecho, a pesar de haber estado el abogado en el equipo opuesto.

Una vez más había una nota manuscrita superficial en la carta, marcándola para mi "información y retención." Estas notificaciones parecían haber sido hechas de una manera superficial, impersonal y despectiva. Dolió.

Me convencí de que iba a recibir un elogio del Jefe por mi papel prominente como agente encubierto en la investigación y por el peso de la publicidad a nivel nacional. Después de todo, el Sr. Juez Park, un juez de la alta corte de Inglaterra y Gales, había dicho que nosotros "Debíamos ser altamente elogiados." Todavía estoy esperando.

Un elogio del jefe habría significado el mundo entero para mi. Mi padre sirvió por muchos años con distinción en la Policía de la Ciudad de Liverpool y en la Policía de Dorset. Había recibido por lo menos dos elogios del

Jefe de Policía durante su tiempo en Liverpool. Él estaba orgulloso de eso y a menudo me mostraba los libros que le habían dado en la ceremonia en que le hicieron los honores. A pesar de las dificultades en mi relación con mi padre, yo estaba orgulloso de sus logros. Estaba orgulloso de su tenacidad y su coraje físico en su trato con criminales violentos. Esos atributos lo llevaron a que lo elogiaran, y de alguna manera me llevaron a seguir mi propia carrera en la fuerza policial.

Me fui volviendo más ansioso a medida que las semanas y los meses pasaron, pensando que mi propio elogio del Jefe ya iba a llegar. Quería anunciarle a mi padre que yo lo había emulado. La ausencia de reconocimiento oficial se convirtió en un mico en mi espalda. No podía sacudirlo. En una conversación con mi padre, quien en ese momento todavía trabajaba como Superintendente en Jefe en Dorset, también le pareció increíble que no viniera ningún elogio. Me confortó, diciéndome que estaba maravillado por lo que yo había experimentado y que mis acciones sobrepasaban en mucho cualquier cosa que él hubiera hecho. Y aún así, era como una piedrecilla en mi zapato. Estaba allí y yo no podía dejar de pensar en ello. Fuí lo suficientemente astuto para saber que los elogios como este no los regalaban como si fueran confetti, pero...

Las cosas empeoraron cuando vi que a Greenslade le dieron la medalla Real de Policía en H.M. La lista de honores de la Reina Elizabeth en 1978. Este es el premio más alto que puede recibir un oficial de policía en servicio, sólo se otorga por servicio con distinción. ¡Por lo menos hubo un oficial de policía conectado a la Operación Julie que recibió una felicitación! Es una lástima que se lo ganó a través de falsas pretensiones. Es sólo mi opinión. Creo que todo se debió a que lo pusieron arriba de la estructura de comando de la Operación para espiar a Lee a favor del Establecimiento. En lo que a mi concierne, Greenslade era un cazador de la gloria. No había mejor ejemplo de esto después de que todos los conspiradores habían sido encerrados por primera vez en as celdas de la Estación de Policía de Swindon. Había sido un largo dia y Lee había llamado al equipo para una merecida celebración con un trago. Las entrevistas podían esperar al día siguiente, ¡No Greenslade! Anunció que iba a ver a todos los conspirdores, uno por uno. Esto era una locura. Lee ya nos había notificado de los equipos que íbamos a hacer los interrogatories, sabíamos quién iba a interrogar a qué prisionero. Estos equipos entrevistadores habían hecho su trabajo, cada equipo preparó un informe de cada prisionero en preparación para las entrevistas. Con su estupidez, Greenslade amenazaba con arruinar todos los planes bien hechos. Estoy convencido que él preveía la Gloria. ¡Creo que era lo suficientemente engreído para pensar que cada prisionero le iba a hacer una confesión completa al cazador de Gloria! Era típico del hombre.

Anteriormente en este libro lo describo como un idiota y no me retracto de haber usado esa palabra.

Ya se me pasó la amarga decepción de no haber recibido ningún tipo de reconocimiento oficial. ¿O no? Yo creí que se me había pasado, y sin embargo, mientras me detengo a pensar en sus palabras, pienso que mis antiguos jefes escogieron ignorarlo. En retrospectiva, creo que fue uno de los factores que causaron mi enfermedad de depresión. Hay pocas cosas peores que hacer sacrificios y poner en peligro tu salud y que después no te lo reconozcan. Solía reflexionar en si me hubieran dado el elogio de una felicitación del CC si yo hubiera sido un miembro de los Masones, el grupo secreto que permeaba la fuerza policial.

Las renuncias de antigüos miembros del equipo de Operación Julie se apilaban. Incluían las de:

- •Eric Wright
- •Martyn Pritchard
- •Dick Lee
- •John McWalter
- •Alan Buxton

Fue una pérdida seria de detectives talentosos. La mayoría de ellos argüían como motivo de su renuncia, la falta de visión al no permitir que la Operación Julie continuara. Creían que debía mantenerse como un Escuadrón Nacional anti Drogas en embrión. Creían en ella lo suficiente para caer en sus propios juramentos. La idea de un escuadrón nacional anti drogas fue concebido, pero nunca llegó a su término, esto por no decir que nunca dio fruto. El Times tomó el garrote en un intento para influenciar al establecimiento, sin éxito.

Las noticias de esas renuncias y la falta de reconocimiento personal interno jugó un papel en mi mente. Me inquietó. Estaba a un paso de tomar mi propia decisión sobre mi futuro, y a un no insignificante paso de mi futura depresión aguda.

De nuevo al libertinaje. El beber siguió sin disminuír en mi papel como detective sargento en Farnborough. Ahora estaba alimentado por resentimiento hacia mis oficiales superiores y al desprecio por aquellos que se suponía me estaban supervisando. El tedio en las labores de oficina asociadas con mi nuevo papel como supervisor era adormecedor. ¡Quería acción! ¡Ahora!

Los mejores momentos de mi papel como detective sargento eran cuando había acción, particularmente cuando demostraba mis habilidades para capturar ladrones a los detectives junior. Me probé a mi mismo que yo tenía la habilidad. Al igual que sucede con el trabajo encubierto, la habilidad no podía ser enseñada. Esta es intuición. Bob Duncan y yo asistimos a la escena de un robo en una tienda de neumáticos. Neumáticos por valor de cerca de 10.000 libras (en 2016 por lo menos 50.000 libras) habían sido robados en una incursión de una noche. Era claro que los ladrones usaron algún tipo de camión.

Saliendo del almacén de neumáticos, cerca de las 9.30 a.m., le dije a Bob, "Vamos a husmear después de que nos comamos un sandwich de tocineta."

Bob todavía no era un detective oficial. Era lo que se conocía como "ayuda al CID." Otras fuerzas los llaman DCs temporales. El estaba allí para una evaluación para ser un detective en potencia. Le fue bien, terminó como un detective superintendente antes de retirarse. ¡Espero que aprendió algo de mí y que rápidamente se deshizo de algunos de mis excesos! Le expliqué mi idea mientras comíamos nuestros sandwiches y bebíamos una jarra de té hirviendo.

"Apuesto que fueron Pikeys."

Pikey era el término usado para designar a los viajeros, tinkers irlandeses que viajaban por el país halando caravanas en sus carros 4 x 4. Algunos de ellos tenían la reputación de ser ladrones, se congregaban en un área hacia el sur y este de Aldershot. Viajamos hasta esta area cuando salimos del café.

Cuando manejábamos por una carretera tranquila rodeada de casas del concejo, vi a cuatro Pikeys. No estaban haciendo nada bueno, lo supe, no me pregunten cómo, no tengo idea, pero yo estaba en lo correcto. Estaba mirándolos por no razón, que yo pueda discernir, y luego me di cuenta que un carro aparcado los había llevado hasta esa calle. No los vi salir de él, de nuevo, simplemente lo supe. Miramos a los cuatro hombres y los seguimos cuando volteaban la esquina hacia una calle adyacente. Todavía iban caminando. Caminaron unas 100 yardas hasta que pararon junto a un camión de 18 toneladas. Una vez más, mirando a su alrededor, se subieron a la cabina del camión. Apagué nuestro CID Mini al frente del carro y Bob y yo n os bajamos.

Mostré mi identificación y le pregunté al conductor, "¿De quién es el camión?"

Un típico acento irlandés retumbó, "Mío, compañeros."

Los cuatro estaban nerviosos.

"¿No hay problema si miro en la parte de atrás? Bob, guárdalas," dije mientras tomaba las llaves de la ignición.

Vimos dos neumáticos nuevecitos en la parte de atrás del camión. Habían algunas etiquetas pegajosas regadas en el piso. Eran del tipo que se pegan a los neumáticos nuevos.

Volví hasta donde estaba el conductor y el resto del grupo. Les dije que los arrestaba bajo sospecha de robar una gran cantidad de llantas. Con precaución, uno empezó a decir, "Por la vida de mi madre y la vida de..."

"¡Me preguntaba cuánto iba a tomar para que uno de ustedes empezara con esa mierda!" ¡Desearia tener una libra por cada vez que he oído a alguien con sangre irlandesa jurar por la verdad sobre las vidas de sus madres y sus bebés!

Usamos nuestro radio personal UHF para llamar a una camioneta y fueron transportados a la estación de policía de Aldershot. Los tinkers nos esperaban en el cuarto de custodia cuando Bob y yo llegamos. Dejé que Bob explicara al sargento de custodia la razón de su arresto y subsecuente detención. Norman Green escuchaba desde la parte de atrás de la escasamente amoblada área de arresto. Llevamos a los sospechosos a una celda y Green me habló. Lo acababan de nombrar como el nuevo jefe de la división, siendo promovido desde detective superintendente en Ops del cuartel general. Era un detective de principio a fin pero esta última promoción después de trabajar en ropa de civil era un cambio en su carrera.

"¿Qué tienes en su contra, Steve?"

"¡Jódanse, realmente! Solo un presentimiento."

"Es mejor que logres tos, entonces," fue su breve observación mientras se regresaba a su oficina de torre de marfil.

"Tos" es jerga de detectives para una admisión, una confesión. Sea que te llamen un detective, un "D" o un "jack," una "tos" era una insignia de honor. Solamente los mejores Ds o jacks lograban altas tasas de confesiones. La interrogación era una habilidad que podía enseñarse, y a mi me enseñó un maestro en mi curso de entrenamiento de detectives en mi casa matríz en Preston. Nadie más que Joe Mounsey. Era famoso por los asesinatos Moors y los arrestos y convicciones de Ian Brady y Mira Hindley en los 1 960s.

Estos eran días del Acta del procedimiento de pre-Policía y evidencia (PACE), y no habían grabaciones de entrevistas. No existían las mismas salvaguardas introducidas por PACE en 1984. Nada malo fue dicho o hecho por los cuatro tinkers. Dos confesaron su parte en el robo de los neumáticos y recobramos todas las llantas robadas. ¡Puedo asegurarles que el hecho de que dos de ellos fueron rápidamente liberados no tuvo nada que ver con que los dos que permanecieron en la cárcel decidieran admitirlo todo! Algunos cínicos levantarían una ceja al saber que los que fueron liberados fueron los hijos, ya que los padres decidieron aceptar toda responsabilidad por el crímen.

Arresto Domiciliario

El incidente de las llantas fue una bienvenida pieza de acción. No habían muchas de ellas. Yo detestaba el papeleo y mi parte en cotejar estadísticas del crímen diario. Ellas eran la base de mi reporte diario a Joe Shave cada mañana. Joe era muy exigente con los detalles y trataba las estadísticas como un sacramento sagrado. Estaba en un estado de gracia espiritual una vez que recogía sus reportes estadísticos diarios, luego los comunicaba al cuartel general. ¿Caballos por cursos, supongo? Lo mucho que yo detestaba el papeleo casi me llevó a mi ruina. El trabajo que yo había hecho con JC en el caso del asesinato cuando estaba en DC en Tadley regresó a morderme el trasero. JC había viajado hasta Aldershot para vernos a otros y a mi en esa División. Vino a ver a los detectives que estaban involucrados en su investigación del asesinato. La fecha para la audiencia se acercaba. JC estaba ansioso por hacer un "chequeo del libro de bolsillo." Eso era en caso de que el acusado mantuviera una declaración de inocencia. En cualquier jucio, los testigos de la policía usaban sus libros de bolsillo para refrescarse la memoria.

El testigo de la policía primero necesita el permiso de la corte. El ritual en la corte usualmente es como sigue:

Oficial (respondiendo una pregunta previa del fiscal): "Puedo mirar mi libro de bolsillo, su Señoria (My Lord)?"

El Juez: "¿Cuándo tomó las notas?"

Oficial: "el día ABC en la fecha XYZ."

Juez: (haciendo una pregunta principal) "¿Estaban los eventos todavía frescos en su mente cuando usted tomó esas notas?"

Esa fue siempre una pregunta retórica. ¡Nunca escuché una respuesta negativa!

Algunas veces un oficial principiante causaba un montón de risas en la corte. Si era su primer juicio en una corte más alta que la corte baja de los magistrados locales, habrías podido oir algo como esto:

Fiscall: [primera pregunta] "Oficial, por favor preséntese a los miembros del jurado."

Oficial principiante: "¿Puedo mirar mi libro de bolsillo, por favor?"

No era una broma cuando escuché el propósito de la visita de JC. El estaba siendo minucioso, asegurándose de que todos los potenciales testigos de la policía estuvieran listos para el juicio, de que tuvieran un libro de bolsillo completo con evidencia relevante. ¡Yo no tenía nada en ningún libro!

En caso de que me llamaran a dar mi evidencia, esta era menor. Yo sabía que era mejor decirle la verdad a JC. Le expliqué que mi evidencia estaba en las declaraciones firmadas de los testigos. Eran parte de los documentos del caso. Los abogados defensores, tanto el consejero como el abogado, leerían esas declaraciones. El defendido también las leería. Eran ellos quienes decidirían si me llamaban a desafiar mi evidencia o si la aceptaban. En el último caso, el fiscal se la leería al Jurado. La defensa no había indicado nada todavía. Nunca antes había visto a JC enojado. Habló con su viejo amigo Joe Shave e idearon un plan.

Yo era ahora un prisionero con casa por cárcel en una oficina ahora vacía en el CID de la Estación de Policía de Aldershot. Había un guardia en la puerta. Tenía instrucciones de traerme una pinta de cerveza del último piso del club social, a la hora en punto, cada hora, hasta que yo hubiera finalizado mi tarea. Me tomó unas 5 horas transcribir los contenidos de mis notas a mano en dos libros de bolsillo. Lo terminé cerca de las 11.30 p.m. y salí corriendo hacia la barra del club social, a tiempo para hacer mi última orden. Pedí tres pintas más de cerveza y me las bebí en segundos. JC todavía estaba allí y le pregunté qué más me iba a suceder.

"Solo tengo que presentar un reporte disciplinario."

"Okay, guv, lo entiendo. ¿Qué podría pasar?"

"A lo mejor tienes que ir al cuartel general a que te disciplinen."

"Oh, ¡Joder! ¿De verdad?"

"Sí, pero no te preocupes."

"¿Qué quieres decir?"

"Sólo recuerda esto –¡no te pueden embarazar!"

Esa es una línea que siempre recuerdo cuando me enfrento a una situación preocupante. Me hace sonreír. Gracias JC.

Los detectives de mi tiempo tenían dos cuadernos de notas. Uno era del tipo que ponías en un bolsillo, y era idéntico a los que llevaban sus compañeros uniformados. El otro era peculiar de CID. Era mas grande y se conocía como un diario de escritorio. Antes de los computadores, un detective anotaba sus actividades diarias en ese diario. Los libros de bolsillo y los diarios nuevos se mantenían bajo llave. Era posible que cualquier detective tuviera cuantos libros de bolsillo y diarios quisiera. Solo en 2013 yo quemé un libro de bolsillo y un diario de escritorio. Ambos estaban vacíos y nunca los había usado. Ya no tenía evidencia de la práctica de entonces de manipular una entrada del diario en el récord. Esta practica cesó con la implementación de las estampas de tiempo.

Los periódicos todavía presentaban noticias sobre la Operación Julie. Incluían historias sobre el decomiso de bienes, particularmente las que tenían que ver con cuentas en bancos Suizos. ITV también hizo una película para la televisión y la pusieron al aire con la fanfarria de publicidad. Todo me recordaba un tiempo grabado en mi alma. Mi alter ego, Steve Jackson, todavía era una parte viviente que respiraba dentro de mi.

Mi relación con Catherine era ahora seria. Justo antes de la navidad de 1979 decidí abandonar mi casa marital en Basingstoke. Era hora de irme a vivir con Catherine en Farnborough. Me estaba quedando más en su casa antes de esto y raramente pasaba una noche en Basingstoke. Conduje hasta el apartamento en el primer piso que estaba comprando en Basingstoke y puse alguna ropa en bolsas plásticas. Jan salió del apartamento siguiéndome hasta el carro. Estaba loca y me rogaba que me quedara. Me sentí mal al ignorarla, porque nunca quise herir a nadie en mi vida. Es un terrible reflejo en mi y en la raza humana el que seamos capaces de dar tanta felicidad y luego hacer sentir tan miserable a la misma persona. Mientras escribo este libro, Paul, el hijo de Jan, me contactó. Me alegró saber de él, pero me entristeció conocer de la muerte prematura de su ma dre.

Había estado en casa de Catherine por unas pocas semanas cuando ella supo que su esposo había regresado de Polonia. Él había estado trabajando en construcción allí. Tenía una novia polaca allá y más tarde se casó con ella. Él asustó a Catherine. Ella decidió irse a vivir al apartamento vacío de sus padres en Sevenoaks durante el periodo de navidad. Yo pedí permiso en el trabajo y me fui con ella y con sus hijos.

Fue poco después de esa navidad que Norman Green fue a visitarnos. Fue un futil intento de forzarme a regresar al trabajo. Fue durante ese periodo festivo que decidí que había tenido suficiente de la fuerza policial.

Estaba ahora en una relación que sentía iba a funcionar. Necesitaba esa estabilidad en mi vida, después de tantas emociones en mis días como agente encuierto. El sólo pensar en una separación forzada era inaguantable. Un viaje diario de ochenta millas ida y vuelta no era posible, los turnos de trabajo como sargento uniformado iban a ser un problema. Sentía que sería demasiado fatigoso hacer el viaje cada dia. De cualquier manera, sentí que me estaban castigando por enamorarme y por dejar a mi esposa por Catherine. De cualquier manera que lo mirara, el que me enviaran a hacer labores en uniforme era un castigo. ¿Cómo se atrevían? ¿Qué tenía que ver mi vida privada con la fuerza policial? ¡Nada! ¡Créanme, así es como era en ese entonces, tan increíble como puede haber parecido en el siglo 21!

Esta era la fuerza de la policía que se había rehusado a darme cualquier tipo de reconocimiento oficial por mis sacrificios cuando trabajé encubierto. Ningún oficial de policía sabía cúan deprimido estaba. Nadie me ofreció ningún tipo de consejería para ayudarme a salir de mi depresión. ¿Supongo que en esos días el estado de mi mente habría sido llamado Desorden de Estrés Postraumático?[15]

También estaba destrozado por la culpa por haber engañado a Smiles. Lo consideraba un buen amigo. Yo no tenía a nadie con quien hablar sobre mis sentimientos o pensamientos, estaba tan deprimido como lo podía estar. No me importaba una mierda el futuro, no me importaba una mierda mi carrera, no me importaba una mierda desperdiciar derechos de pension lucrativos. ¡No me importaba una mierda!

El consumo excesivo de alcohol era constante. Yo era imprudente. Uno de mis lugares regulares era un club privado en Farnborough, cuyo dueño y administrador era un agradable contratista constructor irlandés, Paddy Brennan. Muchas noches de viernes y sábado yo estaba bebiendo en exceso en su club, tanto así que en una ocasión me forcé a salir del estacionamiento. Al salir esa noche, encontré que varios carros bloqueaban mi salida. Puse el carro en primera y en reversa constantemente, maniobrando para sacarlos a todos de mi camino hasta que abrí una brecha. Tenía acceso a cannabis y la estaba fumando regularmente. Era una espiral descendente y la idea de ponerme un uniforme de nuevo estaba fuera de discusión.

"¡Soy un detective!" le gritaba al espejo.

Desesperado, concluí que iba a renunciar.

No regresé a trabajar. Consulté a un médico y estuvo de acuerdo en que no estaba en condición mental de trabajar.

Me mandó donde un siquiatra en un hospital local. Hice una cita pero no fui a la consulta. ¡Me importaba un bledo!

En el MedioFinal de la Investigación, me Quiebro

Estaba ahora de regreso al corredor cerca de la oficina del Alguacil Jefe Diputado en el cuartel general en Winchester. Acababa de salir como una tromba de la oficina del doctor de la policía, después de decirle que no estaba calificado para dar una opinión sobre mi capacidad para trabajar.

El tren de pensamientos continuaba... '¿Será que van a rodar cabezas?'

Juro que ví cabezas sueltas rodando por el corredor. Me reí fuerte. '¿Estoy para el salto de altura?' fue mi siguiente pensamiento. 'A lo mejor el fracaso de Fosbury sería una buena manera de entrar en la oficina del DCC?' Estos pensamientos pasaron por mi mente al mismo tiempo que sonaba 'Whiter Shade of Pale'de Procol Harum.

En ese momento regresó la lucidez. Me quedó claro lo que tenía que hacer. Me levanté de la silla silenciosa, caminé hasta el ascensor y volví por la misma ruta hasta el piso de los dioses, pero en reversa. Supe que había tomado mi decisión, ¡Que se jodieran todos!

"¡Jódanse todos!" fue mi nota de renuncia no escrita.

Vi mi periodo de renuncia desde mi casa en Farnborough. Me revolqué en la desesperación y depresión por algún tiempo. Era difícil motivarme a mi mismo para hacer algo positivo. No tenía trabajo, ni ingresos por meses a raíz de mi renuncia. No sabía si poseía otras habilidades para trabajar además de las que tenía como detective. Esta situación hizo mas grande mi depresión.

Finalmente encontré trabajo como vendedor de doble acristalamiento en Aldershot. El primer día de trabajo llegué caminando porque no tenía dinero para el bus.

A finales de 1980 logré un trabajo como investigador. Era para la Comisión Anti Corrupción de la Policía de Hong Kong. Me dieron detalles para alojarme en la colonia, y también me proveyeron detalles sobre las escuelas locales para los hijos de Catherine. Había una condición –debíamos ser una pareja casada para poder viajar y vivir en Hong Kong, y así lo hicimos.

Cerca de un mes antes de salir, recibí una carta de un departamento de Gobierno del Reino Unido en Londres. Me informaba que la oferta había sido rescindida, por supuesto, añadía la frase "con pena." ¡Los ingleses son excelentes en la cortesía! ¡Y la duplicidad! Estaba furioso y contacté a todo el que pensaba que podía ayudarme. Hablé con un amigable y simpatico antiguo oficial de policía superior. Me dijo que alguien me había rechazado. ¡Que se jodieran todos! Yo era un hombre enojado ahora. Odié a la fuerza de la policía y a todos los policías. Aún bajo mis estándares, me emborraché como una cuba una tarde de domingo. Me tambaléé dentro de una garita del centro del pueblo de Weybridge. Catherine y yo habíamos estado viviendo en otra taberna de Weybridge administrada por su hermano, John. Ella y su amigo habían ido temprano ese mismo día a la garita para escaparse de las travesuras de borrachos de John y sus invitados. Como se había ido hacía rato, me fui a buscarla. Me miró de una manera fea cuando entré en la garita, su mirada me hizo sentir como un pedazo de mierda sin valor alguno. Eso me hizo gritarle, gritarle e insultarla. Me di la vuelta, después de decirle lo que tenía que decir, y me fui de la garita.

Un extraño se me acercó en la barra cuando yo iba saliendo. Él protestó por mi mal comportamiento. Yo no tenía nada que ver con él, después de todo yo ya me iba de la garita, y se lo dije, pero añadí, "¡Vete a la mierda!" Pensé que eso era todo.

Cuando salía por entre las dos puertas de la garita, alguien me tomó desde atrás. Mis brazos estaban atrapados a mis lados. Estaba furioso. Miré por encima del hombro y pude ver que era el mismo tipo que me había hablado en la garita. Los dos nos tambaleamos hacia una pequeña área verde afuera de la taberna. No me soltaba. Los dos nos caímos y rodamos por la la hierba húmeda. Fue entonces cuando vi las luces azules de varios carros de policía. Unos diez polis nos rodeaban, mientras rodábamos por la hierba y él todavía me tenía los brazos inmovilizados.

Gritó, "Soy un sargento y he arrestado a este hombre."

Varios de estos diez oficiales de policía uniformados de Surrey, que acababan de llegar, empezaron a patearme mientras yo estaba tendido en la hierba. Dos de ellos sacaron sus cachiporras y empezaron a golpear mis brazos y piernas con los pesados bastones. Yo estaba todavía más furioso y traté de liberarme para defenderme. No tenía idea de que este hombre era un sargento de la policía metropolitana fuera de turno. Nunca me lo había dicho ni me mostró su identificación.

Estaba tan borracho que no sentí ningún dolor, pero no tan borracho como para no reconocer que estaba perdiendo la batalla.

Grité, "Okay, okay. Me rindo," y dejé de luchar. Me las arreglé para levantarme. Mis manos, detrás de la espalda, estaban esposadas. Algunos de los policías uniformados me llevaron a un carro de la policía, abrieron la puerta de atrás y bruscamente empezaron a empujarme para que me metiera en él. Vi la cara de un enorme, feo policía que me había pegado con la cachiporra. Antes de sentarme en el asiento de atrás, lo golpeé con la cabeza y vi su naríz partirse. ¡Me sentí mejor!

Ese episodio me costó caro. Me impusieron una multa de 300 libras, una gran cantidad de dinero en 1981. También se arruinó mi reputación porque ahora tenía un récord criminal real, contrario al récord falso que tenía cuando trabajé encubierto. Estaba determinado a luchar para limpiar mi nombre frente a un Jurado. Ese plan fue arruinado cuando la policía astutamente rebajó los cargos de causar daño corporal a un simple asalto a un oficial de policía. El resultado fue que cualquier juicio solo podía ser llevado ante un juzgado de paz sin jurado.

Los cargos menores iniciales consistían en asalto a nueve oficiales incluyendo una mujer policía. Yo no golpeé a ninguna mujer en ningún momento. Estos nuevos cargos me privaron del derecho a un juicio con un jurado. Cualquier juicio sucedería en un juzgado de paz local. Sabía por experiencia que estas cortes son de empresarios laicos locales y creen en los testigos policías. Acepté de mala gana a declararme culpable de seis de los nueve cargos, pero no al de haber golpeado a la mujer. El fiscal de la policía estuvo de acuerdo con eso.

Fue una experiencia no placentera del principio al fin. Me senti humillado cuando me registraron las huellas digitales y tomaron mi fotografía. Me sentí más humillado cuando me vi forzado a orinar en el piso de la celda. No había inodoro y me negaron el permiso para usar el baño cuando lo pedí. No tengo idea por qué algunos oficiales de policía son unos asnos. Siempre traté de vivir con la consigna, "no hagas a otros lo que no quieres que te hagan a ti."

Ahora había una necesidad urgente de ganar dinero para pagar esta enorme multa. Vivir de las ventas era mejor que vivir de limosna. El "perro negro" nunca estuvo muy lejos y me visitó en muchas ocasiones. Tuvo un efecto paralizante cuando me golpeó.

Estuve tentado a unirme a un loco plan para llevar a cabo un golpe de estado en una isla en la costa de Africa del este. Algunos ex-militares se me acercaron. Incluían antiguos miembros del SAS. Pensaron que mis conocimientos como policía podrían ser útiles cuando capturaran el centro de Comunicaciones de la isla. Descubrí que había una posiblidad real de que se usaran municiones reales, así que con gracia me salí del plan. Sucedió sin mi algunos meses después.

En los siguientes años seguí bebiendo fuertemente, pero ahora había tomado la forma de consumo excesivo de alcohol. Mi carrera en ventas y en administración de ventas terminó cuando en Gran Bretaña sucedio una crisis económica severa en 1989 – 90.

Una vez mas sin trabajo, obtuve mi licencia HGV y ahora podía manejar camiones. Lo hice por unos dos años y lo usé para recargar mis pilas internas. Fue entonces cuando decidí intentar una carrera de leyes. Primero obtuve una licenciatura en derecho en la Universidad, luego pasé el curso vocacional de la Barra de abogados en Londres. Esta calificación posgraduada me ayudó a calificar como abogado en 1997. Practiqué derecho penal desde una cámara de Londres hasta el 2011.

Fue difícil estudiar para el examen de la barra de abogados. Empecé a fumar cannabis regularmente para desestresarme. Muchos abogados en Londres usan cocaína como la droga recreativa de elección. Volví a encontrarme con ella durante mis días como abogado en Londres. No era como la cocaína de Smiles que adoraba, esta cosa me indujo un severo caso de paranoia una noche. Nunca la he usado desde entonces y no tengo intención de volverlo a hacer. Dejé de fumar cannabis hace algunos años, cuando me di cuenta de que era un hábito que no necesitaba. ¿Lo que tomo hoy en día? Dos botellas pequeñas de cerveza fría cada noche.

Practiqué como abogado desde la cámara en Middle Temple, Londres, donde se filmaron muchas escenas de 'Rumpole of the Bailey.' Me alejaba del edificio un día cuando vi una cara familiar.

Era Kevin Dooley, quien en ese momento era un abogado exitoso en Liverpool, con su propia y próspera firma de abogados.

Seguí mi camino pensando que se veía como él, pero esta persona estaba demasiado vieja. Y luego recordé que yo también estaba envejeciendo.

"¡Kevin!"

Se paró y nos pusimos a conversar. Qué hacía él y vice versa.

Kevin había sido empleado de una firma de abogados en Kirkby, Merseyside, cuando lo conocí. Yo era una jóven policía principiante en Kirkby en esa época.

Después de nuestro encuentro fortuito en Londres, me fui a Kirkby a encontrarme con él en su oficina. Esto fue pre arreglado porque me dijo que podía ayudarme.

Me regaló historias sobre como hizo mucho trabajo legal para la Federación de la Policia de Merseyside, luego me hizo la promesa de tomar un caso a mi nombre. Este caso fue que yo me había retirado de la fuerza policial mientras sufría de depresión severa, una forma de enfermedad mental. Me dijo que era discutible que yo tenía un caso viable para demandar a la fuerza de Hampshire para reclamar daños por lesiones personales porque la fuerza no había cumplido su deber de cuidado hacia mí. El mayor obstáculo eran los tres años límite para presentar las reclamaciones de ese tipo. Kevin aceptó que yo no me había d ado

cuenta de que estaba sufriendo de una incapacidad médica hasta muchos después del evento.

Me llenó de esperanza.

No volví a escuchar nada sobre Kevin.

"¡Váyanse a la mierda todos!"

Negocios sin Terminar

Si no hubiera sido por un hombre llamado Gerry Thomas, la Operación Julie jamás habría tenido lugar. Thomas fue quien delató a Solomon, Kemp y los demás después de su arresto en Canadá. Lo hizo con la esperanza de que le dieran una sentencia indulgente. Se enfrentaba a prisión perpetua según la ley canadiense en 1972, por importar 13 libras de cannabis a Montreal. Su trato lo llevó a servir siete meses de una sentencia de quince meses. Cuando lo liberaron fue deportado a los Estados Unidos. Dick Lee finalmente alcanzó a Thomas en Texas en 1976.

Thomas se sintió aliviado cuando vio a un inspector de policía inglés en la puerta de su casa. Le confesó a Lee que esperaba una bala por informar sobre la operación de manufactura de LSD británica. Hasta allí llegaron el amor y la paz propugnada por personas como Kemp. Thomas conoció a David Solomon y Paul Arnaboldi en Millbrook, Estado de Nueva York. Los tres habían sido convencidos por el mantra inspirado en el ácido de Timothy Leary, "sintonizar, encender, abandonar."

Thomas volvió a encontrarse con Solomon en Inglaterra en 1972. Fue allí cuando también se encontró con Richard Kemp y Christine Bott. Fue ahora cuando Solomon compró ergotamine tartrate para que Kemp la usara para producir LSD. Fue Thomas quien también le reveló a Lee que era Andy Munro, quien más tarde se convertiría en el químico de LSD de Todd, quien fue usado por Kemp para poner a prueba la pureza de las tabletas de ácido. Kemp sospechaba que Todd estaba diluyendo el contenido antes de ponerlas en forma de tabletas. Todd, o Henry, como era conocido por algunos, era responsable por hacer las tabletas y distribuír el ácido de Kemp en ese t iempo.

Thomas le dijo a Lee que creía que Solomon fue quien lo delató, y que eso fue lo que llevó a su arresto en Montreal. Había existido un desacuerdo enre los dos hombres. Thomas se enojó y amenazó con exponer a Solomón y a Kemp ante las autoridades británicas. Solomon, a su vez, amenazó a Thomas con consecuencias directas si era lo suficientemente tonto para hacer eso. ¿Cuáles habían sido esas consecuencias directas? A lo mejor uno no necesita buscar más lejos que las palabras dichas por Kemp siguiendo a su arresto cuando se dio cuenta de que todo su dinero había sido confiscado al día siguiente de su arresto.

Fueron Dick Lee y Peter Spencer, uno de los detectives de la Operación Julie, quienes hablaron con Kemp sobre sus cajas de seguridad en el banco Suizo. Kemp se angustió ante el solo pensamiento de quedarse en la ruina y perder su cabaña en Blaencaron, Gales.

Espetó, "Está muerto."

Presionado por Dick Lee, Kemp añadió, "El bastardo viscoso de allá. Thomas."

Lee reportó que le sorpendió el odio y la crueldad de en el tono de Kemp.

No contento con su arrebato anterior, Kemp también dijo, "El es el tipo que nos puso aquí... Nosotros sabíamos que esto sucedería y debimos haberlo hecho hace varios años. David [Solomon] dijo que él hablaría. No importa. Está muerto, ya se regó el rumor."

Dick supo que se había hecho un contrato por $10.000 por la cabeza de Thomas.

La aparente conspiración para asesinar a Thomas debió haber sido completamente investigada, y las partes en el crimen arrestados y perseguidos. ¿Quién estaba mejor capacitado para conducir esa investigación que el equipo de Operación Julie que ya existía? Éramos más que todo detectives, no había razón lógica para limitar nuestra esfera de investigación solamente a las drogas y al LSD. Fue solamente cuando estuve escribiendo este libro que descubrí que la Operación Julie tenía un enlace hacia terroristas. David Solomon, para mi, siempre fue un personaje oscuro. Siempre sentí que había algo siniestro sobre él. Era el hombre que tenía conexiones con la Hermandad del Eterno Amor. Él se había acercado a Kemp para producir tanto LSD como una forma sintética de cannabis. Resultó que también se asociaba con terroristas del IRA. También tenía lazos con otros terroristas. Nunca se investigaron estos lazos. Los oficiales de policía individuales, sin duda respaldados por la casa matríz, estaban satisfechos de que la Operación Julie había hecho todo lo que se debía hacer, que había cumplido su mandato de identificar a la gente que estaba a cargo de producir el LSD y a la red asociada de distribución. Fue una decision miope y similar a hacerse el de la vista gorda frente a otros serios criminales y ter roristas.

Recientemente alguien me contactó para darme información conectando a Solomon con conocidos terroristas. Fue inflexible al decir que Solomon tenía conexiones con la IRA. Le pregunté con curiosidad y algo de escepticismo. Me respondió con más información. Parece que Solomon, Kemp y Bott le hicieron una visita al padre de mi contacto. Estaban ansiosos por comprar una propiedad en Anglesey, Gales, sin duda para usarla como un frente en la producción de LSD. El trato no funcionó. Solomon le escribió al padre, lamentando no haber finalizado el trato.

Me mandó por correo electrónico una copia de la carta escrita por Solomon y que le había enviado a su padre. Es interesante porque está fechada en 1972 y muestra la dirección de Solomon en Randolph Avenue, Londres W9. Era una dirección que conocíamos durante la investigación. Es aún más interesante cuando Solomon se refiere a su "clan." Para mí, esto indica que se percibía a sí mismo como un líder o figura paterna del grupo británico.

Mi contacto siguió explicándome por qué pensaba que fue una equivocación exculpar al movimiento IRA de la conspiración de drogas de la Operación Julie. Hice un comentario al respecto cuando escribí una entrada para un blog previo a este libro. Él recuerda a un voluntario de IRA llamado James McCann que visitó a su padre en compañía de Solomon. Un voluntario era el nombre que se le daba a un terrorista IRA provisional.

Se creía que algunos Provos, como se los conocía, estaban involucrados en narcotráfico, contrabando de armas y crímen organizado para proveer fondos contra los Británicos. El contrabando de drogas era una fuente de ingreso lucrativa. Algunas fuentes afirman que IRA era un grupo anti drogas, lo que puede haber sido el caso entre las figuras mayores y más inteligentes. Pero McCann no cabía en ninguna de esas dos categorías. El corresponsal describía y vió a McCann "volverse mental (loco)" con su padre. Hasta el día de hoy, el hijo no sabe por qué. Solomon calmó al irlandés y se fueron.

Tristemente, el hijo me dijo que su padre murió lamentanto que la investigación de la Operación Julie no pudo atar cabos y seguir al enlace de IRA. Fueron negocios no terminados, en lo que respecta a su padre.

McCann era un personaje volátil y por eso no me sorprendió que mi corresponsal, en esa época un muchacho jóven, fuera testigo de que el Provo se estaba "volviendo loco" con su padre.

Por supuesto, esos cabos sueltos eran consecuencia del establecimiento forzando a Dick Lee a que concluyera la investigación de la Operación Julie. Si se le hubiera permitido que realmente excavara profundo, ¿quién sabe qué habríamos podido descubrir?

Durante la investigación hubo muchos enlaces sin fundamento, alegatos y rumores acerca de un miembro de la Familia Real Británica ya fallecido, Mossad, y la CIA. ¿A lo mejor allí está la razón real de que el establecimiento nos detuvo y no pudimos terminar la investigación? Viéndolo bien, ¡si nos hubieran permitido continuar nos habríamos encontrado en un asunto totalmente diferente!

Un hombre llamado Ronald Stark fue de gran interés para nosotros. Había un enlace entre Stark y McCann, así que, ¿qué sabemos sobre gente como McCann y Stark? Tendler y May[16] describen cómo James McCann, en esa época una estrella naciente en el provisional IRA, lanzó una bomba de fuego a una Universidad en Belfast. Fue arrestado junto con dos periodistas norteamericanos. Los periodistas fueron liberados por causa de la intervención de Ronald Stark. Stark también se interesó en McCann. Este interés llevó a los servicios de seguridad a que se interesaran en Stark. Dick Lee se dió cuenta de ello cuando intentaba seguir a Stark durante los primeros días de la

Operación Julie. Encontró que M15 ya tenía a Stark en l a mira.

McCann huyó de Belfast y se instaló como un vendedor de cannabis en Amsterdam. Stark es una figura oscura y misteriosa. Era conocido por la DEA en 1972. SE decía que los archivos en esa época solamente mostraban lo que Stark no era, no lo que era. Stark salió a la superficie más tarde cuando lo arrestaron en conexión con un hallazgo de más de 33 libras de hachís en Holanda. Había dicho que era un libanés con destino a Nueva York, y fue arrestado de nuevo cuando llegó a los Estados Unidos por una violación de pasaporte. Los agentes de la DEA empezaron a reconstruír un caso anterior de LSD en su contra. Les fue imposible hacerlo después de tanto tiempo y le dejaron en lib ertad.

Una cosa es clara, Stark era un exitoso empresario de LSD y parecía ser rico. Se sabía que tenía algo que ver con un hombre llamado Druce. Este era un británico que traficaba con ergotamine tartrate (el ingrediente base para la fabricación de LSD) como un corredor de productos básicos. Druce llamó la atención de Operación Julie. Algunas fuentes mostraron que Stark estaba produciendo LSD en Roma en los 1960s. También se sabe que se mudó a Francia traficando la manufactura de LSD, bajo el frente de compañías químicas legítimas en Paris. Fue allí cerca de 1969 que empleó a Kemp como químico en la manufactura de LSD. Siguiendo su arresto en Operación Julie,

Kemp admitió que había sido un pasajero en el Ferrari de Stark en 1970. Fue entonces cuando fue revisado por la aduana Británica en Dover.

Tendler y May reportaron que "cualquier estudio superficial de Stark revelaría que parecía haber salido de la pobreza a la riqueza." Tenía carros de lujo caros y una casa en Greenwhich Village, en Manhattan. Hablaba muchos idiomas y había viajado por el mundo. Conoció a un expatriado norteamericano en París en 1969, quien le mencionó a Solomón. Las raices de David Solomon se remontaban hasta los días en Millbrook de la Hermandad del Amor Eterno. Stark y Kemp se conocieron a través de David Solomon.

Richard Kemp siempre sostuvo que no tenía nada que ver con la hermandad del Amor Eterno, pero fuentes de información confiables le contradecían. Se creía que figuras de alto rango en la hermandad habían visitado a Kemp y a Stark en París en 1970. Les ordenaron que terminaran de producir puesto que la ley federal de Estados Unidos estaba prestando atención cercana a la Hermandad en California. Además, Kemp, por admisión propia, conoció a Nick Sand y a Lester Friedman, ambos miembros de alto rango de la Hermandad, en Suiza en 1970. Es difícil creer que Kemp, un hombre educado e inteligente, no supiera que estaba tratando con la Hermandad. El produjo un gran lote de LSD en París para Stark, cuyo destino era ser vendido en Norteamérica. ¿O había una explicación alternativa para que Kemp se distanciara de la Hermandad? ¿Era Kemp un subsidiario de la Hermandad del Amor, Inc. en el Reino Unido?

Este escenario alternativo era el que se nos debió haber permitido investigar. ¿Podría haber sido que la producción Británica de LSD de Kemp era en realidad parte de un plan de la Hermandad? ¿La Hermandad ya sabia que las autoridades Norteamericanas estaban cerrándoles el cerco? En 1972 los Norteamericanos cerraron los laboratorios de la Hermandad ubicados en la costa oeste. Fue en este mismo año que Thomas fue arrestado en Canadá y Timothy Leary fue arrestado en Afganistán. Para ese tiempo Kemp estaba manufacturando ácido en Gran Bretaña.

En las etapas tempranas de Operación Julie, Dick Lee, usando los servicios de la Interpol, rastreó a Stark hasta Roma. Estaba en prisión, sirviendo una sentencia de 14 años por importar drogas. Había sido arrestado en 1975 en Bologna, llevando un falso pasaporte y en posesión de grandes cantidades de cannabis, morfina y cocaína. Lee descubrió la existencia de la caja de seguridad de Stark en Roma, la cual contenía documentos detallando el proceso de manufactura de LSD. Era exactamente el mismo proceso usado por Kemp.

Stark vio la oportunidad de enviar el ácido producido por Kemp desde Francia hasta los Estados Unidos. La oportunidad del negocio tomó la forma de la Hermandad del Eterno Amor. Stark viajó a California a encontrarse con los Hermanos. Stark fascinó e impresionó a los hermanos. En ese momento, los Hermanos tenían miedo de perder su rancho como resultado de redadas policiales. Stark les dijo que él tenía acceso a abogados que podían arreglar este tipo de problemas. Tendler y May, en su libro d ijeron[17]:

"En lo que se refiere al LSD, la arena todavía se estaba haciendo en tabletas pero no había un prospecto inmediato de un laboratorio sin tener la materia prima. A cambio de una retroalimentación de dinero y materiales, Stark podía cubrir la brecha. El LSD sería hecho en Europa, en un laboratorio seguro, fuera del alcance de las autoridades norteamericanas, y teñido de color naranja para continuar el flujo del sol naranja. Para mejorar la oferta, Stark añadió que había descubierto un nuevo y rápido proceso para hacer LSD y aún más, tenía la ayuda de un quimico inglés quien, según él, había hecho investigación para un equipo ganador de un premio Nobel."

No hay premios para adivinar que Stark estaba hablando de Richard Kemp. Esos mismos autores añadieron:

"Ronald Stark era y sigue siendo un enigma. Mucha gente lo puede describir y recordar conversaciones o eventos, y sin embargo no pueden decir quién era realmente. Con un puñado de identidades diferentes, se movía como un camaleón desde comunas y laboratorios de LSD hasta hoteles de lujo y exclusivos clubes para caballeros. El mayor productor de LSD que se convirtió en consejero y socio de los

Hermanos del pacífico, era también consejero y confidente de terroristas, caminando con príncipes árabes y mafiosos sicilianos. Era el hombre que hizo del LSD un producto transatlántico, el catalizador de una filial británica que se convirtió en una de las mayores productoras de LSD en el mundo. Si Owley era, según Leary, el agente secreto de Dios, ¿para quién trabajaba Stark? No hay una palabra que describa perfectamente a Stark ... y eso es lo que él quería. Stark operaba en cuatro continentes, en por lo menos una docena de países. Lo hizo con éxito porque en las Américas se sabía poco sobre lo que hacía en Europa, así como aquellos en Europa sabían muy poco de lo que había hecho en Africa, y esos en Africa no sabían nada de sus actividades en Asia. Su libro de seguridad, exhortando a otros a seguir su ejemplo, era más que todo una novela de ciencia ficción publicada en los 1960s por Robert A. Heinlein, llamada La Luna es una amante dura. Es la historia del intento de una colonia lunar de liberarse del control de la tierra a través de un movimiento basado en un sistema de células, cada una sin conocer a las otras. El éxito de la revolución se basaba tabmíen en un despliegue hábil de información errónea.

En esto, Stark era un maestro anterior. No hay una biografía sino dos, tres, cuatro o más historias diferentes que él mismo ha diseminado. Cada una es ligeramente diferente, así que nadie escuchó la misma historia que otro."

Claramente, Stark merecía ser investigado por el Equipo de la Operación Julie. Nunca lo entrevistamos. Dick Lee buscó permiso para ir a la prisión en Roma donde Stark estaba cumpliendo su sentencia para entrevistarlo. Tuvo poca atención –¡esto estaba más allá del mandato de Operación Julie!

Otra pieza de negocios no finalizados fue el israelí Izchak Sheni. En el equipo de Operación Julie lo conociamos como Zani, y así lo conocían Mark Tcharney y Solomon. Zani era un distribudior de heroína y LSD con sede en Amsterdam. Proveía drogas a Israel y a otros países alrededor del mundo. Una fuente de información insistía en que también proveía de LSD a Mossad, la policía secreta israelí.

El informante añadió que Mossad, a su vez, proveía a la CIA de parte de su LSD. Solomon uso a Tcharney como un correo para llevar el ácido de Kemp a Zani en Amsterdam. El mandato para Operación Julie era llevar a la justicia a los manufactureros y a la red de distribución. Zani era un jugador clave en esa red de distribución. En una etapa de la investigación Dick Lee estaba entusiasmado sobre este distribuidor como ninguno. Por alguna razón ese entusiasmo se extinguió y Zani pareció convertirse en un vínculo olvidado. ¿Mis pensamientos sobre esto? A Lee le advirtieron los servicios de seguridad en Gran Bretaña o de ultramar.

Lecciones Aprendidas

Se debieron aprender muchas lecciones de la Operación Julie. No tengo idea si en efecto lo fueron. Si lo fueron, no se si se pusieron en práctica. Estos son mis pensamientos sobre lo que se aprendió y lo que debió haberse convertido en práctica estándar.

Operativos encubiertos, o UCs como los llaman los norteamericanos, equipos de vigilancia e interceptaciones telefónicas son la fórmula dorada para combatir a pandillas de crimen organizado. Tienen uso limitado si se utilizan aisladas la una de las otras. Deben superponerse para tener un máximo efecto.

Permítanme darles un ejemplo clásico de Operación Julie. En el ardiente verano de 1976 Martyn Pritchard se había vuelto amigo de Lochhead y McDonnell, los dos distribuidores basados en Wiltshire. Era encubierto y los dos distribuidores lo aceptaban. Era fáciles de tocar, comparados con el ultra cuidadoso Smiles. La interceptación telefónica comenzó después de que Pritchard se había vuelto amigo de ellos. Pronto comenzó a evidenciarse que estaban distribuyendo LSD y otras drogas por un valor de 10.000 libras por mes. Lo que es más, la interpectación reveló que su mayor fuente de suministro eran una mujer llamada Monica y un hombre en Gales, David John Robertson. Nada se sabía de Mónica, escepto su primer nombre y su lugar de trabajo en Londres.

Lee mandó un equipo de vigilancia a Londres, quienes localizaron con éxito a Mónica. El equipo la siguió hasta un apartamento en los bajos en Camden Town, norte de Londres. Fue puesta bajo vigilancia por algún tiempo y más tarde la identificaron como Mónica Kenyon. Fue claro que estaba viviendo con un hombre llamado Tony y que lo estaba ayudando a distribuír drogas. Hasta ese momento Tony no había sido identificado.

Pritchard hizo arreglos para una compra de prueba de LSD a los dos proveedores de Wiltshire. Con seguridad, después de ordenar la muestra de 500 tabletas, se escuchó a Lochhead y McDonnell hablar con Mónica en el intervenido teléfono, discutiendo la orden. El equipo de vigilancia vio a Mónica entrar al apartamento de los bajos. Tony salió del apartamento y se fue caminando hasta un kiosco telefónico público al frente de la calle. Se le escuchó aceptando la orden por un precio de 145 libras y haciendo arreglos para la entrega más tarde ese día en la carretera M 4.

Los dos distribuidores de Wilthsire regresaron de la entrega y le dieron las tabletas de ácido a Pritchard a cambio de 160 libras. Unos dias mas tarde se escuchó a Lochhead tratando de contactar a Mónica para pedirle una orden de LSD, pero sin éxito. Se había ido por unos dias con Tony. Sin inmutarse, Lochhead también intentó contactarse con Robertson pero de nuevo, sin suerte.

Desesperado, marcó un nuevo número.

"Habla Stuart [Lochhead]. No he podido comunicarme con Tony o Dave en Brecon."

"Man, ¿Qué diablos estás haciendo? ¿Llamándome?"

"Quiero algo urgente y pensé que estaba bien si te llamaba."

"¡Coño! Tú sabes que no puedes llamarme."

"Sí. Lo siento, hombre, pero ¿puedes ayudarme?"

"OK, cuántas?"

"Tres, por favor." [tres eran tres mil. Todos los distribuidores de ácido usaban este Código, dejando de lado el "mil"]

"Jesus, solo tres! No vale mi tiempo."

"Yo voy y las recojo."

"No te preocupes. Se las mando por correo a Tony. Recógelas donde él. Y nunca vuelvas a llamar a este número."

De vuelta en Devizes, Dave Redrup creía que el conocía el número al que llamó Lochhead. Chequeó y confirmó que era el número de la casa de Smiles en Y Glyn. Se hizo una aplicación para interceptar el teléfono de Smiles. ¡Era un pez mas grande! Encontró una solicitud de tres.

A pesar de que Eric y yo estábamos en el lugar en Llanddewi Brefi, Smiles era demasiado cauteloso para permitirnos llamar a Pritchard y Lochhead/McDonnell. Pero el hecho de que estábamos en el lugar era todavía importante para que consiguiéramos inteligencia sobre Smiles. Era claro que estaba comercializando en decenas de miles de tabletas de ácido. Y Tony y Mónica eran parte de sus conexiones en Londres. Tony fue identificado más tarde como Tony Dalton. Mónica como Mónica Kenyon, a la que Buzz se refirió descuidadamente en nuestra presencia un día en el New Inn, Llanddewi Brefi. El valor de la trinidad impía de encubiertos, vigilancia e interceptaciones telefónicas trabajando armoniosamente está ampliamente demostrado por ese episodio. Puede ser aplicado a cualquier organización criminal, sean drogas, ladrones, crímen organizado o terroristas. Por supuesto, cada brazo de la trinidad tiene sus propios usos aislados. Por ejemplo, Eric y yo descubrimos el plan para importar vastas cantidades de cocaína a Gran Bretaña sin la ayuda de vigilancia o de interceptaciones telefónicas.

Las otras lecciones aprendidas son personales.

Primero, un potencial infiltrador encubierto debe estar dispuesto a someterse a un riguroso programa de test sicológicos antes de embarcarse en su papel. Los profesionales apropiados deben certificar que esa persona es apta para su propósito. Es un primer paso en el deber de cuidado que se les debe dar a los oficiales involucrados en este trabajo potencialmente peligroso y estresante. Si la persona es apta, debe haber un programa de entrenamiento que idealmente debe ser conducido por veteranos como yo. Mi experiencia se ha perdido completamente para el servicio policial cuando pudo haber sido de valor para oficiales más jóvenes. No es posible enseñar todo lo que comprende el trabajar encubierto, pero como mínimo, agentes encubiertos novatos deben estar preparados para tantas eventualidades como sea posible.

Este tipo de trabajo es único. Merece el reconocimiento con una estructura de pago diferente a la de oficiales regulares. Por supuesto, quiero decir una escala salarial mejorada. Debe ser una carrera propia dentro del servicio policial. No hay razón por la que un competente agente encubierto deba ser obligado a regresar al trabajo normal y a las obligaciones normales al completar una asignación. Se les puede dar unas vacaciones y volver a otra asignación encubierta otro día y en otro lugar. Pueden regresar cuando se necesite otra identidad. Los buenos agentes encubiertos no crecen en los árboles, es una habilidad especial. Merecen que se los cuide financiera, física y mentalmente. Se pueden establecer salvaguardas para evitar el agotamiento o problemas mentales.

Hay otra característica del trabajo encubierto que raremente veo que abordan, y tiene que ver con más rigurosas salvaguardas para la supervisión de oficiales encubiertos. A veces existe la tentación de unir fuerzas con el otro lado, de cambiar de equipos. Durante mi tiempo con Bill y Blue, pensé en la riqueza fácil asociada con el tráfico de drogas. Existió la tentación de trabajar solo. Siendo un operativo encubierto eres, por definición, un tomador de riesgos. Hay solamente un paso corto antes de verte envuelto como jugador en el tráfico de drogas. Estos no eran pensamientos ociosos, yo tomé en consideración los atractivos y los beneficios adicionales. ¿Qué me detuvo? Mi integridad, mi orgullo profesional y el pensamiento de que me darían varios años de cárcel si me atrapaban.

La ley en Gran Bretaña necesita pensar muy bien cuando considere el reclutamiento y despliegue de oficiales encubiertos. ¿Por qué reclutarlos dentro del servicio de la policía? Se puede advocar por una agencia nacional secreta de agentes encubiertos. Los reclutas adecuados no necesitan ser oficiales de policía, son adecuados por sus habilidades y personalidades, no porque una vez se pusieron un uniforme.

Tal grupo de expertos UCs podrían ser desplegados en muchas situaciones. El individuo agente encubierto podría ser usado para infiltrar pandillas de drogas, pandillas de crímen organizado y grupos terroristas. Un individuo sería seleccionado para una tarea particular según su grupo étnico. No hay mucha ventaja en ubicar a un UC con raíces Británico-Asiáticas en una pandilla de blancos supremacistas. De la misma forma, no hay ventaja en pedirle a una mujer UC blanca que infiltre una organización terrorista fundamentalista islámica.

¿Es posible que se cree alguna vez un escuadrón élite como este? Lo dudo.

Hace poco encontré que hay una investigación del gobierno de UK al trabajo encubierto. Se implementó debido al caso ampliamente conocido de un policía metropolitano encubierto que engañó a una joven mujer como parte de su fachada. El debía infiltrar un grupo politico y formó una relación con una mujer miembro del mismo grupo. Vivieron juntos como si estuvieran casados y tuvieron un hijo juntos. Yo no condono estos métodos, los encuentro aborrecibles. Tengo la intención de hacer una presentación completa por escrito sbre este tema.

Finalmente, el estrés del papel, si es que va a ser una carrera de por vida, debería garantizar una jubilación temprana con beneficios de pensión atractivos. Nunca más deberían los oficiales en jefe de la policía o cualquier supervisor de policía permitir a un oficial encubierto renunciar mientras estén en licencia por enfermedad, particularmente cuando esa enfermedad es un problema de salud mental causado por el trabajo encubierto.

¿Estoy enojado? ¿Estoy amargado? ¿Después de todos estos años? La mayoría de las veces el enojo y la amargura estaban enterrados bajo la superficie. Al escribir esta memoria me he visto forzado a enfrentarme a los hechos y recuerdos de esa época. Déjenme que lo escriba de esta manera –Ahora creo firmemente que fui mal tratado por el servicio de policía.

Escribir este libro me ha hecho enfrentar algunas verdades y sentimientos incómodos que había enterrado por muchos años. No es que me lamente de la vida que he vivido desde que renuncié a la policía. Creo que me he convertido en una mejor persona, más ecuánime. Escribir ha tenido un efecto catártico para mi. He tratado de ser franco en cada detalle, aún mi buen amigo Eric, luego de leer un borrador de este libro pensó que estaba haciendo un trabajo de "auto-asesinato". Sé lo que quería decir y valoro su opinión, pero, Eric, yo soy imperfecto. Tengo caracteristicas de personalidad de las que aún tú no sabías nada hasta que leíste mi manuscrito.

Esas verdades sobre las que escribo son las razones por las que he comenzado y detenido este libro muchas veces. No estaba preparado para ser brutalmente honesto conmigo mismo sino hasta hace poco. No era capaz de eso. ¿A lo mejor estoy siendo duro conmigo mismo? ¿A lo mejor el cuadro que he pintado no es el cuadro completo? No lo se. Eso les queda por decidir a otros a quienes conocemos b ien.

Aquellos a quienes conocemos bien tienen derecho a formarse una opinión sobre mi rol como agente encubierto y sobre mi. Confieso que he tenido algunas dificultades con extraños que escogieron dejar comentarios viles y anónimos sobre mi, siguiendo a los articulos promocionales sobre este libro que se publicaron en varias revistas como Vice.com. Me imagino que es una característica de esta edad digital. He atenuado mi reacción original a esos mal informados, viciosos comentarios. Reflexiono en si muchos de esos comentarios fueron inspirados por mentes dominadas por yerba y ácido.

Yo creo que gente como esa debe estar alejada de la realidad. Me recuerdan a algunas personas que conocí cuando era un joven detective. Gente que profesaba odiar a los policías, pero ¿qué sucedió con ellos cuando ellos o sus familiares cercanos fueron víctimas de un crímen serio? ¿Cuando sus seres queridos fueron asesinados o violados? Se transformaron de la noche a la mañana, cooperaban con la policía y actuaban con cortesía. Sobre todo, ellos estaban de acuerdo en que la policía tiene un trabajo muy difícil.

Yo acepto opinions sobre tácticas encubiertas, y con esto quiero decir, tácticas legítimas que pueden variar. Sigue siendo una fuente de confort para mi saber que toda la gente que ha sido importante en mi vida me ha admirado por mi trabajo encubierto. Esto se extiende a la abrumadora mayoría de totales extraños también. Mis compañeros encubiertos me tienen en alta estima. En efecto, uno de ellos, un antiguo veterano de Vietnam, guardaespaldas del servicio presidencial, Mariscal de aire y agente especial encubierto de la aduana, me dijo que él no habria podido hacer lo que yo hice. ¡Yo estaba sorprendido al saber que él había hecho compras a un cartel colombiano por valor de $200.000! ¿Mis pensamientos? Siempre vuelvo a la pregunta del título del capítulo uno, ¿Quién soy yo? Mis batallas son personales, permanecen en mi cabeza.

Este capítulo se titula “Lecciones Aprendidas.” Una de las mayores lecciones aprendidas es que en retrospectiva, la Operación Julie fue una pérdida de tiempo. Llevó directa o indirectamente a que buenos detectives se perdieran de la fuerza policial. Los esfuerzos y habilidades nunca se utilizaron en la lucha contra criminales reales. Julie no fue el comienzo de la “Guerra contra las drogas.” Simplemente fue la guerra equivocada. De cualquier manera que la mire, nunca podré superar el sentimiento de que traicioné a un buen amigo. ¡Maldición, Smiles!

¿Por qué eras tan simpatico?

El Futuro del Trabajo Policial Encubierto

Twitter está inundado con los hashtags #spycops. Es un presagio de lo que viene en relación con la investigación policial encubierta, conocida también como la investigación Pitchford.[18]

Espero que la investigación pregunte "¿Hay algo así como una "política sobre la ética policial encubierta'?" Para algunos eso parece ser un oximoron. A lo mejor no es sorpresa cuando se conocen algunas de las payasadas de antiguos oficiales encubiertos del Servicio Metropolitano de Policía (MPS) en particular.

La investigación se inició a raíz de un número de escándalos que involucraban a las tácticas encubiertas de la policía. Ellas están bien documentadas en otras partes. Permítanme dejarlo claro –Yo no condono ninguna de las acciones de esos oficiales y antiguos oficiales. Lo que hicieron fue mas allá de los límites. No puedo aceptar que se viva con una mujer en una relación por un período de tiempo con la intención de cementar una "historia de fondo" o "leyenda". Y fue aun peor cuando un oficial fue padre de un niño por causa de la relación duple.

Es algo sobre el MPS! Siempre tuvo la reputación de ser su propia ley en mis días. Historias de corrupción abundaban y no era una sorpresa el que a menudo fueran ciertas. La Met menospreciaba a sus "primos campesinos," sin importarles que ellos también habían sido policías en una gran ciudad. La Met siempre pensó que ellos eran superiores. Por spuesto que esto nos irritaba a los policías provinciales y teníamos buena razón para no confiar en ellos. Es una pena. Muchos oficiales de la metropolitana eran y son buenos oficiales de policía. Es siempre el caso que unas pocas manzanas podridas dañan a todo el barril, para disfrutar de una pequeña metáfora.

¿Puede ser ético el trabajo encubierto? Algunos arguyen que nunca podrá serlo porque es engañoso por naturaleza. Si, pero el crimen también es una carga y una amenaza para la sociedad. ¿De seguro hay espacio para que las actividades encubiertas de aplicación de la ley frustren al crimen organizado? Yo creo que sí, y esas tácticas deben reservarse para los crímenes mas serios -terrorismo, tráfico mayor de drogas, tráfico de personas, etc. Nunca debe ser usado de nuevo para infiltrar grupos de protesta u organizaciones políticas, con una advertencia – a menos que esos grupos estén metidos en crímenes serios. La protesta pacífica y la afiliación política no son crímenes ni garantizan técnicas encubiertas o intrusion policíaca.

También es claro que la habilidad para llevar a cabo operaciones encubiertas tiene que quitarse de las manos de comandantes locales. El Reino Unido ha visto una proliferación de operaciones de drogas "compre y reviente" en tiempos recientes. Es una sorpresa que estos "narcos" encubiertos no terminaran arrestándose uno al otro, pues cada "nick" (policía) en cada fuerza policial parecía estar empleando estas tácticas. Más aún, ello llevó a la práctica de que los agentes encubiertos urgieran a los vendedores callejeros a que lo "subieran" – a que en vez de vender un "octavo" suplieran un kilo del producto. Esto es incorrecto y con toda probabilidad, es una trampa y por lo tanto, i llegal.

Estos tipos de operaciones nacieron de la necesidad de hacer que los números se vieran mejor. Las estadísticas siempre han sido la ruina de la policía y buena vigilancia no debe concentrarse en barajar el papeleo y presentar estadísticas. Frustrar el crímen serio no tiene nada que ver con cotejar estadísticas. Combatir el crimen organizado es impulsado por la inteligencia. Tristemente, como en muchas otras areas en la vida, el servicio policial se ha convertido en una organización políticamente correcta. Es manejada por hombres y mujeres de rango de oficiales que nunca han experimentado el día a día de la lucha contra el crímen serio. ¿Cómo lo sé? Los remito en dirección al reciente libro para agentes encubiertos "Rule Book" publicado por el Colegio de Policía[19].

Es un documento plagado de jerga y contiene algunas nociones ridículas. Fue claramente escrito por gente que nunca habían tomado parte en el trabajo encubierto profundo. Mi éxito como un oficial encubierto se debe parcialmente a que usé drogas regularmente. Ahora bajo las propuestas del régimen presente, me habría hecho merecedor a procedimientos tanto criminales como disciplinarios.

¡Posiblemente la idea mas divertida que presenta ese documento es urgir a los operativos encubiertos a adherirse a la 'Directiva del tiempo del trabajo'! A lo mejor me perdí de algo, pero no consigo ver una conección entre camioneros y policías encubiertos.[20]

El trabajo encubierto es una herramienta valiosa para combatir crímenes serios. Espero que la investigación Pitchford no resulte en "botar al bebé junto con el agua del baño." Confío en que la investigación pero no en los líderes ni en la dirección del moderno servicio británico de policía.

Pueden leer más sobre este tópico en mi Blog de Huffing Post.[21]

Duplicidad

El trabajo encubierto es, por definición, duplicado. La duplicidad juega parte en muchas situaciones diarias. Se practica cada día por incontables personas en el mundo, como es el caso de esposos infieles, politicos y negociantes inescrupulosos. La duplicidad es desafortunadamente una parte integral de la condición humana. Considerando mis experiencias me pregunto, ¿hay una forma aceptable de duplicidad?

Comportarse de una manera duplicita es un acto de dos caras. En un ambiente diario, es inaceptable. Todos conocemos gente que habla como si estuviera de acuerdo con otras personas, el problema es que la persona duplícita estará de acuerdo con una opinión diferente para acomodar sus propios intereses.

La política es el clásico escenario para actos de duplicidad. Los politicos dicen una cosa a una persona para lograr su voto o su apoyo, y al mismo tiempo, le dirán a la oposición exactamente lo que quieren escuchar, aún si es lo exactamente opuesto a su previa posición. Esto sucede en las habitaciones del lobby y en los corredores de poder todo el tiempo. El politico engañoso debe saber que lo van a descubrir, pero no le importa.

La duplicidad no es privativa de la política, también sucede en los negocios. Algunos vendedores le dirán cualquier cosa a un cliente potencial con tal de lograr una venta. Puede ser aún una mentira sobre los costos o los factores de seguridad de un producto. Han habido escándalos en la industria motor, por ejemplo, en los que parece que personas con información privilegiada que han sabido de los peligros de los carros han escogido mentirle a la compañía y al público.

Una de las cosas que intrigan sobre la duplicidad es la creencia del actor de que nunca va a ser descubierto, y sin embargo, en esta era del internet y de las noticias al instante, una historia de interés periodístico sobre la duplicidad puede ser compartida millones de veces en el mismo tiempo que toma hervir agua para el té. La duplicidad se convierte en arte cuando se aplica al trabajo policial encubierto o al espionaje. La duplicidad no es privativa de los buenos tipos, los agentes en el lado de la ley que hacen tremendos sacrificios para mantenernos seguros a usted y a mí. Hay muchos ejemplos de tipos duplícitos también.

De cualquier forma que se mire a la duplicidad, es una forma innegable de emoción. Cuando era un jóven comprometido en trabajos encubiertos, me emocionaba. La encontraba diferente, y era un desafío para mi. La duplicidad en la que me comprometí durante mi tiempo como agente encubierto es obvia y está documentada en los capítulos previos. Lo que no es tan obvio es qué tan lejos la mente tortuosa irá para adoptar y perpetrar la mentira.

Hay ocasiones en las que las tácticas encubiertas de la policía van demasiado lejos. No culpo a los oficiales enteramente. Los dos eventos que tengo en mente son el asunto "Lizzie" y Coling Stagg y a Mark Kennedy. "Lizzie" era un oficial encubierto al que se le había orenado hacerse amigo de Colin Stagg. Se sospechaba que Stagg, quien fue completamente exonerado después, había asesinado a Rachel Nickell en 1992 en Wimbledon Common. Me referí a Mark Kennedy en un capítulo anterior cuando escribí sobre un agente encubierto que tuvo un hijo mientras mantenía su fachada.

Lizzie se hizo amiga de Stagg. Un sicólogo criminal, un perfilador, y la policía decidieron que Stagg cumplía el perfil y se le pidió al perfilador que ayudara a diseñar una operación encubierta. La idea era ver si Stagg se eliminaría o se implicaría a sí mismo a través de su amistad con Lizzie. Esta operación fué severamente criticada por los medios más tarde y por el juez del juicio de Stagg, quienes la calificaron como una trampa de miel. El Sr. Juez Ognall reguló que la policía había mostrado "excesivo celo" y había tratado de incriminar a un sospechoso mediante "conducta engañosa del tipo más burdo." El juez excluyó la evidencia incriminatoria y la fiscalía retiró el caso. Stagg fue absuelto en septiembre de 1994.

La "conducta engañosa de lo más burdo" incluía a Lizzie introduciendo deliberadamente el tópico de fantasias sexuales violentas. Ella también fingió una predilección por ese tipo de fantasias. Estaba llegando demasiado lejos. Sus supervisors debieron saberlo mejor y ella debió haber renunciado a ser una parte de este sinsentido.

Hubo una supervisión equivocada en el caso de Lizzie y parece que hubo también una total falta de supervisión efectiva en el caso de Mark Kennedy.

Siento mucha admiración por Dick Lee, pero el era tortuoso. Jugaba para los dos equipos o para todos los equipos si esto servía sus propósitos. Un ejemplo de esto fue cuando Martyn Pritchard trabajaba como agente encubierto durante la Operación Julie. Lee frecuentemente mencionó a un informate llamado Swan en su libro. Swan se ofreció a revelarle una información interesante a Lee sobre algunos de los principales jugadores en la red de la Operación Julie. Se creía que esos jugadores estaban en los altos mandos de la organización, pero Swan pidió algo con lo que Lee no se sentía cómodo. Swan quería que Lee fundara una operación de contrabando de drogas que Swan operaría y esperaba total inmunidad en su arresto y enjuiciamiento. Lee consideró esa proposión y estuvo tentado, y sin embargo encontró una solución, una solución duplícita.

Lee concluyó que a Swan le preocupaba más que todo el ser estafado por otros distribuidores de drogas, lo que era común en el mundo de las drogas, así que le hizo una propuesta alternativa a Swan. Lee arreglaría que un "pesado" lo acompañara a cualquier reunión en donde se intercambiaran drogas y dinero en efectivo. Swan estaba encantado y aceptó agradecido la oferta. El hombre "pesado" era Martyn Pritchard. Era una situación de ganancia segura para Lee. Obtuvo la información que Swan tenía para ofrecer, y también obtuvo información adicional sobre drogas. Swan se ofreció a ayudar a Pritchard y recibió retro información sobre la veracidad de la información que le daba Swan. Era como si Lee estuviera junto a Swan en esos momentos pero Swan no lo sabía porque Lee era, en efecto, Pritchard. Dick Lee nunca tuvo miedo de tomar riesgos. Esa fue una de las razones por las que él me caía bien. A menudo él navegaba un tanto demasiado cerca de las rocas, pero como todos los grandes generales o capitanes, si no te gustan las metáforas mixtas, él fue afortunado.

Usted, lector, puede haberse dado cuenta de algo que escribí antes en el libro. Fue una pista sutil de que cuando estaba en Liverpool yo me había preguntado sobre la buena fe de Blue. Hoy, en 2016, todavía me pregunto lo mismo.

Unos cuantos años después de que la Operación Julie terminara, visité a Dick Lee en Scarborough, Yorkshire del norte. Si no estoy mal, me parece que fue alrededor de 1986. La esposa de Dick, Pam, había cocinado un faisán y tuvimos un delicioso almuerzo juntos. Cuando terminamos el almuerzo, Pan hizo algo que me recordó mis días pasados. Empezó a limpiar la mesa y sugirió que nos dejaran solos a Dick y a mi para que habláramos de negocios de hombres.

Conversamos con toda naturalidad sobre la Operación Julie y algunos de los personajes que estaban a ambos lados de la cerca. Dick Lee era un anfitrión cordial y un hombre inteligente, y sin embargo a veces salía con pensamientos ridículos. Uno de esos pensamientos ridículos fue sobre un antíguo colega. Me contó una historia de mierda que era difícil de creer.

"Oh, lárgate y jódete. Es un chiste," fue mi respuesta.

Él reconoció mi ira y nuestra conversación retornó a la normalidad. Dick lee adoraba una buena teoría de conspiración. Yo había escuchado muchas teorías de conspiración después de la Operación Julie. Cosas tales como cómo los oficiales de Julie se habían beneficiado financieramente de la operación. Sin duda la gente decía las mismas cosas sobre mi. Oí algunas historias extrañas y otras maravillosas sobre cómo miembros claves del escuadrón habían descubierto hordas escondidas de dinero y se la habían repartido entre ellos. En forma similar, ellos o nosotros, habíamos encontrado miles de tabletas de LSD enterradas y las habíamos vendido a hambrientos distribuidores. Todas esas historias eran basura.

Dick abrió otra botella de malta y habíamos tomado unos cuantos vasos cuando lo tomé por sorpresa.

Le pregunté, "¿Y qué pasa con Blue entonces?"

Me dió esa torcida sonrisa suya. Era un truco que usaba a menudo, no significaba nada. Creo que la gente trataba de adivinar algo sobre esa sonrisa de Lee pero perdían su tiempo. Era simplemente una táctica para retrasar algo. Le daba tiempo de pensar en las ramificaciones de una pregunta o de una situación. Su significado era todo y nada.

Respondió, "¿Qué quieres decir?" mientras todavía sonreía como el gato de Chesire. Podría ser enfurecedor, pero yo había llegado a conocer sus peculiaridades.

"¿Qué pasó con Blue y Bill? Puedes decírmelo ahora, ya no trabajamos en eso."

Enderezó su cara y dijo, "La CIA se encargó de ellos."

"¿Qué quiere decir? ¿Se encargó?"

"Hubo una gran operación en los Estados Unidos. Una operación masiva de tráfico de cocaína y heroína. Tú y Eric tropezaron con ella. Ellos la terminaron y sus tipos están pagando veinticinco años en una penitenciaría federal.

"Hmm."

"¿Qué se supone que eso significa, Bentley?"

"Tengo una teoría."

"Supongo que es mejor que yo la escuche, entonces."

Desplegué mi teoría. Dick la escuchó atentamente mientras yo detallaba mi teoría alternativa.

Lee dijo, "¿Eso es todo?"

"Sí."

Me dió esa sonrisa torcida una vez mas, diciendo, "Eres un bastardo inteligente."

Esa respuesta me enfureció porque no era una respuesta. Dick Lee nunca me dió una respuesta directa.

Nunca la recibiré. Escribí eso creyendo que Dick Lee estaba muerto. También escribí –

Lo extraño es que no pude encontrar evidencia de un obituario. ¿No creerían ustedes que debería existir un obituario para el hombre que fue el autor intelectual de la Operación Julie?

Los reportes sobre su muerte fueron una vez grandemente exagerados, con disculpas a Mark Twain. Yo escuché una transmisión de Radio 4 de la BBC en 2013 sobre la Operación Julie. Me entristeció cuando el boletín reportó la muerte de Dick Lee. Después supe que la BBC presentó disculpas por este reporte cuando les dijeron que él estaba vivo y muy bien. Me alegró escuchar la noticia, pero dudo que Dick Lee me de alguna vez una respuesta directa. Con seguridad no lo lograré ahora. Hace poco supe de la muerte de Dick en su nativa Scarborough, North Yorkshire en Agosto del 2016.

Así que, supongo, usted se estará preguntando ¿cual es mi teoría alternativa sobre Blue y Bill? Ya he revelado muchos de mis pensamientos más profundos en este libro. Mi teoría alternativa es para que yo la conozca y usted la adivine.

De cualquier manera, es buen material para otro libro, una novela basada en gente de la vida real que conocí en mis días como agente encubierto.

Una cosa más –mi duplicidad se pudo ver con claridad durante mi paso encubierto. ¿Será que sí quise decir todo lo que escribí sobre Smiles?

Tienes que voltear la página para encontrar la respuesta.

Smiles y yo

¡Por supuesto! Él era un gran tipo. Solamente tuvimos diferentes papeles en la vida. Mi vida ha sido un poco más rica al conocerlo. Él es uno de los grandes personajes en la vida, no hay muchos ahora. La inútil "guerra a las drogas" nos dejó a los dos una cicatríz en nuestras vidas.

Escribí esos dos párrafos y los dejé inalterados para esta segunda edición. La relación entre Smiles y yo ha fascinado a mucha gente. Me ha causado conflicto hasta el día de hoy, y como lo dijo un lector, "[E]ntre más tiempo Bentley estuvo encubierto... más conflictos tenía."

Un periodista de la BBC comentó después de leer mi libro, "La sola idea de convertirse en alguien más es absolutamente fascinante."

Allí está la adivinanza. Sí, me convertí en alguien más cuando trabajé encubierto pero a los dos, a ese alguien más y al real yo nos gustaba Smiles.

Lo que sigue está escrito por ese "alguien más." Aquí está Steve Jackson:

"Tómense un trago, oficiales. No están de turno," es lo que Smiles les dijo a varias personas por décadas cuando describió la escena en la que Steve Jackson y Eric Walker entraron en el New Inn, Llanddewi Brefi por segunda vez. Concedo que puede haber dicho algo como eso. Era la forma de ser de Smiles, su método de operar. Le encantaba molestar. Seamos sinceros, él estaba viviendo por fuera de la ley y tenía el arte de la auto preservación. Si los papeles hubieran sido al revés, estoy seguro que yo habría hecho algo semejante. Él siempre estaba examinando, probando, buscando una reacción.

Smiles se ganaba la vida vendiendo drogas. Él era cauteloso con los extraños, particularmente si aparecían en su "señorío" en la Gales rural. Cualquier extraño habría podido ser un policía encubierto. Jackson lo era. Sobre el transcurso de los siguientes ocho meses después de ese primer encuentro, Jackson llegó a ser cercano a y a querer a Smiles. Le tenía tanto cariño que casi le revela toda la verdad. Habría sido una revelacion que lo habría convertido en un paria de por vida en los círculos policiales, sin mencionar la posibilidad real de poner en peligro la seguridad de otros oficiales.

Por cuarenta años Steve Jackson vivió con el sentimiento de haber traicionado a un amigo cercano. Nunca lo dejé. Fue un sentimiento que se convirtió en parte de su tejido. Smiles, por otra parte, tenía que vivir con la pregunta siempre presente de servir sus 8 años de prisión y lo que vendría después. Esta pregunta que le hice fue más o menos asi:

"Usted debe haber sabido que eran policías, ¿correcto?"

"Yo lo supe allí mismo. Nunca me engañaron," fue el centro de su respuesta.

Un ejercicio para guardar las apariencias, tanto dentro como sin las paredes de la prisión. Una respuesta que probablemente ha repasado tantas veces, que Smiles mismo se la cree.

Jackson (y Bentley) por supuesto mostrarían varias cosas que socavan la aseveración de Smiles:

¿Por qué Smiles le pidió a Jackson que le proveyera de serias cantidades de cocaína después de saber lo que había pasado en Liverpool con el gángster canadiense?

¿Por qué Smiles no le advirtió a nadie en la red de distribución de drogas? Claramente no lo hizo, pues las interceptaciones telefónicas de seguro habrían permitido descubrir la advertencia.

La manufactura de LSD en Seymour Road continuó tan normal como las actividades de todos los distribuidores de drogas que estaban abasteciendo cerca del 90 por ciento del LSD en el mundo en ese momento.

¿Por qué le permitió a Eric que se quedara solo en su casa la noche en que salió a consumir cocaina con Jackson y otros en Lampeter?

¿Por qué le dió cannabis y cocaína a Jackson? ¿Por qué le dió cannabis a Jackson como regalo de navidad?

¿Por qué fueron Jackson y Walker huéspedes bienvenidos y frecuentes invitados en su casa?

¿Por qué Smiles escogió ser un compañero regular de Jackson en sus sesiones regulares de beber?

¿Por qué habló frecuentemente con Jackson sobre distribuición de drogas?

¿Por qué arguye que varias personas le informaron de la verdadera identidad de Jackson y no hizo nada al respecto?

Volviendo a mi otra previa ocupación como abogado litigante, y contrario a la creencia popular, un litigante nunca dice las palabras "yo descanso mi caso." Es mucho mas probable que un litigante use la frase dirigiéndose al jurado, "Miembros del jurado, ustedes pueden pensar..."

Ustedes pueden pensar que todo lo que reclama Smiles no tiene sentido.

Esa visión es reforzada por Llyn Ebenezer. Un artículo de la BBC lo cita[1]:

"Pero no teníamos idea de qué o qué pasaba con esos extraños grupos con los que te habías mudado.

Para ser honesto, si alguien parecía tener mas posibilidades de ser distribuidores de drogas era la policía que actuaba como hippies, porque los verdaderos distribuidores de drogas eran todos profesionales educados que mantuvieron su posición y se mezclaron muy bien en la comunidad.

Los distribuidores y la policía bebían juntos en la taberna, comiendo toda clase de alcaparras, así que cuando las redadas finalmente sucedieron todos estábamos en un gran shock."

Nada de esto le quita a Jackson ese sentimiento de culpa, o a mi. Este era un amigo y de muchas maneras la relación entre Jackson y Smiles se convirtió en un "hermance." Había un lazo genuino entre ellos y un sentimiento de relajación cuando estaban uno en compañía del otro. Steve Jackson se sentía más cerca a Smiles que su compañero encubierto. No lo digo a la ligera.

Hace poco supe que Buzz, el gran amigo de Smiles, había muerto. Le dí mis condolencias y mi simpatía genuina a Smiles a través de las redes sociales.

Aún ahora la confusión reina en mi propia mente. ¿En dónde se separan Steve Bentley y Steve Jackson? ¿Son dos personas o una?

Algunos lectores de la primera edición de este libro han expresado su deseo de que Smiles y yo nos volvamos a encontrar. En un tiempo, yo también lo pensaba así... ahora no estoy tan seguro. Creo que finalmente me acerco al cierre final sobre mis sentimientos de culpa y traición hacia Smiles, por eso no estoy convencido de que volverme a encontrar con él servirá un propósito útil... para cualquiera de los dos.

Estamos estado en contacto por escrito, y para aquellos que estén interesados en nuestras conversaciones:

4 de abril, 2016 en Facebook[2]

Smiles: "Estoy interesado en saber lo que tienes que decir."

La misma fecha y siguientes, y otro post, en el mismo lugar:

Autor Stephen Bentley: "Me interesa saber lo que piensas sobre lo que digo en el libro. Pienso que te hace justicia. Espero que estés bien."

Alston Hughes: "Estoy bien, ¿y tú? ¿Cuándo publicas?"

Autor Stephen Bentley: "Estoy bien, salvo por la edad y la artritis. Espero publicar en junio si todo va bien"

Autor Stephen Bentley: "La fecha de publicación está para el 9/14/16. Estoy tratando de ganar el interés de una compañia de television para que nos haga una entrevista a los dos, ¿te interesa?

Alston Hughes: "Lo estoy pensando"

Autor Stephen Bentley: "Alston Hughes a lo mejor lees el libro primero y después decides. Puede que no suceda, todo es historia vieja. Cuídate."

Alyson King: "A lo mejor pueden aclararme un punto, chicos. Pensé que 'todos sabían' que ustedes pertenecen al escuadrón de drogas porque llevan zapatos de cuero apropiados...."

Alston Hughes: "Alyson King no seas tonta"

Autor Stephen Bentley: "Alyson King Correcto :)"

Autor Stephen Bentley: "Fueron los cascos de policía puntiagudos que nos pusimos Alyson King :)"

Alyson King: "Fue una época maravillosa – gracias chicos"

Autor Stephen Bentley: "Alston Hughes ¿Hay alguna forma de que podamos chatear en privado?"

Autor Stephen Bentley: "Alston Hughes Smiles siento mucho las noticias tristes sobre Buzz. Mis genuinas y más sentidas condolencias mi amigo."

La siguiente "conversación" no editada tuvo lugar más tarde en mi sitio de red[3] de autor:

Smiles:

"Dos hechos fuertes 1) Tú alegas que yo encendí un cigarrillo con un billete de cincuenta libras, considerando que estas no salieron a la circulación sino hasta 1981, yo debo haber viajado en el tiempo para que esto fuera posible la verdad es que ni siquiera uno de cinco libras fue incinerado y los restos carbonizados (en perfecto estado para ser gastados) se los di a "Willie Bach" quien procedió a hacer justamente eso. 2)Mencionaste que dejamos al Llew Coch en las escaleras, pub equivocado que era "las gradas del ferrocarril", ahora esto parece trivial, y sin embargo ello demuestra la falsedad de tus recuerdos o tu sesgo sensacionalista. Tengo problemas con otras cosas que has escrito, pero no estoy listo para darlas a conocer."

Respondí:

"Billetes de 50 libras existieron entre 1725 y dejaron de ser legalese n 1945. Se retintrodujeron en 1981 como correctamente lo dices. Aparte del "hecho", cuando dices que yo "menciono," cualquier lector del libro puede ver que estoy recontando una historia sobre tí y la prendida de un cigarro

o cigarrillo con un billete. Por lo que dices, parece que la historia es verdadera y te pido perdón por mi error al escribir que fue un billete de 50 libras.

Puede haber sido una acción inconsciente de mi parte pues personas mas jóvenes que nosotros no tendrían noción del valor actual de un billete de 5 libras. Puedo asegurarte que no fue un esfuerzo deliberado por ser "sensacionalista."

Con respecto a tu uso de la esa palabra (sensacionalista) esta es una de las definiciones que encontré:

"...designado a producir impresiones sorprendentes o emocionantes o a excitar y complacer el gusto vulgar.." Si esa es la importancia de tu uso de la palabra, entonces no estoy de acuerdo en lo más mínimo. Sea que estés de acuerdo o en desacuerdo con cualquiera o todos mis recuerdos sobre ti, son recuerdos honestos y un recuento honesto de la Operación Julie desde mi perspectiva. Este último punto no es demasiado sorprendente, considerando lo que escribí en el libro.

¿Recuerdos defectuosos? Por favor ten en cuenta que todavía tengo en mi posesión una copia del "registro" que es un récord diario contemporáneo de lo que sucedió en LLanddewi Brefi, Silian, Liverpool y otros lugares.

Espero con ansia que saques a relucir otros problemas.

Como te "dije" recientemente, espero que estés bien. Cuídate, Smiles.

PS Es tu turno Oh, y estás en lo correcto, el punto sobre las "gradas" es trivial."

Me parece que la calidez que una vez tuve, y que hasta cierto punto todavía tengo en un menor grado, no ha sido reciprocada. A lo mejor es una medida de mis sentimientos hacia el hombre que sentí que me rechazó cuando leí su último mensaje para mí. Fue mezquino.

Sé que fuí instrumental en su caída, pero él sabía las "reglas." Continúo sintiéndome genuinamente mal por ser parcialmente responsable de partir en pedazos su mundo acogedor, su imperio, su vida familiar. Parece que su "sin rencores" que me dijo en 1977 se han disipado. Que así sea. Me ha ayudado a poner el episodio en los anales de mi historia personal.

O, para tomar un punto de vista alternativo, ¿ha puesto Steve Bentley estos eventos de hace tanto tiempo detrás de él? ¿Es el caso de que Steve Jackson todavía tiene recuerdos agradables y anhela los viejos dias en su vejez?

¿Es una mezcla de los dos? A lo mejor tengo derecho a preguntar, "¿quién soy yo?

La historia del LSD en Gran Bretaña según Kemp

Andy Roberts escribió esto como parte su revisión en Amazon para la primera edición de este libro:

La historia de la Operación Julie es vasta y laberíntica, y necesita ser contada por ambos lados de la historia, no solamente desde el punto de vista de uno de los lados. Y hay muchos, muchos misterios que todavía permanecen. ¿Quién fue Ron Stark? ¿Cuál es la verdad detrás de los rumores de que un famoso jardinero hizo varios miles de viajes para la Princesa Margarita y su jet set místico? La identidad de esta persona es bien conocida por los medios. ¿Cuál de los conspiradores de Julie compró tiempo de su sentencia revelando, después de las redadas, en dónde estaba el amasijo de ácido cristal debajo de la estufa en su cabaña? ¿Hay todavía alijos de ácido de Operación Julie? Yo sé las respuestas a esas preguntas pero me demandarían si las imprimo. Estos y otros misterios serán revelados pronto.

Andy Roberts es un historiador auto nombrado sobre el tema de la cultura del LSD en Gran Bretaña. Es un hombre a quien respeto, aunque tengamos opiniones polarizadas sobre algunos temas. Estoy a punto de revelar la respuesta a algunas de las preguntas punzantes que hizo Roberts. ¿Quién delató a Kemp, llevando a la policía a decomisar 1.3 kilos más de ácido? Esta incautación tuvo lugar el 1 de diciembre de 1977, unos nueve meses después del arresto de Kemp y mientras permanecía en custodia. Aún no lo habían sentenciado al momento de esta incautación masiva. Se ha estimado que 1.3 kilos de cristal LSD incautado era suficiente para manufacturar 13 millones de 100 miligramos de micro-puntos o 7.5 millones de dosis de 200 miligramos.

Kemp se puso lívido cuando escuchó que la policía había encontrado esta gran acumulación de ácido, tan lívido que hizo una declaración voluntaria a la policía el 30 de diciembre de 1977, 29 días después de la incautación.

Esta declaración da una visión invaluable sobre el nacimiento de la cultura de manufactura del LSD en Gran Bretaña. También explica las relaciones entre los muchos de los principales creadores del movimiento, incluyendo a Paul Arnaboldi, David Solomon, Henry Todd y Kemp.

Lo que sigue a continuación es como Richard Hilary Kemp contó su historia en la prisión de Su Majestad en

Horfield, Bristol, el 30 de diciembre de 1977 mientras esperaba sentencia. Lo sentenciaron a 13 años de prisión en marzo de 1978, un año menos del máximo permitido por la ley.

La declaración de Kemp también revela la ubicación de un alijo de su ácido que nunca fue recuperado por la policía. Se espera que para el tiempo en que usted lea este nuevo capítulo, la policía lo habrá recuperado. Lo siento, consumidores de ácido, no podíamos dejar que ustedes fueran a excavar el jardín de algún vecino en búsqueda de su "Santo Grial" –¡uno de los "más finos" LSDs jamás producidos por el hombre!

Richard Kemp comienza su saga en su declaración mecanografiada de 53 páginas, explicando que fue Nick Green quien lo inició a las drogas a través de los esfuerzos de Green para sintetizar THC, el ingrediente activo del cannabis. Todo esto sucedió en la Universidad de Liverpool en los 1960s. Fue una coincidencia que Kemp estaba empezando una carrera en Liverpool cuando la mía estaba empezando a unas millas de la Universidad de Liverpool. ¡Como chocan los destinos!

Kemp, en este tiempo, estaba trabajando en su Ph.D. y asistió a una conferencia sobre Resonancia Magnética Nuclear en una Universidad en Portugal. Kemp no menciona haber trabajado con Francis Crick sobre DNA, una historia que ha sido repetida tantas veces. A su regreso a Inglaterra, conoció a David Solomon. Green los presentó.

Solomon impresionó a Kemp en esta primera reunión, él (Kemp) fue "drogado por primera vez." Fue con un extracto de cannabis que le dio Solomon y lo encontró tan agradable que raramente estuvo sin fumar desde ese día. Kemp se impresionó con todo lo que rodeaba a Solomon y encontró que era un contraste con los "científicos grises" con quienes pasaba la mayor parte de su tiempo. Con gusto empezó a trabajar con Solomon y con Green en el Proyecto THC en el área de Cambridge.

No pasó mucho tiempo antes de que Solomon le pidiera a Kemp que hiciera LSD. Aquí es donde Solomon y Kemp difieren en las versiones que le dieron al equipo de Operación Julie. Es la primera clave sobre quién le dijo a la policía en dónde estaba el alijo enterrado. Las palabras de Kemp en esta declaración fueron "En su declaración David Solomon dice que yo me acerqué a él, pero esto es completamente falso." Kemp estuvo de acuerdo en probar y ellos, Green y Kemp, montaron un laboratorio en los bajos de la casa de los padres de Green en Liverpool. Fue alrededor de este tiempo que Kemp nos dice que conoció a un norteamericano, Paul Arnaboldi. Una vez más, Kemp estuvo impresionado por otro norteamericano. Arnaboldi estaba abasteciendo el material base para hacer LSD, y que había comprado en Suiza.

A Kemp no le impresionaron los primeros resultados de hacer LSD, pero lo impresionaron sus efectos una vez que lo probó en papel secante. Este primer lote fue enviado a

Canada via David Solomon, donde él y Arnaboldi habían establecido una red de distribuición. No era todo suave entre Solomon y Arnaboldi –los desacuerdos salen pronto, usualmente como resultado del dinero. "La clave numero dos" también se revela en esta declaración cuando Kemp dice, "...Tengo que poner estos hechos en el récord para demostrar que Arnaboldi y Solomon estuvo (sic) muy al mando y que Nick Green y yo solo eramos manos contratadas."

Fue hacia finales de 1969, según cuenta Kemp, cuando conoció a Ron Stark. Esta reunión fue inciada por Solomon y tuvo lugar en Cambridge. Otra reunión tuvo lugar en el club de Oxford y Cambridge, Pall Mall, Londres, entre Kemp, Solomon y Stark. Simon Walton estuvo también presente. Una reunión tuvo lugar entonces en Paris entre Stark, Solomon y Arnaboldi. Sucedió que Stark ya estaba haciendo LSD en París pero pronto se decidió a que quería que kemp trabajara para él como su químico. Kemp entró en algunos detalles sobre las negociaciones entre Stark, Solomon y Arnaboldy porque estaba al tanto de algunas de ellas. El describió el último par como "que tenían un porcentaje" de el y de las negociaciones por sus servicios a los que equiparó con una "tarifa de transferencia directa" como si fuera un jugador de fútbol.

Las cosas vanzaron y en el día del boxeo en 1969 Kemp se fue a Morocco a reunirse con Stark y Simon Walton. Fue allí donde decidio abandonar su Ph.D. y, como dijo, "unirse a la empresa de Stark." Esa "empresa" era para que él trabajara en la síntesis de THC y se documentó en un contrato formal. A comienzos de 1970 Kemp fue a Paris y terminó trabajando para Stark en el laboratorio de una compañía a la que llamó "P.C.A.S", la cual se creía que estaba en el distrito 13. Allí conoció aun hombre conocido como Svensen, quien había sido el químico de Stark pero lo habían dejado ir cuando Kemp llegó. Svensen fue enviado a los Estados Unidos a organizar la distribución de LSD que Stark había estado produciendo en París.

Según Kemp, se molestó cuando Stark le pidió que convirtiera una cantidad de ergotamine tartrate (ET) a LSD; irritado porque no estaba en la descripción del trabajo en el contrato. Y sin embargo, no pareció que tomó mucho convencer a Kemp que comenzara a producir ácido. Posiblemente, porque el dice que Stark, Walton y un asistente llamado Linker eran un "equipo muy cercano." Ellos comían en buenos restaurantes, Stark tenía dinero todos los días y tenían suficiente yerba y ácido pero Kemp se aseguró de decirles que no habrían visitantes mujeres. Eso se dijo en el contexto de que les dijo que Stark tenía muchos visitantes masculinos que a menudo se quedaban durante la noche o por varios dias cada vez.

Después de producir este ácido, Kemp probó con la síntesis de THC pero falló en producir un THC puro. Todo el tiempo Kemp estuvo en contacto con Solomon a pesar de que Stark era ahora su nuevo jefe. No se atrevió a decirle esto a Stark porque pensó que Solomon era "una persona muy peligrosa y poco confiable." Esto coincide con lo que yo sentí sobre Solomon. Era un personaje siniestro.

Marzo de 1970 vio el comienzo de una nueva ejecución de producción de ácido, pues Svensen había conseguido una orden enorme en los Estados Unidos. Intentaban producir un kilo de LSD y Kemp quería que Stark supliera cerca de 8 kilos de ET.

Kemp entonces describe el momento de la epifanía cuando el, Stark y Linker trabajaron para producir este lote. El descubrió, como lo dijo, "puramente por accidente una forma de producir LSD absolutamente puro sin cromatografía." Se rehusó a dar detalles con la justificación de que "No quiero describirle este método a nadie porque no quiero que piensen que estoy estimulando a nadie a que produzca LSD. Si los fiscales quieren escuchar los detalles de éste método, con gusto se los explico."

Sobre el curso de las próximas dos semanas Kemp produjo 1.240 gramos de LSD. Solo podían trabajar por la noche porque la atmósfera se llena de una sustancia ligeramente polvorienta. Cualquier inhalación de este polvo resultaría en un viaje. Kemp dijo que este era un problema particular con este método de producir "altamente puro cristal [de LSD]" Stark llevó todo este producto a Suiza.

En mayo de 1970 Kemp y Stark fueron juntos a Suiza y se alojaron en el Gran Hotel Dolder para que Stark le presentara a las conexiones de la Hermandad del Eterno

Amor (BEL), Lester Friedman y Nick Sand. Antes en este libro, pregunté sobre las conexiones de Kemp con la Hermandad del Eterno Amor. El aclara en su declaración de diciembre de 1977 que el sabía que Friedman y Sand estaban "muy arriba" en la organización norteamericana y también sabía qué era BEL. Conocía que los 1.2 kilos de LSD que produjo en París los iban a llevar a los Estados Unidos estos dos norteamericanos.

Fue en este tiempo en Suiza que Stark vio el Ferrari 250 GT y decidió comprarlo. Este fue el mismo carro que la aduana Británica en Dover revisó más tarde cuando Kemp y Walton lo ocupaban. El Ferrari clásico estaba lleno de químicos que Stark había comprado en Zurich. También contenía psilocybina sintética pura que le había dado Sand a Kemp, otro alucinógeno con el que Kemp quería experimentar. Kemp llevaba esta droga en el bolsillo de su traje.

Kemp y Stark se fueron a Francia en el Ferrari. Los paró la aduana francesa en la frontera cerca de Basle. El carro iba lleno de cajas de cartón con químicos, lo que naturalmente despertó las sospechas de las autoridades francesas. Stak pagó los impuestos sobre los químicos, pero la aduana tenía sus sospechas con respecto al polvo blanco en un sobre en el bolsillo del traje de Kemp.

A Kemp le divirtió lo que sucedió después. El jefe de la aduana puso los contenidos en un escritorio en el pasillo de la aduana, y luego humedeció su dedo. Metió el dedo en el polvo y lo probó.

"Non, ce n'est pas un stupiefiant," (No, este no es un estupefaciente), exclamó el Sr. de la aduana. Kemp describió esta aseveración como "la línea inmortal". El oficial de aduana había pensado que había encontrado heroína.

Es extraño que Kemp haya dicho que estaba felíz de que no era LSD. Seguramente, ¿si fuse psilocybina sintética pura, habría producido un viaje? Un viaje de unas 3 horas de duración, en lugar del viaje de ácido mucho más largo.

París fue el próximo destino antes de volver a viajar en el Ferrari, pero esta vez iban también Simon Walton y su novia. Ellos condujeron hasta Calais y tomaron el Ferry en el Puerto de Dover. Allí las autoridades de aduanas revisaron el Ferrari por 6 horas. Habían descubierto que Walton había estado convicto por posesión de heroína, de allí el cercano escrutinio al carro y a sus ocupantes.

Kemp dice que Walton le dijo que tuvieron un escape afortunado. Explicaciones siguientes revelaron que el maletín de Walton, que estaba en el asiento tresero del Ferrari, contenía evidencia dañina en la forma de documentos por la compra de 9 kilos de tartrato de ergotamine. Kemp dijo en su declaración que los oficiales de aduanas "ni siquiera abrieron el maletín". Lo encuentro increíble, dado que dedicaron tanto tiempo a revisar el carro en búsqueda de evidencia de contrabando y en la reputación de la aduana Británica de ser muy meticulosa.

Stark, al escuchar los acontecimientos en Dover, decidió quitar el enchufe de la operación de LSD en París. Estaba furioso.

Sin embargo, unos días después Kemp regresó a Paris. Stark habia alquilado una casa en las afueras de la capital francesa. Kemp volvió a encontrarse con Lester Friedman allí y volvieron a halar sobre la síntesis de THC. En efecto, Kemp viajó a Londres a comprar una máquina espectrofotómetra infraroja en las oficinas de Charles Druce en la calle Baker. Esta era una pieza de equipo que tanto Kemp como Friedman pensaron que era esencial en su búsquea para sintetizar THC. Luego recogió a Christine Bott en Liverpool y manejó a París en un Land Rover que acababa de comprar.

Poco después la relación entre Kemp y Stark se empezó a deteriorar. La paranoia empezó a establecerse, especialmente después de una redada mayor en los Estados Unidos cuando Svensen reportó que estaba bajo vigilancia por los agentes federales. Kemp reporta que Svensen hizo una llamada por cobrar a Stark en París, llamada que duró varias horas. Esto está en desacuerdo con la reputación de Stark de meterse en operaciones clandestinas.

En efecto, entre más leo los contenidos de la declaración de Kemp más llego a la conclusión de que la reputación de Stark se basa en mitos. Stark le dijo a Kemp que necesitaba de otra producción mayor de LSD. Kemp reaccionó como si lo fuera a hacer, pero demandó más dinero. Las cosas escalaron y Kemp se volvió ansioso sobre la falta de seguridad de Stark, lo que aumentó las mentiras sobre la reputación de Stark. Kemp lo explicó de esta manera, "siento que su seguridad [la de Stark] era muy mala y que mucha gente sabía sobre mí, quién era y lo que estaba haciendo."

Hubo un desacuerdo final y Kemp ya había tenido suficiente. Le dijo a Stark que renunciaba. También mantuvo a Solomon al tanto del estado de las cosas. Añadió, "y ahora me siento físicamente amenzazado [por Stark]." Una característica que demuestra la mentira sobre el aura de "paz y amor" que rodea el escenario del LSD. Se puso de acuerdo para encontrarse con Solomon y Arnaboldi en París. Después de esa reunión estuvo de acuerdo en regresar a Inglaterra y producir LSD con Solomon y Arnaboldi. Estos últimos estaban encantados, pues, para usar las propias palabras de Kemp, él "había desarrollado su nuevo método para hacer LSD super puro con altos rendimientos.... En un poco más de un año había pasado de ser un ordinario químico investigador para mi PhD en la Universidad a ser uno de los mejores químicos en el mundo sin saber realmente cómo o por qué."

Lo que siguió después fue el nacimiento del escenario del LSD Británico (Cambridge) que incluía a Kemp y a Solomon. Es la época cuando Kemp conoció a Henry Todd. Tenían mucho en común. Kemp "estaba muy impresionado por su confianza en general y su ecuanimidad [de Todd]." Esos dias tempranos en Cambridge les permitieron ver el dinero real por montones. Todd y Kemp empezaron a guardar dinero en jarrones escondidos en la zona rural más allá de la ciudad de Cambridge. Kemp empezó a inquietarse con la actitud de Solomon hacia la seguridad, o mejor dicho, la falta de ella. Sintió que Solomon confiaba demasiado fácilmente en la gente, por lo que desdobló un mapa de Gran Bretaña en un esfuerzo para encontrar una ubicación tranquila para hacer las actividades del LSD. El alfiler bajó a Bristol.

Kemp hizo muchas visitas a Cambridge, más que todo para pagarle a Solomon su parte de las ganancias de las ventas del LSD. Hacia finales de 1971 habían vendido todo el LSD y obtuvo una ganancia de unas 20.000 libras. Solomon ganó lo mismo y Henry Todd cerca de una tercera parte de esta cantidad. Kemp dije, "en ese momento la cadena de mando era Solomon, yo y luego Henry."

Kemp rentó un apartamento en Londres, en parte debido a que Christine Bott trabajaba en el Hospital Charing Cross. Allí Solomon, Kemp y Todd hablaron sobre futuros proyectos con LSD: Se pusieron de acuerdo en continuar "conmigo como el químico, Henry como el administrador de mercadeo, y Solomon estuvo de acuerdo en proveer el ET."

Stark intentó de nuevo reclutar a Kemp para que trabajara en el Laboratorio Le Clocheton cerca de Bruselas, Bélgica, que más tarde fue investigado por la DEA como parte de la Operación BEL. Kemp se rehusó, citando su desconfianza sobre la seguridad de Stark, la que fue vindicada por la redada de la DEA y la acusación de Stark, Sand, Friedman, Svensen y otros de la Hermandad del Eterno Amor. Kemp dijo que la última vez que vio a Stark fue a finales de 1971.

Pronto se abrieron grietas entre Solomon, Arnaboldi y Todd, y todas ellas fueron sobre dinero y codicia. Al mismo tiempo, Todd le dio a Kemp 1 kilo de ET comprado por Solomon. Kemp empezó a viajar por Inglaterra comprando equipo para la nueva producción de LSD –pero, ¿dónde? Su primer plan fue establecer el laboratorio en Westbourne Grove Terrace, Londres. Se estableció allí pero estaba nervioso sobre el ruido de una bomba eléctrica que podía molestar a los ocupantes del apartamento de abajo. Todavía no tenía ubicación para la siguiente producción.

Kemp describe una gran discusión entre Solomon y Todd. Una vez más, el dinero era la causa de la animosidad. Henry Todd quería un tercio de las ganancias. Solomon, según Kemp, llamó a Todd un codicioso bastardo.

Liverpool fue el lugar escogido para la próxima producción y Kemp convirtió el kilo de ET en LSD, produciendo alrededor de 250 gramos. A mitad del proceso de producción Solomon le dio a Kemp otro kilo de ET. Le pagaba 3.000 libras por el kilo. Kemp produjo otros 250 gramos de ácido. Se lo dio a Todd para que hiciera tabletas en lotes de 50 gramos a la vez.

Para este momento, Solomon se había mudado a Randolph Avenue, Londres. Fue allí donde Kemp conoció a Gerald Thomas. Solomon y Thomas estaban tratando de hacer cocaína y le pidieron ayuda a Kemp. Él se negó pues no tenía interés en este nuevo Proyecto. Solomon solo mencionó que Andy Munro era el quimico que trabajó en el proyecto de la cocaína.

Es de todos conocido que entre Kemp y Todd hubo una ruptura. Kemp confirmó lo que había sucedido en esta declaración. A Kemp le habían ofrecido unas "Tabletas de LSD micropuntos negras en un festival pop. El vendedor le aseguró que eran de 100 gramos, garantizadas." Kemp estaba curioso porque su acuerdo con Todd era de que todas las tabletas contuvieran una dosis de 200 mg. Compró más de diferentes colores en la calle, y le pidió a Munro que le ayudara a examinar cuál era la dosis. Andy Munro tenía un amigo en el departamento de química de la Universidad de East Anglia. Allí las examinaron y todas salieron de 100 mgrs. Kemp confrontó a Todd con esta evidencia, y Todd prometió investigar.

La producción de LSD estaba en auge y en palabras de Kemp, "el dinero llegaba en grandes cantidades." Mencionó el asunto de la dosis a Solomon, quien le respondió que sabía que "ese Henry me jodería." Los ingresos se usaron para reinvertir en más ET y se compraron 3 kilos en Suiza en el verano de 1972. Kemp puso el E.T en su caja de seguridad del banco en Génova. Solomón emprendió la tarea de entrarla de contrabando a Inglaterra.

Las ventas de LSD tuvieron aún más auge cerca de la primavera de 1973. Kemp dijo "todo había pasado de mí a Henry. Mi escala de pago había sido alterada a 27.50 libras por 1.000 basado en 5.000 tabletas por gramo, lo que es 137.50 libras por gramo. Supongo que tenía unas 70.000 libras por la venta del LSD."

Todd y Kemp hablaron sobre producir más LSD pero Kemp no quería hacerlo por menos de lo que lo había estado haciendo, y también quería hacer las tabletas. Fue en 1973 cuando se pusieron de acuerdo en separarse. La siguiente vez que se vieron fue en la estación de policía de Swindon en marzo de 1977, siguiendo las redadas de la Operación Julie. Hacia finales de 1973 Kemp le dio a Solomon unas 18.000 libras para que comprara más ET en Zurich. Segun Kemp, "[M]i acuerdo con Solomon era que le pagaría 54.000 libras para que comprara el ET y lo trajera de contrabando a Inglaterra... Solomon dice en su declaración [hecha al equipo de Operación Julie después del arresto] que estuvo de acuerdo en hacerlo como un favor, pero no es cierto. El acordó hacerlo por un pago sustancial."

Así que a finales de 1973 Kemp tenía 9 kilos de ET y su equipo de laboratorio almacenado en un garaje en Bristol. En esta etapa, Kemp volvió a hablar con Arnaboldi sin decirle a Solomon. Arnaboldi estaba interesado en su nueva producción de LSD y junto a kemp se dieron cuenta de que Plas Llysin, la mansión en Carno, estaba a la venta. La venta a Arnaboldi se completó en junio de 1974. Kemp y Christine Bott se encargaron de hacer algunas renovaciones y alteraciones a la mansión para alistarla para la producción.

En una visita a Solomon en Londres, más que todo para ponerlo al corriente del progreso, Kemp conoció a Scotsman quien había entrado de contrabando a Inglaterra una gran cantidad de aceite de hachís desde Afganistán. Él era la mula de Solomon. En esta reunión Kemp supo que Gerry Thomas había sido arrestado en Canadá. Thomas había contactado a Solomon cuando estaba bajo fianza en Canada y le pidió que recobrara algunos artículos que pertenecían a Thomas. Solomon destruyó el lote y le dijo a Thomas que nunca lo volviera a contactar.

En una ocasión Thomas había estado viviendo con una mujer llamada Shirley Burridge. Le escribió sobre Solomon pero ella le mostró la carta a Solomon. En ella Gerry Thomas había escrito, "Voy a comprar al sucio bastardo judío y al resto de su sucio equipo." Kemp dijo que Solomon leyó la carta y la destruyó.

Estaba perturbado justamente con esta noticia, y dijo en su declaración, "Yo sabía que Thomas estaba enojado conmigo porque no le ayudé con el Proyecto de la cocaína y obviamente también estaba irritado con Solomon por haberle destruído su propiedad. Solomon dijo que tenía bastante que decir sobre Thomas y que era mejor que Thomas no se atreviera a dejarnos, porque Solomon conocía mucho sobre el. No había mucho que yo pudiera hacer porque ahora estaba comprometido, por lo que hice lo mejor que pude para olvidar el asunto."

Otro incidente sobre Solomon molestó enormemente a Kemp. Esta vez incluía al escocés y el aceite de hachís. El aceite de hachís estaba escondido en cuadros de pinturas y era extraído por Solomon en su apartamento de Randolph Avenue en Londres. El aceite se había frotado en papel secante y puesto entre las capas de pintura. El proceso de extracción incluía usar tetracloruro de carbon, lo que le daba un olor acre. Tanto que los vecinos se habían quejado del fuerte olor. Era necesario que el escocés guardara el aceite de hachís en el apartamento de un amigo. Fue arrestado por la policía local, quien no encontró el aceite de hachís, pero lo asustó. Kemp reaccionó diciéndole a Solomon que se fuera del país y Kemp regresó a Gales.

Hacia abril de 1975 Arnaboldi había regresado y estaban listos para empezar la producción en Plas Llysin. Esto fue retrasado por la suerte cuando Kemp se vio envuelto en un accidente automovolístico fatal que lo dejó muy asustando. El y Christine Bott acababan de comprar la cabaña en Tregaron. Sellaron el laboratorio de LSD y se regresaron a su cabaña. Arnaboldi regresó a España.

Kemp empezó a sospechar que la policía "estaba detrás de él." Un sentimiento que se exacerbó cuando los oficiales de policía metropolitana allanaron el apartamento de Solomon, ignorando su hachís y preguntándole sobre el LSD. Kemp dijo que el "estuvo muy tentado a abandonar el Proyecto." No lo hizo, y Arnaboldi regresó a Plas Llysin en febrero de 1976. "Empezaron a trabajar" en marzo de 1976, cerca de un mes antes de que yo y el resto del equipo de vigilancia apareciéramos en las afueras de Plas Llysin en nuestra vieja caravana.Kemp dijo en su declaración, "Christine se quedó en Tregaron y Paul era el vigilante mientras yo trabajaba. Christine venía ocasionalmente para llevarme a Tregaron para descansar pero ella nunca tomó parte en la producción de LSD. Arnabaldi (sic) nunca vino al laboratorio tampoco."

El trabajo se completó en mayo. Kemp había usado 7.4 kilos de los 9 que tenían en Suiza. Produjo unos 1.800 gramos de LSD. Kemp se quedó con cerca de 1.350 gramos y Arnaboldi tuvo unos 450 gramos. Según Kemp, Arnaboldi estuvo de acuerdo con este arreglo, pues "el había contribuído muy poco con el proyecto." Lo había financiado por el valor de 17.500 libras mientras yo puse 30.000 libras para el ET, 8.500 libras por la casa y 5.000 por el laboratorio y los químicos.

Arnaboldi regresó a España, llevando su parte consigo, y bajo nuestras narices mientras lo mirábamos irse. Kemp desmanteló el laboratorio y destruyó el equipo. También hizo algo más que será revelado al final de este capítulo.

Kemp visitó a Solomon en Londres en Agosto de 1976. Este último estuvo encantado de saber que "habían unos 7 millones de viajes." Estaba encantado porque había perdido la mayor parte de su dinero cuando estuvo en Nepal y lo encontraron en posesión de una gran cantidad de aceite de hachís. Las autoridades nepalesas le habían confiscado la droga y lo deportaron. Solomon se quejó de que "tuvo que vivir de su ingreso real de virtualmente nada por primera vez en años."

Kemp le pidió a Solomon que hallara un "buen contacto y que le dijera que estaríamos listos hacia navidad." Kemp todavía estaba haciendo tabletas en esta época. Sugirió un precio de $500 por mil y que se repartieran las ganancias 50-50. Solomon estuvo de acuerdo.

Pero Kemp todavía estaba preocupado por la seguridad de Solomon y decidió aproximarse a Mark Tcharney para que actuara como su correo para transportar el ácido desde él a Solomon. Hacia finales de noviembre de 1976, Kemp había producido un primer lote de 30.000 tabletas. Tcharney llevó una muestra de 1.000 a Solomon. Durante los siguientes meses, según Kemp, Tcharney hizo cuatro viajes con un total de 182.000 tabletas. Regresó 16.000 libras a Kemp y se quedó con 2.000.

Los arrestos de la Operación Julie tuvieron lugar en marzo de 1977. Una semana después Kemp y Solomón se reunieron y hablaron dentro de la prisión de Bristol, donde los tenían en prisión preventiva eserando el juicio.

Kemp dijo "Él [Solomon] estaba muy agitado al saber lo que había sucedido con el lote de LSD pero dijo que estaba guardado y en el regazo de los dioses, fuera que la policía lo encontrara o no. Solomon estaba muy beligerante y sentía que no lo hubieran arrestado si Mark [Tcharney] y yo no hubiéramos hablado con la policía."

La declaración de Kemp continuó:

"Yo vi la declaración de Solomon y ella contenía una gran cantidad de mentiras descaradas, especialmente sobre mi y Tcharney...

... a través de su declaración arguye que no tenía motivos pecuniarios cuando yo sabía que había ganado 30.000 libras de la venta de LSD en los últimos 8 años y que estaba por ganar por lo menos un millón de dólares por la venta de LSD producido en Carno...

... Él siempre ha jugado una parte vital en la distribución de LSD y a pesar de que nunca ha distribuído la droga por sí mismo, siempre ha hecho los contactos y reclutado a la gente para que lo haga...

... Solomón aún negó conocer a Gerald Thomas a pesar del hecho de que estaba envuelto en el proyecto de la cocaína con él. Cuando le dije a Solomon que esta afirmación no era cierta, dijo que no iba a defender nada y que si Tcharney y yo hubiésemos mantenido nuestras bocas cerradas, no había evidencia en su contra y que él iba a ganar el juicio de todas maneras porque la policía no le podía probar nada."

Ahora, esperen... ¿quién sabía la localización del lote bajo el piso de la cabaña en Tregaron?

Kemp continuó una vez mas:

"Él procedió a presionarme para que le dijera en donde tenía Escondido el LSD y al final le dije que estaba debajo del piso de mi cabaña y le dije exactamente dónde."

Habían tres personas que sabían de su ubicación exacta, Kemp, Christine Bott y Solomon.

Las pocas páginas restantes de la declaración de Kemp contienen invenciones dirigidas a Solomon y algunas cosas egoístas y sin sentido.

Las cosas sin sentido se encuentran en la proposición que Kemp hace en su declaración de fecha 30 de diciembre de 1977, solamente 29 días después de que la policía confiscara la enorme cantidad de LSD de debajo del piso de su cabaña. Kemp mantuvo que siempre iba a revelar esto bien sea al mismo juez o a los fiscales. ¿Su razonamiento? Demostraría que no tenía intención de continuar con sus actividades ilegales y lo que era más importante para el era su "libertad, no un par de libras de polvo blanco." Tuvo nueve meses para revelar ese lote, si aceptamos sus "nobles" motivos. Yo soy uno de los que no los acepto.

¿De qué otra manera puede uno explicarse las invenciones sobre Solomon? ¿De que otra forma puede uno explicarse el tiempo de su declaración voluntaria? Fue voluntaria. No tenía necesidad de inventársela. Lo hizo para arreglar una cuenta con Solomon.

El final de esta declaración voluntaria es patético. Compara sus propias circunstancias financieras con las de Solomon:

No tengo un alijo Escondido de LSD o de dinero. No tengo cuentas bancarias secretas en ningún país extranjero... el total de mis posesiones es de 12 libras que tengo en una cuenta de la cantina en la prisión de Horfield...

... En contraste con esto entiendo que Solomon está en contacto directo con el distribuidor Zahi y ha estado recibiendo dinero de él desde que ha estado adentro. Creo que este dinero fue enviado a través de la cuenta del British Bank de su hija Kim y que el va a ganar 50.000 dólares por las últimas 100.000 tabletas que le fueron dadas a Zahi justo antes de la redada. Yo creo que él ya ha recibido alrededor de 7.000 libras.

Solomon fue sentenciado a 10 años en prisión. Kemp a 14 años. ¿Quién más pudo haberle dicho a la policía en donde estaba enterrado el alijo de Kemp?

Fue David Solomon.

¿Qué más reveló Kemp en su declaración del 30 de diciembre de 1977?

Le dijo al oficial que le tomó la declaración, y todo está registrado y firmado, en dónde estaba otro alijo de ácido de la producción de Plas Llysin. En esa declaración Kemp dijo "A comienzos de mayo Paul tomó su parte y se fue al continente [Europa] y yo guardé mi parte en el bosque en Plas Llysin."

En ninguna parte en su declaración Kemp menciona haber excavado y sacado su alijo. ¿El alijo que confisco la policía el primero de diciembre de 1977 es el que estaba bajo el piso en la cabaña de Tregaron? ¿O es otro alijo?

Richard Kemp no tenía una naturaleza descuidada. Era muy detallista en su trabajo y hacia muchas cosas para ocultar sus actividades. Es imposible para mi aceptar que el alijo guardado en Plas Llysin es uno y el mismo que eventualmene confiscaron el primero de diciembre de 1977. Si era el mismo alijo, ¿por qué entonces Kemp dijo que lo había cambiado de lugar? Tuvo mucho tiempo para corregir esta aseveración. ¿De seguro su equipo legal habría notado tales lagunas y le hubieran dicho que las corrigiera?

Yo cuestioné esto recientemente con un antiguo miembro del equipo de Operación Julie. Hacia el final de la operación había alcanzado el rango de Detective Inspector. Él estuvo presente en la confiscación del alijo que estaba debajo del piso de la cabaña en Tregaron y era miembro de la policía local. Le pregunté si alguna vez se había hecho una búsqueda en los terrenos de Plas Llysin para recuperar un alijo enterrado de LSD. Él sabía que Kemp había mencionado que había guardado su "parte en el bosque en Plas Llysin," y yo le hice acuerdo a él de eso.

La respuesta que recibí fue:

"No hubo una búsqueda meticulosa debido al paso del tiempo. No es como si hubiéramos podido ver nuevas excavaciones para marcar el sitio."

El ácido de Dick Kemp es ahora una leyenda en la sub-cultura del LSD. Puede parecer que al tiempo de escribir este libro todavía está enterrado en los terrenos de Plas Llysin, Carno. Espero que cuando usted lea esto, las autoridades lo hayan desenterrado y recuperado.

En cuanto a los otros "misterios" a los que alude Andy Roberts—la princesa Margarita, la conexión real, fue un rumor puro y simple. No he podido encontrar ninguna información para corroborar esos rumores. A lo mejor ganó popularidad debido a las actividades de distribución de LSD de Richard Burden en el Last Resort en Chelsea. Era "el lugar" para ir y para ser visto en esa época, frecuentada por muchas estrellas de rock y otras celebridades. Es virtualmente una certeza que la princesa Margarita, ahora fallecida, era una visitante regular pues le encantaba divertirse junto con su amigo el jardinero.

Pensamientos Finales y ¿Dónde Están Ahora?

Muchos se preguntan ¿a dónde se fueron los personajes que tuvieron un papel en la Operación Julie, y dónde están y qué están haciendo ahora?

Mi historia es bastante obvia y se resumen en mi biografía de autor al final de este libro. Yo escribo bastante y tengo varios libros en varios grados de terminación, o por lo menos la idea de nuevos libros. Sí, habrá una secuela a mi historia personal detallando el impacto que el trabajo encubierto tuvo en el resto de mi vida. Revelará más de las practicas desagradables en el bar criminal de Inglaterra y Gales y puede que algunos de ustedes que esperan que su abogado sepa su caso se sorprendan.

Ojalá sirva también de advertencia a aspirantes a abogados que tienen ideas románticas sobre ser abogados.

Una vez mas, se narrará de manera directa y sin tapujos, especialmente cuando se trate de mis tratos con Ingresos y Aduanas de Su Majestad. También espero para ese entonces haber logrado un cierre a mis intentos para que se me haga justicia y me compensen por el mal tratamiento que recibí de la pòlicía. Pero voy a esperar sentado... los politicos que tienen que ver con mi caso, Oficiales de la Federación de la Policía y abogados que he contactado todos parecen haber tomado un voto de silencio. Les diré a todos... ¡no me voy a rendir! La continuación también dará una cuenta franca de mi enredada vida amorosa, viajes a través del sur este de Asia y cómo terminé en las Filipinas.

En lo que respecta a Smiles, está vivo y muy bien y me han dicho que vive en Shropshire. Recientemente asistió al funeral de su gran amiga, Buzz, cerca de Tregaron. Se me ha dicho de fuentes confiables que está muy bien y que ha regalado productos gratis, ¡lo que quiera que ello quiera decir!

Los otros

No tengo idea qué sucedió con Richard Kemp. Lo mismo aplica a los demás conspiradores de Operación Julie que no sean Smiles y 'Leaf' Fielding, sin tener en cuenta a David Solomon. Él está muerto, lo mismo que Christine Bott.

En lo que respecta a mis antiguos compañeros de Operación Julie, me mantengo en contacto con varios de ellos a partir de la publicación de la primera edición de este libro. Eric y yo nunca hemos dejado de estar en contacto. Dick Lee no ha salido a flote, tampoco Greenslade, para mi decepción. Estaba esperando que me demandaría, lo habria estado esperando con ansia.

Corrección—en el momento de escribir esto supe que Dick Lee murió en un hospicio en su native Scarborough el pasado agosto de 2016. ¡Descansa en paz Guvnor! Fuiste un gran jefe de operaciones. Tristemente, también supe que Richie Parry y Noir Bowen murieron. Martyn Pritchard murió hace algunos años, como también su compañero encubierto, Andy Beaumont. También supe que Pauline Tilley está seriamente enferma y no hay esperanza de que se recupere.

También hay otros que forman un telón a la saga de la Operación Julie. Esos que fueron afectados de una forma u otra. Por ejemplo, la antigua esposa de ´Happy´quien se contactó conmigo para dejarme un mensaje agradable. Jeff también envió un mensaje de buena voluntad a través de una tercera persona. Era el artista que Eric y yo llevamos a Kent para que entregara su pintura.

Volviendo a mi—muchos han preguntado por nuevas ideas en mi mente – la mente de un agente encubierto. Aquí va – es simplemente un fragmento:

¿Qué pasa en la cabeza de un agente encubierto?

La vida está llena de incertidumbre cuando trabajas encubierto. ¿Quién es ella? ¿Quién es él? ¿Es ella una persona mala? ¿Es él una mala persona? Si es así, ¿pueden hacerme daño, son capaces de hacerme daño, son capaces de ser violentos? Siempre hay más preguntas que respuestas. ¿Quién soy? ¿Son dos personas diferentes o una se apodera de la otra? Es un enigma. Yo no se la respuesta pero sé que eso les fascina a muchas personas, me lo han dicho.

¿Dónde estoy? Algunos lugares son más cómodos que otros. En algunos lugares pude sentir que era posible relajarse, pero solo hasta cierto punto. En otros lugares tuve que estar constantemente, mentalmente vigilante. Y entonces tienes que lidiar con sustancias que te vuelven un lío la cabeza. El alcohol y el cannabis cambian nuestra percepción de la realidad. ¿Has estado alguna vez tan borracho o drogado que te da miedo de cometer un error, como decirle al jefe que se vaya a la mierda? Por supuesto que si, o al menos, la mayoría de nosotros lo ha hecho. Ahora piensa en ese sentimiento, multiplícalo por mil. Te da una idea del poder absoluto que necesitas para concentrarte mientras trabajas encubierto para evitar errores.

La verdad es que nunca pude permitir que un conflicto tuviera lugar en mi cabeza, sea que estuviera sobrio o no. Tuve que olvidarme de Steve Bentley e involucrarme completamente en la siquis de Steve Jackson, no podía permitirme un resbalón. Mi vida habría estado en peligro.

Mis valores fueron desgarrados y sustuídos por nuevas reglas. Estaba listo a hacer casi cualquier cosa para proteger mi fachada. Supongo que los controles y equilibrios en el sistema me hicieron seguir la linea. Eric fue un factor clave para que yo no sobrepasara la línea. Mi cerebro trajaba en esquemas y en planes. Eric nunca los hubiera apoyado. Pude haberme metido aún más profundo en el trabajo encubierto, perdiéndome en otra identidad. No pude haberlo hecho sin mi "perro vigilante" constantemente a mi lado. Igual, habría podido ir "a algún sitio" y haber hecho algo drástico.

Eric no era mi compañero original. Dick Lee tenía a alguien más destinado para el papel. De nuevo, fue bueno que Eric lo reemplazara. La escogencia original era más hippie que cualquier hippie real y probablemente ha fumado más hachís que todo el que se ha cultivado en Afganistán. Creo que también ha vendido mucho hachís desde que dejó la fuerza policial. ¡Habríamos podido extraviarnos el uno al otro!

Eric fue una restricción bienvenida, un invaluable aliado que evitó que yo me complaciera en demasiados viajes fantásticos. Eric tenía un carácter sólido y en sus propias palabras, no piensa demasiado. Tiene gustos simples y valores directos. Yo era más complicado. Era un apostador, toma riesgos, impulsivo y emocionado ante el peligro. La vida como agente encubierto fue un continuo subidón de adrenalina alimentado por copiosas cantidades de alcohol, hachís, yerba y algo de cocaína. Yo estaba sin traílla, también era un pensador. Siempre tratando de estar a un paso de distancia del juego--¿Qué si esto? ¿Qué si aquello? Esa era la manera como funcionaba, era un proceso normal para mi. Y yo era un buen mentiroso, la mayoría de las veces basando la mentira en un granito de verdad. Quizá el ejemplo más facil fue no mencionar mis raíces en Liverpool mientras estaba encubierto posando como Steve Jackson.

Era libertad. Era libre de hacer lo que yo quisiera, cuando quisiera y con quien yo quisiera. Podía intimar con cualquier persona que quisiera lo mismo, romper las leyes, pelear y drogarme. Me deleité con música que nunca había escuchado antes. Una cultura que me habría evadido –a Steve Bentley. ¡Era estimulante! Era un viaje más alto que todos los otros viajes con droga.

Me vestía y hablaba y caminaba diferente. Los trajes, camisas y corbatas del detective convencional estaban consignados a la naftalina en el closet. Mi uniforme eran tenis viejos y gastados, jeans rotos, camisas de denim y una chaqueta. El pelo largo y una barba me daban un aspecto salvaje. Había una mirada salvaje en mis ojos también, a medida que el alcohol y las drogas comenzaron a hacer efecto en mi apariencia. "No me jodan" era el look que perfeccioné cuando la ocasión lo ameritaba. De otra manera, yo era el amable y afable conversador que me llevaba bien con todos los lugareños y no lugareños, distribuidores y no distribuidores, usuarios de drogas y gente correcta.

Lo más difícil de trabajar encubierto era volver a casa. Yo no quería hacerlo, había sacado a Steve Bentley de mi mente. Volver a casa a ver a una esposa que solo conocía a Steve Bentley fue difícil. La mayoría del tiempo yo estaba solo de cuerpo presente, mi cabeza estaba en otro lugar.

Yo había anhelado los minutos y horas para volver a casa. Hubo un respiro de alivio cuando caminé por la puerta de mi casa, encendí el motor en mi carro y conduje hacia Eric y Gales. ¡Libre de nuevo! A la mierda las facturas y la rutina... a la mierda todo lo que tenía que ver con la vida de casados. Esa sensación continuó por muchos años.

Yo estaba demasiado vulnerable en el camino hacia la casa de Eric en mi carro. No tenía una placa fantasma. En retrospectiva, ese fue un error. Cualquiera habría podido verme en mi propio carro. Una llamada a un policía corrupto habría revelado quién era yo en realidad. Interiormente, debí haber estado consciente de esto pues solamente me relajaba después de aparcar mi carro cuando me subía a la camioneta con Eric a mi lado.

Ayudó que no hablamos mucho sobre "el trabajo" –trabajo policial, o sobre otros agentes de policía. Eric no era un buen chismoso y esa era una de las cosas que me gustaban de él. Ambos teníamos la habilidad de hablar sobre toda clase de cosas, tanto mundanas como fuera de lo ordinario. Éramos "normales", ¿lo que sea que eso signifique? De seguro, en el camino hacia Gales hablabamos sobre Smiles pero el no era el principal tópico de conversación.

En retrospectiva, siendo relajados con Smiles fue algo que funcionó en nuestro beneficio. Como a una chica que te gusta –juega despacio y mira a ver si ella viene corriendo. Smiles no vino corriendo, y sin embargo estoy seguro de que nuestro enfoque relajado ayudó a aliviar sus sospechas sobre nosotros. Nos ayudó el hecho de que no esperábamos que Smiles distribuyera LSD con nosotros. Éramos infiltrados y recolectábamos inteligencia. No se esperaba que distribuyéramos droga con Smiles. La idea fue descartada desde el primer dia, debido a que teníamos información de inteligencia sobre el. Esta información la confirmamos en nuestros primeros encuentros con Smiles. Y sin embargo, contrario a lo que él argumentó, me acerqué (y nos acercamos) tanto a él que al final me pidió que le proveyera de cocaína en cantidades de kilos. ¡Un prospecto que no se podía olfatear!

Durante todos mis días como agente encubierto estaba corriendo con una energía nerviosa. Me ayudó a mantenerme alerta. Si necesitaba pensar cuando me hacían una pregunta capciosa, me escudaba en mi encanto y una sonrisa, lo que me daba invaluables segundos para pensar en una respuesta plausible. Allí estaba el vínculo entre Smiles y yo. Ambos éramos encantadores y disfrutábamos sonreír. Nos sentíamos bien en la compañía de hombres o mujeres. Teníamos gustos similares y una visión similar sobre la vida. Creo que ninguno de los dos tomó algo demasiado en serio.

El trabajo encubierto abrió mis ojos a un mundo diferente. No fue solo a la música o a una cultura alternativa, fue también sobre cosas como viajes y el mencionar lugares exóticos. Yo había viajado poco, aparte de un viaje en vacaciones a España. Hablar de lugares como Miami, Amsterdam, India y Afganistan hacía que mi corazón quisiera ir a visitarlos. El atractivo de viajes relacionados con las drogas y del dinero era real para mi. No era simplemente un sueño diario, sino un pensamiento constante.

Steve Jackson quería hacer un trabajo encubierto profundo, mucho más profundo que el de Eric y mucho más profundo de lo que era bueno para mi. Fue una especie de alivio al final de la Operación Julie cuando le "revelé" mi verdadera identidad a Smiles en la celda de la estación de policía. Ese acto hizo que fuera más difícil para mi continuar con cualquier otro trabajo encubierto. Fué algo que me dijo un Ayudante del Jefe de Policía de una

Gran fuerza de policía citadina. Estuve muy tentado pero me rehusé cuando descubrí que la investigación tenía conexiones con la triada China. Una vez mas, los oficiales jefes mostraron que no tenían ni idea de lo que es el trabajo encubierto. Le dije que buscara a un policía con un nombre y antecedentes chinos. También añadí, "mira a ver con la policía de Hong Kong." No entendieron mi sentido del humor.

La energía nerviosa no se manifestó como nerviosismo, gracias a Dios. Siempre estuve relajado. Como lo comentó un supervisor durante mi evaluación anual, "si Bentley fuera más relajado, ¡estaría en posición horizontal!" Fue agradable leer que él se aseguró de decir que yo no era perezoso ni bueno para nada, sino que mi comportamiento era del un oficial de policía talentoso y con buenas ideas. El nerviosismo de mi cabeza nunca se transmitió a mi cuerpo. Les pido su tolerancia mientras intento recrear los sentimientos de esa época. No es fácil. La historia tiene un comienzo y un medio pero no tiene final para mi. No hubo cierre para usar el lenguaje moderno. Me dejaron a mi libre albedrío y debí vérmelas por mi mismo. Nada de esto es autocompasión; es un hecho. Permanece un hecho que me permitieron renunciar mientras estaba incapacitado a causa de una enfermedad producida por mi trabajo como agente encubierto. Un miembro del Parlamento se ha hecho cargo de mi caso. ¿Qué se pide? Estamos pidiendo a la fuerza de policía de Hampshire que considere la inquidad de mi tratamiento y que me haga un pago como compensación por la pérdida de mi pension médica. El dinero es solamente una parte del asunto. El trabajo encubierto profundo, como un pionero, ha dejado una cicatriz sicológica permanente en mi ser. Pregunté antes --¿Estoy amargado? La respuesta es un ´¡no!´ rotundo. Cualquier persona que piense lo contrario no está al tanto de lo que pasa en mi cabeza. Aún si lo estuvieran, ¿me comprenderían? Lo dudo. No profeso entenderme –quienquiera que sea.

Smiles y yo? Repito, nuestras instrucciones (las de Eric y mías) eran de infiltrar, observar y escuchar. El episodio con Bill y Blue en Liverpool fue un bono. Descubrimos una enorme conspiración para importar cocaína desde Bolivia hasta el Reino Unido. Ustedes pueden recordar que nos enteramos también de una operación mayor de contrabando de drogas mientras tomábamos en una de nuestras tabernas locales en Tregaron.

Volviendo a Bill y a Blue --¿quiénes eran ellos? ¿Eran quienes decían ser? Probablemente nunca lo sabré. Les dí un rompecabezas antes sobre esto. Todavía intento escribir una novela de ficción usando mis días como agente encubierto como material de base, y sin embargo, siento que es hora de divulgar mis pensamientos más intimos sobre esos dos tipos.

Nunca desconté la posibilidad de que fueran agentes de la DEA. Esa era la esencia de mi teoría y se la comuniqué a Dick Lee. Nunca me dio una respuesta directa y nunca lo hará porque ahora ya está muerto. Por qué Lee sería cómplice de la DEA si en verdad Bill y Blue hubieran sido policías? Una respuesta simple –él era tortuoso y posiblemente quería darnos una prueba en el campo. La falla en mi teoría era que Blue tenía una compañera y un hijo, vivía con ellos en Gales. Y sin embargo, ¿es ese el final de la historia? ¿el hecho de que tuviera familia lo eliminaba de ser un agente de la policía? Hasta hace poco, yo habría respondido si, lo hizo. Ahora no estoy muy seguro. Era un negocio duplícito, hace poco supe que una unidad secreta del servicio metropolitano de la policía estaba operando desde hace tanto tiempo como desde los 1970s. Eran tan secretos que ni siquiera la oficina del comisionado sabía que existían. Bob Lambert[1] fue el hombre que dirigió esta unidad. Sus reclutas se especializaban en asumir la identidad de niños muertos. Muchos de sus miembros vivían con mujeres en relaciones a largo plazo como parte de su fachada. En efecto, se les alentó a hacerlo. ¿Fue Blue un miembro de esa unidad?

Dos cosas me hacen consultar la buena fe de Blue. Tres, si tienes en cuenta mi intuición. Primero, fue la noche de sexo salvaje en Liverpool. Mi nuevo compañero estaba ansioso por hacerme muchas preguntas –demasiado ansioso. De pronto Blue desapareció de Llanddewi Brefi, un poco antes de las redadas en marzo de 1977. ¿Coincidencia o le soplaron? Lee era cercano a la DEA en Londres, así que pudo haberse asegurado de que la agencia estaba preparada para cualquier eventualidad.

Eric siempre ha descartado mi teoría. Puede que él esté en lo cierto. Dick Lee ciertamente estaba tan contento como nosotoros cuando nos dijeron el cuento de la cocaína, Blue, Bill y Liverpool. Sus ojos se iluminaron. Era tortuoso pero no un buen actor. Ultimadamente, puede haber sido el caso de mi mente duplícita trabajando horas extras. ¡Les dije que soy un pensador! En cuanto a la reacción de Lee de que "eres un bastardo inteligente" cuando respondió a mi teoría, fue meramente el caso de "¿Nunca pensé en eso?" Como lo dije antes, probablemente nunca lo sepa.

La Operación Julie parece destinada a no desaparecer. Es parte de la trama Británica, una parte de la historia. Es como si fuera un ícono de los 1970s influenciados por la droga. El próximo año, 2018, marca el comienzo del aniversario numero 40 de la sentencia a los conspiradores. Mi apuesta es que usted va a escuchar bastante sobre la Operación Julie a través de la prensa británica.

Fin

1 Recomiendo leer: Undercover – The True Story of Britain's Secret Police by Paul Lewis and Rob Evans (Faber & Faber, 2016)

Por favor considere dejar una revision honesta en su sitio de red de libros favoritos. Son muy importantes para los autores.

Stephen Bentley

Stephen Bentley es un ex sargento detective de la policía británica, pionero de la Operación Julie y abogado. Actualmente escribe sobre crímenes reales y ficción policial y colabora ocasionalmente con el Huffington Post UK sobre policías encubiertos y problemas de salud mental.

www.ingramcontent.com/pod-product-compliance
Lightning Source LLC
La Vergne TN
LVHW041010150826
845672LV00001B/32